W0348842

LA CONSTITUTION EUROPÉENNE EXPLIQUÉE AU CITOYEN

DES MÊMES AUTEURS

Burgorgue-Larsen Laurence, Levade Anne et Picod Fabrice
Le Traité établissant une Constitution pour l'Europe. Commentaire article par article (dir.), Bruylant, Bruxelles, 3 vol., 2005 (à paraître).

Burgorgue-Larsen Laurence
La France face à la Charte des droits fondamentaux de l'Union européenne (dir.), Bruylant, Bruxelles, 2005 (à paraître).
Libertés fondamentales, Montchrestien, Paris, 2003.
La Répression internationale du génocide rwandais (dir.), Bruylant, Bruxelles, 2003.
L'ONU, le système institutionnel, La Documentation française, Paris, 2001.
L'ONU, les activités, La Documentation française, Paris, 2001.
Un siècle de droit international humanitaire (avec Paul Tavernier, dir.), Bruylant, Bruxelles, 2001.
L'Espagne et la Communauté européenne. L'État des autonomies et le processus d'intégration européenne, Éditions de l'université de Bruxelles, Bruxelles, 1995.

Levade Anne
La Constitution européenne (dir.), Bruylant, Bruxelles, 2005 (à paraître).

Picod Fabrice
Code des procédures juridictionnelles de l'Union européenne (avec Joël Rideau), Litec, Paris, 2002.

LAURENCE BURGORGUE-LARSEN
ANNE LEVADE ET FABRICE PICOD

LA CONSTITUTION EUROPÉENNE EXPLIQUÉE AU CITOYEN

HACHETTE
Littératures

Collection fondée par Georges Liébert
et dirigée par Joël Roman

© Hachette Littératures, 2005.

Première partie

INTRODUCTION À LA CONSTITUTION EUROPÉENNE

Introduction

La signature, le 29 octobre 2004, par les chefs des vingt-cinq États membres de l'Union européenne, du traité établissant une Constitution pour l'Europe est un acte déterminant pour son avenir. Elle marque, à la fois, l'aboutissement d'une réflexion et d'un processus qui ont permis l'élaboration d'un texte novateur, et le début de la phase de ratification qui conditionne l'entrée en vigueur de celui-ci. Par son contenu, ce nouveau texte constitue un tournant de la construction européenne, permettant à l'Union de s'affirmer sur la scène internationale tout en simplifiant les règles de son fonctionnement.

Lorsque, en 2002, s'engage le processus constitutionnel, l'Union européenne a dix ans. Elle a vu le jour le 7 février 1992, avec la signature du traité de Maastricht et est devenue une réalité – tout en demeurant, selon les termes de Jacques Delors, un « *objet juridique non identifié* » – le 1er novembre 1993, lorsque ce texte est entré en vigueur.

Dix ans plus tard, l'Union européenne est « *à un carrefour* » selon la formule utilisée dans la Déclaration de Laeken sur l'avenir de l'Union européenne du 15 décembre 2001, Déclaration qui donne le coup d'envoi de la Convention sur l'avenir de l'Europe au cours de laquelle sera élaboré le projet de traité établissant une Constitution pour l'Europe.

Le pas franchi est important, l'évolution s'accélère. Pourtant, il s'agit d'une évolution annoncée depuis longtemps déjà, qui s'inscrit dans un mouvement particulier que l'on peut résumer en deux mots : élargissement et approfondissement.

L'élargissement, ce sont dix nouveaux États membres depuis le 1er mai 2004, puis deux autres en 2007 et sans doute, plus tard, davantage encore. Voulu, l'élargissement est une occasion de clarification, notamment institutionnelle, parce que, indiscutablement, il est préférable de régler les difficultés avant qu'elles ne deviennent insurmontables. L'élargissement ne fait que poser à nouveau, avec une acuité particulière, des questions récurrentes tenant au processus de construction communautaire puis de l'Union européenne.

L'approfondissement, ce sont de nouveaux traités, quelques avancées institutionnelles et procédurales et de nouvelles politiques communautaires. Le traité de Maastricht créait l'Union européenne, une citoyenneté de l'Union et une Union économique et monétaire qui feront l'objet de dispositions nouvelles et spécifiques dans le traité instituant la Communauté européenne. Dans les années qui ont suivi, deux nouveaux traités ont confirmé cette orientation : le traité d'Amsterdam, signé le 2 octobre 1997 et entré en vigueur le 1er mai 1999, et le traité de Nice, signé le 26 février 2001 et entré en vigueur le 1er février 2003.

Ces textes, prévus et attendus, sont globalement considérés comme décevants. Ne procédant, pour l'essentiel, qu'à quelques avancées procédurales, ils ne traitent que très imparfaitement les questions institutionnelles. Dans l'ensemble, ce mouvement d'approfondissement a laissé un sentiment d'inachevé, les derniers textes apparaissant comme le traitement inabouti de reliquats successivement identifiés. C'est implicitement ce dont convenaient les auteurs mêmes du traité de Nice dans la Déclaration relative à l'avenir de l'Union qui lui était annexée. Constatant que la voie de l'élargissement avait été ouverte, ils souhaitaient « *qu'un débat plus large et plus approfondi s'engage sur l'avenir de l'Union européenne* » et renvoyaient au Conseil européen de Laeken l'adoption d'une « *déclaration contenant des initiatives appropriées pour poursuivre ce processus* ».

L'heure d'une évolution d'ensemble avait donc sonné ; son sens, seul, restait à déterminer.

Depuis dix ans, depuis que l'Union européenne existe, tous (États membres, États candidats et institutions) ont conscience que cette structure, hybride et nébuleuse, ne peut être qu'une forme transitoire. Transitoire, l'Union européenne devait faire ses preuves avant que des choix puissent être opérés.

Quels choix ? Un choix politique, d'une part, se traduisant par un choix juridique ; d'autre part, celui d'un texte nouveau fondamentalement différent des précédents.

Politiquement, on a longtemps considéré, à tort, que l'avenir de l'Europe se résumait à un simple choix binaire : l'avenir institutionnel de l'Europe résidait dans une alternative ou un compromis entre un État européen et une organisation internationale classique. Les termes de l'alternative ainsi posés, le compromis semble impossible et le choix pur et simple inacceptable. Il restait donc une place pour une troisième voie, une voie originale, qui conforterait la spécificité essentielle du système communautaire et de l'Union européenne qui, ne relevant ni d'un type étatique ni d'un type international, sont souvent présentés, faute de mieux, comme un système « *sui generis* ».

En outre, la rédaction d'un nouveau texte devait répondre aux aspirations de citoyens de plus en plus conscients du fait que les grandes questions de société sont désormais traitées, en tout ou partie, par les institutions de l'Union européenne.

C'est dans cette perspective que le Conseil européen de Laeken créait une « Convention sur l'avenir de l'Europe » et lui demandait de répondre à environ soixante-cinq questions. Rien n'était dit sur la forme que devaient prendre les réponses. Plusieurs solutions étaient envisageables entre lesquelles devaient choisir les conventionnels : « *La plus minimaliste se contenterait d'égrener une variété de réponses possibles à chacune des questions, laissant ainsi les gouvernements piocher à leur convenance dans un inventaire à la Prévert – poésie en moins. La plus audacieuse élaborerait un projet de constitution européenne, à charge pour les dirigeants des États de l'amender ici ou là.* » (O. Duhamel, *Pour l'Europe. Le texte intégral de la Constitution expliqué et commenté*, Paris, Seuil, 2003, p. 22).

Les membres de la Convention, auteurs de la Constitution européenne, ont choisi la solution la plus ambitieuse et le fait même qu'ils aient réussi à trouver un accord sur un texte unique est remarquable. Lors de la présentation officielle du texte, le président de la Convention sur l'avenir de l'Europe, Valéry Giscard d'Estaing, résumait les choses en ces termes : le texte est « *imparfait mais inespéré* ». Un an et demi plus tard, alors que la Conférence intergouvernementale (CIG) a approuvé le texte et que les chefs d'État l'ont signé, le constat demeure. L'Union européenne a un nouveau traité ; il reste à le lire. Afin de le mieux comprendre, il est nécessaire de rappeler le processus qui a conduit à sa rédaction (chapitre I), d'apprécier son apport (chapitre II) et de mesurer les enjeux de la constitutionnalisation (chapitre III).

Chapitre 1

Le processus constitutionnel européen

L'intégration européenne à l'aube du XXIe siècle est un phénomène paradoxal : elle est à la fois un succès et un défi permanent.

Le succès est indéniable. Le projet européen, lancé il y a plus de cinquante ans par des hommes politiques visionnaires et inventifs, qui ont eu le talent de mettre l'imagination au service de l'action, a permis la mise en place d'un « *marché commun* », affranchi de multiples barrières, qualifié plus tard de « *marché intérieur* ». Alors que l'idée d'une monnaie unique paraissait, aux yeux du plus grand nombre, relever d'une utopie, elle finit par s'imposer comme une nécessité, l'euro voyant le jour comme monnaie d'échange le 1er janvier 2002 entre onze, puis douze États membres. Outre ces apports majeurs sur le plan économique et politique, de multiples réalisations peuvent être mises à l'actif de l'Europe : la création d'un *espace de liberté, de sécurité et de justice*, qui contribue notamment à lutter contre le terrorisme et la criminalité de dimension européenne ; la naissance d'une « voix » que l'on écoute de plus en plus sur la scène internationale ; la mise en place de forces d'intervention en Bosnie, en République démocratique du Congo ou, encore, en Afghanistan. Autant de points forts qui ne doivent pas conduire à sous-estimer les difficultés de la construction européenne.

Le défi qui consiste à surmonter ces dernières est complexe. L'élargissement de l'Europe doit être conjugué avec l'approfondissement de l'intégration européenne, ce qui conduit à des ajustements du processus de prise de décision en commun en fonction des matières dont la gestion est confiée aux instances européennes. L'aspiration à la démocratie et à la transparence doit être conciliée avec les impératifs d'efficacité, compte tenu de la technicité et de la sensibilité des questions abordées. Le développement de règles propres à l'espace européen doit tenir compte des défis de la mondialisation et des contraintes imposées par les autres organisations internationales. Plus fondamentalement, le processus d'unification européenne doit être lié aux aspirations des peuples.

C'est dans ce contexte, mêlé de succès et de difficultés à surmonter, que l'idée d'une Constitution européenne voit le jour afin que l'intégration européenne retrouve un sens et que l'Europe acquière une véritable identité.

Rappeler les origines de l'idée européenne et dresser le bilan de l'intégration permet de comprendre les raisons du lancement d'un processus constitutionnel européen (1). L'état des lieux permet alors de saisir les nouveaux objectifs que les chefs d'État et de gouvernement, réunis en Conseil européen à Laeken en 2001, ont assignés à la construction européenne afin qu'elle soit en mesure de remédier à certaines carences et de répondre aux attentes des citoyens européens (2). Ils se sont accordés sur une méthode originale, celle de la Convention européenne, qui travailla, sous la présidence de Valéry Giscard d'Estaing, à l'écriture d'un projet de

Constitution (3). Le projet fut remis aux États dans le courant de l'été 2003. Ils y apportèrent plusieurs modifications dans le cadre d'une conférence diplomatique, communément appelée CIG ou Conférence intergouvernementale (4). Au terme de ce processus d'élaboration, la Constitution européenne a été solennellement approuvée le 18 juin 2004 et officiellement signée le 29 octobre 2004 à Rome par les vingt-cinq chefs d'État. Dans sa forme définitive, le traité établissant une Constitution pour l'Europe comporte 448 articles, 36 protocoles, 2 annexes, 48 déclarations et un acte final.

1. Le bilan : de l'histoire du projet européen à l'état actuel de la construction européenne

L'accomplissement de l'idée européenne

L'idée d'unifier l'Europe n'est pas née au XXe siècle. Il y eut toujours des hommes pour rêver et penser l'unification du continent européen. Des hommes de lettres tout d'abord : Dante au XIIIe siècle, ou Victor Hugo au XIXe siècle qui, dans un contexte politique marqué par l'éveil des nationalismes, prononça, à Paris, en 1849, lors du IIIe Congrès international de la paix, un discours célèbre, dans lequel « *les États-Unis d'Europe* » tenaient une place importante. L'expression, devenue fameuse, fut reprise par la Ligue internationale permanente de la paix qui en fit le nom d'une revue publiée jusqu'en 1939. Des philosophes mirent également leur talent au service de l'idée européenne : Emmanuel Kant fait figure de symbole avec son essai magistral, le *Projet de paix perpétuelle*, qui est aujourd'hui encore repris par des penseurs de la destinée européenne, tel le philosophe allemand Jürgen Habermas. Il y eut aussi de simples particuliers qui, engagés et passionnés, mirent leur plume au service de l'idéal d'une Europe unie ; ainsi, en 1927, le comte Koudenhove-Kalergi publie *Pan Europe*, vibrant manifeste européen. Il y eut enfin, évidemment, des hommes politiques, à l'instar du duc de Sully qui, au XVIIe siècle, lançait son *Grand Dessein* ou, plus récemment, Aristide Briand.

Ce dernier fut celui qui, après les réflexions du comte autrichien, présenta en tant que ministre français des Affaires étrangères le projet le plus abouti d'une Europe intégrée. Il soumettait, le 5 septembre 1929, à l'Assemblée de la Société des nations (SDN) un vaste projet d'Union européenne qui prit la forme, quelques mois plus tard, d'un mémorandum circonstancié, en date du 1er mai 1930, rédigé avec l'aide du diplomate Alexis Léger (Saint-John Perse). La modernité du projet est étonnante. Il y est question de mettre en place un « *marché commun* » et de créer, « *entre les peuples d'Europe, une sorte de lien fédéral* » qui, cependant, ne devrait pas se développer au détriment des « *droits souverains des États membres* ». On retrouvera cette logique tout au long de l'histoire de l'intégration européenne, jusque dans le texte de la Constitution. À l'époque, le mémorandum fut l'objet de vives oppositions de la part des États membres de la SDN, au premier rang desquels l'Allemagne, l'Italie et le Royaume-Uni ; seule la Yougoslavie était prête à accepter le principe d'un pacte fédéral géré par des institutions communes. Quoi qu'il en soit, le « mémorandum Briand » arrive trop tard : les élections allemandes du 14 septembre 1930 consacrent les premiers succès de Hitler. Déjà, la guerre est à l'horizon.

La naissance, au lendemain de la Seconde Guerre mondiale, d'une Europe unifiée tient du miracle. Des millions de morts, des destructions innombrables, des ressentiments justifiés par des crimes collectifs sans précédent semblaient devoir dresser entre les peuples européens des barrières infranchissables. Pourtant, l'idée européenne allait refaire surface. La date de lancement de l'« Europe communautaire » est précise : le 9 mai 1950, à Paris, au Quai d'Orsay, dans le salon de l'horloge, Robert Schuman, ministre français des Affaires étrangères, prononce une déclaration historique, connue comme la « déclaration Schuman ».

Préparée dans le plus grand secret par Jean Monnet, alors commissaire au Plan, cette déclaration propose de placer l'ensemble de la production franco-allemande de charbon et d'acier sous une « *Haute Autorité* » commune, dans le cadre d'une organisation ouverte « *à la participation des autres pays d'Europe* ». L'ambition du texte est triple : réorganiser la sidérurgie européenne et l'ensemble des industries de base en fusionnant les marchés nationaux ; régler le contentieux franco-allemand en empêchant un réarmement secret des anciens belligérants par la mise en commun de leurs ressources sidérurgiques et minières ; relancer l'idée de l'unification européenne sur de nouvelles bases. Il fallait pour cela déterminer une stratégie. La déclaration s'y efforce en proposant une méthode, que l'on qualifiera plus tard de « fonctionnaliste » ou de méthode « des petits pas » : « *l'Europe ne se fera pas d'un coup, ni dans une construction d'ensemble : elle se fera par des réalisations concrètes créant d'abord des solidarités de fait.* » Subtile, cette méthode est pragmatique : il est question de partir de la base, de ce qui réunit de façon concrète et effective les hommes, et d'avancer pas à pas, sans brûler les étapes. Le charbon et l'acier sont alors conçus comme les premiers supports susceptibles d'établir une communauté concrète d'intérêts, ouvrant elle-même, ultérieurement, la voie à des relations de solidarité élargie. La proposition française est immédiatement acceptée par le chancelier Konrad Adenauer, tandis que les ministres des Affaires étrangères belge et italien, Paul-Henri Spaak et Alcide De Gasperi, affirment également leur soutien sans réserve à ce qui devient très vite le « Plan Schuman ». Les Britanniques, quant à eux, n'hésitent pas à revendiquer leur « isolement » et déclinent l'invitation qui leur est faite de participer à l'entreprise communautaire.

Le 18 avril 1951, à Paris, la Belgique, la France, l'Italie, le Luxembourg, les Pays-Bas et la République fédérale d'Allemagne signent le traité instituant la Communauté économique du charbon et de l'acier (CECA) qui entre en vigueur le 25 juillet 1952 pour cinquante ans.

La première « Communauté » voit le jour. Elle repose sur une structure institutionnelle inédite : une Haute Autorité, exécutif collégial supranational de neuf membres, un Conseil des ministres représentant les six gouvernements et destiné à coordonner les décisions de la Haute Autorité avec les politiques économiques des États membres, ainsi qu'une Cour de justice et une Assemblée commune dont les membres sont désignés par les Parlements nationaux. La CECA, en plus de permettre l'essor des échanges et de la production ainsi que la modernisation des équipements, donna à une génération d'hommes et de femmes au service de la Haute Autorité l'occasion d'apprendre à travailler ensemble en anticipant les méthodes de travail des futures instances communautaires.

Cette première communauté, « sectorielle », est, aux yeux de ses promoteurs, une étape dans un processus beaucoup plus ambitieux qui devrait aboutir à la constitution d'un marché commun généralisé susceptible de s'intégrer, à plus long terme, au sein d'une véritable communauté politique.

La politique des « petits pas » subit pourtant un premier revers avec le traité instituant la Communauté européenne de défense (CED), signé entre les six États fondateurs le 27 mai 1952, après de très difficiles négociations. Le projet était ambitieux : les États devaient transférer l'essentiel de leur politique de défense à la nouvelle communauté et ne conserver que des forces limitées. Il s'agissait donc d'une armée européenne, intégrée au niveau des corps d'armée et placée sous un commandement commun. Le schéma institutionnel proposé correspondait à celui de la CECA : un organe indépendant, le Commissariat ; un organe intergouvernemental, le Conseil des ministres, auquel appartient le pouvoir de décision ; ainsi qu'une Assemblée commune et une Cour de justice. L'organe supranational devait détenir essentiellement un pouvoir de gestion des personnes et des matériels. Le traité, ratifié selon leurs règles constitutionnelles respectives, par l'Allemagne, la Belgique, l'Italie, le Luxembourg et les Pays-Bas, ne passe cependant pas le cap de l'autorisation de ratification en France. Le gouvernement français, présidé par Pierre Mendès France, est divisé sur le projet, tandis qu'à l'Assemblée nationale, ses adversaires se sont renforcés. Les gaullistes sont hostiles à toute supranationalité, les communistes opposés à la remilitarisation de l'Allemagne, les socialistes et les radicaux, quant à eux, sont divisés sur l'intégration à laquelle ils étaient pourtant initialement favorables. Le 30 août 1954, le Parlement français rejette le traité instituant la CED, faisant subir son premier revers à l'intégration européenne. L'Europe de la défense est mort-née car la ratification des Six était nécessaire pour la rendre effective. Le blocage d'un seul État, la France, suffit à stopper définitivement l'entreprise.

Lourd de conséquences, le rejet de la CED a introduit une dissociation entre l'intégration politique et l'intégration économique, au point de faire apparaître – contrairement à l'idée des fondateurs pour qui l'union politique devait être l'aboutissement naturel de l'intégration économique – une sorte d'antagonisme entre la poursuite de la seconde et l'amorce de la première. Chargée, en 1952, de présenter des propositions tendant à la création d'une structure politique de type fédéral ou confédéral, l'Assemblée parlementaire de la CECA, qualifiée pour la circonstance d'« *assemblée ad hoc* », avait remis, en 1953, aux représentants des six États membres, un « *projet de statut de Communauté européenne* ». L'échec de la CED, en 1954, emporta celui de ce projet. Un an plus tard cependant, le 3 juin 1955, sous l'impulsion des États du Benelux et de l'Italie, les chefs d'État et de gouvernement se réunissent à Messine (Italie) et relancent l'intégration. C'est Paul-Henri Spaak, ancien ministre belge des Affaires étrangères et fédéraliste convaincu, qui est chargé de piloter la rédaction de nouveaux traités. Après la tenue de sept conférences successives, deux traités sont signés à Rome le 25 mars 1957 par les six États membres fondateurs de la CECA, le Royaume-Uni ayant une nouvelle fois décliné l'offre qui lui était faite d'y participer. La stratégie sectorielle est réactivée avec le traité instituant la Communauté européenne de l'énergie atomique (CEEA) – dénommé traité Euratom – tandis qu'une autre approche, certes toujours axée sur l'économie mais généraliste, est promue avec le traité instituant la Communauté économique européenne (CEE). Les deux traités de Rome entrent en vigueur le 1er janvier 1958.

Alors que le traité CEEA reprend une approche « fonctionnaliste » comparable à celle de la CECA, le traité CEE correspond à une logique inédite qui, finalement, connaîtra un avenir. C'est en effet cette Communauté qui fera l'objet de toutes les attentions, au point d'évoluer progressivement vers une organisation d'intégration dépassant largement le cadre de l'économie, ainsi qu'en témoigne, à partir de 1992, sa nouvelle dénomination : la Communauté économique européenne devient Communauté européenne.

L'originalité de la Communauté économique européenne, telle que conçue en 1957, réside, essentiellement, dans deux institutions : la Commission et le Conseil. Leur composition et leurs fonctions en font les principaux artisans de la procédure d'adoption des actes communautaires, chacune d'elles reflétant des intérêts distincts.

La Commission est l'institution la plus originale parce qu'elle jouit d'une indépendance organique et fonctionnelle par rapport aux gouvernements des États. Représentant l'intérêt général communautaire, ses membres sont indépendants, même s'ils sont nommés d'un commun accord par les gouvernements. Par les pouvoirs qui lui sont conférés – et qui se sont révélés d'une grande portée politique –, la Commission dispose du monopole de l'initiative législative et de l'essentiel du pouvoir d'exécution de la « législation » communautaire.

Le Conseil représente, quant à lui, les intérêts nationaux. Ses fonctions sont à la fois législative et exécutive, puisqu'il adopte les règlements, directives et décisions proposés par la Commission. Composé de représentants des gouvernements des États membres, il se réunit en différentes formations, en fonction de l'ordre du jour des réunions (Conseil « Agriculture », « Transports », « Environnement », etc.). Sa formation de principe, véritable expression gouvernementale, est le Conseil « *Affaires générales* » qui réunit les ministres des Affaires étrangères. La procédure de vote au sein du Conseil est originale. Elle constitue la marque distinctive du système communautaire d'intégration, par comparaison avec les organisations internationales classiques trop souvent paralysées par l'obligation constante de l'unanimité ou, ce qui revient au même, un droit permanent de veto. Les auteurs du traité CEE ont ainsi fait preuve de réalisme en refusant de subordonner toute décision adoptée par le Conseil à l'accord unanime des États membres et en prévoyant qu'à partir du 1er janvier 1966 le vote à la majorité qualifiée deviendrait la règle, sauf dans des domaines expressément prévus par le traité. Cependant, malgré cet accord de principe, les modalités de vote ont cristallisé, dès le début de l'intégration, tous les antagonismes et il fallut attendre longtemps – jusqu'à l'Acte unique européen (AUE) de 1986 – pour que la majorité qualifiée devienne véritablement une règle effective au sein du système communautaire.

Les deux autres institutions prévues par le traité CEE sont la Cour de justice et l'Assemblée consultative ; elles sont, dès l'origine, communes aux trois Communautés. La première joua très rapidement un rôle majeur, compte tenu de la complexité des questions à traiter et des conflits de compétence découlant de l'intégration économique. La seconde, l'Assemblée, n'est composée à l'origine que de délégués désignés par les Parlements nationaux. Politique par sa composition, elle porta longtemps les traces des longs et difficiles débats fédéralistes de l'après-guerre. En 1957, son rôle est purement consultatif, ses avis n'étant pas obligatoirement suivis par le Conseil. Sa transformation est exemplaire : en 1962, l'Assemblée consultative se baptise elle-même « Parlement européen » et, en 1976, les États décident que ses membres seront élus au suffrage universel direct.

Peu à peu, au fil d'un processus fait d'avancées

et de reculs, ce schéma institutionnel a évolué et s'est transformé.

L'évolution du système communautaire

L'évolution a été permise par des révisions successives des traités fondateurs de Paris (1951) et de Rome (1957). Après la crise déclenchée par le général de Gaulle et son ministre des Affaires étrangères, Maurice Couve de Murville, en 1966 – qui, n'entendant pas se plier aux règles fixées par le traité CEE en matière de vote dans le domaine agricole, inaugurèrent la « politique de la chaise vide » –, le processus décisionnel et, par voie de conséquence, l'intégration furent ralentis. Cette période de stagnation se termina en 1986 lorsque, le 27 février, grâce à un programme ambitieux défini par la Commission européenne alors présidée par Jacques Delors, l'Acte unique européen fut signé. Le « défi 1992 » est alors lancé : toutes les barrières physiques, administratives, techniques et fiscales, qui servent encore de justifications aux contrôles aux frontières et entravent l'effectivité du marché commun, doivent disparaître au 31 décembre 1992. Défini par la Commission et accepté par les États membres, ce programme sera très largement réalisé au terme du délai fixé. C'est un succès ; l'Europe retrouve son souffle.

À partir de cette période, les révisions vont s'enchaîner à un rythme soutenu.

En 1992, le traité sur l'Union européenne (traité UE) est signé à Maastricht. En créant l'Union européenne, il transforme la structure communautaire et européenne et donne naissance à deux nouveaux « piliers » : la Politique étrangère et de sécurité commune (PESC) et la Coopération dans les domaines de la justice et des affaires intérieures (JAI), devenue Coopération policière et judiciaire en matière pénale (CPJP) en 1999 avec l'entrée en vigueur du traité d'Amsterdam. Le traité sur l'Union européenne consacre ainsi le passage d'une structure communautaire d'intégration, principalement économique, à une structure hybride, les deux nouveaux piliers, dits *intergouvernementaux*, officialisant l'entrée de l'Europe dans des sphères relevant traditionnellement de la souveraineté des États. Le traité de Maastricht crée également une citoyenneté de l'Union et une Union économique et monétaire qui feront l'objet de dispositions nouvelles et spécifiques dans le traité instituant la Communauté européenne.

Souvent comparée à un temple grec, l'Union repose désormais sur trois piliers. Le premier est dénommé « pilier communautaire » : il est constitué des « Communautés », c'est-à-dire des trois Communautés originelles dont une, la CEE, est amputée symboliquement de l'adjectif « économique » afin de démontrer que la nouvelle Communauté européenne (CE) représente un saut qualitatif vers l'union politique tout en finalisant et concrétisant le lancement de la monnaie unique européenne. Pilier d'intégration par excellence, ce premier pilier se caractérise par des actes pris, le plus souvent, à la majorité qualifiée et directement invocables par les particuliers devant les juges. À ce pilier communautaire, il faut ajouter les deux autres piliers, dont la logique n'est pas l'intégration mais la coopération ; les actes y sont pris à l'unanimité et peuvent, notamment dans le troisième pilier, prendre la forme de traités internationaux qui nécessitent, pour entrer en vigueur, la mise en œuvre de procédures nationales de ratification. Ils concernent des domaines sensibles dans lesquels les États n'étaient pas encore prêts à jouer la carte d'une intégration poussée. Il s'agit donc uniquement de « coopérer » en matière de politique étrangère et de sécurité commune (PESC

— IIe pilier) et en matière de justice et d'affaires intérieures (JAI — IIIe pilier). Sans que soit remise en cause cette structure ternaire, le traité sur l'Union européenne est révisé en 1997, à Amsterdam, et en 2001, à Nice, après que les représentants des États eurent négocié, souvent âprement, chaque modification au sein des CIG.

Les révisions ont approfondi l'action de la Communauté et de l'Union européennes en renforçant les politiques existantes et en en créant de nouvelles. Elles ont également restructuré l'architecture institutionnelle. Si les quatre institutions originelles demeurent, la Cour des comptes accède au rang d'institution et de nouveaux organes sont créés dès 1992. Ainsi, le Conseil européen est désormais reconnu ; composé des chefs d'État et de gouvernement et du président de la Commission, il donne l'impulsion politique dans l'Union. De même, une Banque centrale européenne est mise en place en vue d'adopter les décisions fondamentales dans le cadre de la politique monétaire. Le Comité des régions, créé sous la pression des *Länder* allemands qui déploient une stratégie d'influence, revendique sa « proximité » avec les élus locaux et les collectivités territoriales pour se présenter comme le gardien légitime de la « subsidiarité ». Dans le même temps, certaines institutions originelles, tel le Parlement européen, sont renforcées. En effet, celui-ci, grâce à une stratégie institutionnelle efficace, a profité de chaque révision des traités pour accroître ses pouvoirs jusqu'à se voir reconnaître, avec le Conseil, la qualité de « co-décideur ». Le « déficit démocratique », fréquemment décrié, tend ainsi à se résorber.

De manière plus spécifique, chaque traité met, tout à la fois, en lumière des avancées et les difficultés rencontrées dans la progression. À Amsterdam, les États ne parviennent pas à régler la question institutionnelle, mais réussissent à s'accorder sur l'approfondissement de l'intégration en matière d'asile, de visas et d'immigration, insérant ce domaine politique majeur au sein du premier pilier (on parlera de « communautarisation partielle du troisième pilier »). Ils améliorent également le chapitre social et renforcent les compétences de la Communauté européenne en matière environnementale. À Nice, confrontés aux réformes institutionnelles nécessaires à la préparation de l'élargissement, les États n'aboutissent que partiellement, dans la douleur (les négociations sont difficiles) et la complexité (le résultat final relatif aux modalités de vote au sein du Conseil défie l'entendement), à un accord.

Parallèlement à ce mouvement d'approfondissement – jamais linéaire, toujours mouvementé –, l'adhésion de nouveaux États membres a suivi son cours. Au total, cinq vagues d'élargissement ont eu lieu depuis l'origine. De six États fondateurs en 1951 et 1957, l'Europe est passée à neuf en 1973 (Danemark, Irlande, Royaume-Uni), dix en 1981 (Grèce), douze en 1987 (Espagne et Portugal), quinze en 1995 (Autriche, Suède et Finlande), pour arriver, provisoirement, à vingt-cinq États membres en 2004 (Chypre, Estonie, Hongrie, Lettonie, Lituanie, Malte, Pologne, République tchèque, Slovaquie et Slovénie). Depuis le 1er mai 2004, les peuples de l'Union comptent environ 453 millions de personnes, dont 75 millions issus des dix nouveaux États membres.

Les nouvelles interrogations

Au terme de plus de cinquante ans d'intégration communautaire, l'Europe est à la croisée des chemins. Elle a accompli le dessein économique inscrit dans les traités fondateurs et l'euro est le symbole d'une intégration réussie. Cependant, plus d'un demi-siècle de paix et de prospérité a banalisé la réussite de l'entreprise : le traumatisme politique et psychologique de la guerre et du génocide n'est plus ressenti ; le discours politique contemporain ne fait plus référence aux nouveaux desseins existentiels ; la réussite économique n'est guère perçue, masquée par des revendications sociales continues. Dans ce contexte, les États peinent à s'accorder sur de nouveaux objectifs majeurs et mobilisateurs, tout en étant conscients, dans le même temps, que l'élargissement sans précédent à l'Est, la fin de l'affrontement Est-Ouest et l'émergence de l'« hyper puissance » américaine nécessitent une redéfinition de la structure institutionnelle et politique de l'Union européenne.

Alors que les travaux de la « CIG 2000 », relative au traité de Nice, se déroulent dans une ambiance tendue, le ministre allemand des Affaires étrangères, Joschka Fischer, prononce un discours historique à l'université Humboldt de Berlin, le 12 mai 2000. Il est le premier à proposer un débat sur l'avenir de l'Europe et à considérer opportun de doter l'Europe d'un « traité constitutionnel ». Les autres hommes politiques européens ne tardent pas à faire écho à cette initiative et avancent leurs propositions. Un mois plus tard, le 27 juin 2000, le président de la République française, Jacques Chirac, dans une allocution devant le *Bundestag*, appelle de ses vœux une Constitution pour l'Europe. D'autres, tels le Premier ministre britannique, Tony Blair, ou le chef de gouvernement espagnol, José Maria Aznar, rejoignent le débat constitutionnel. Ils font partie des dirigeants européens qui ont saisi au vol l'initiative allemande relayée par le chancelier Gerhard Schröder et le président Johannes Rau. Fait sans précédent dans l'histoire de la construction communautaire, le tabou constitutionnel est levé.

Alors que la question constitutionnelle européenne était jusque-là une affaire d'initiés, débattue avec passion dans les cercles universitaires et dans les cénacles feutrés de l'hémicycle du Parlement européen à Strasbourg, elle investit le champ politique grâce à l'audace allemande. Ces circonstances ne sont pas anodines : si le mot « constitution » est prononcé, c'est que l'heure est aux choix majeurs. Les hommes politiques sont unanimes : l'Europe a *besoin* d'une Constitution. Il faut donc révéler le *sens* de l'aventure européenne aux citoyens, premiers concernés par l'intégration et, pourtant, trop souvent oubliés voire ignorés, pour être en mesure de répondre à une question, simple et difficile à la fois : *pourquoi l'Europe ?* Dans ce contexte, une « clause de rendez-vous », la Déclaration n° 23, est annexée au traité signé à Nice en février 2001. Elle annonce un débat sur l'avenir de l'Europe et une nouvelle Conférence intergouvernementale en 2004. En quelques mois, l'idée d'une Constitution pour l'Europe est inscrite comme une priorité dans l'agenda européen.

2. Les objectifs : le mandat de Laeken

La Déclaration n° 23, annexée au traité de Nice, est accueillie favorablement par les États, pour des raisons diverses, et parfois même opposées. Pour certains gouvernements, elle permet de mettre en évidence des mécanismes susceptibles d'encadrer de manière plus stricte l'action des institutions communautaires. Pour d'autres, elle constitue une manière commode de minimiser l'importance des carences du traité de Nice en annonçant une nouvelle négociation. Pour beaucoup d'entre eux, elle a surtout permis, à Nice, d'écarter des débats les thèmes de discussion les plus délicats, notamment la réécriture des traités.

La « clause de rendez-vous » de la Déclaration n° 23 se matérialise, sous la présidence belge, lors de l'adoption, le 15 décembre 2001, de l'importante *Déclaration de Laeken.* Le ton change et le langage évolue, se voulant rassembleurs et représentatifs d'une nouvelle philosophie. La Belgique y a beaucoup contribué, en se donnant pour mission, le temps de sa présidence, de structurer de façon plus précise le débat sur l'avenir de l'Europe. Elle a choisi de confier la préparation technique de la Déclaration à un groupe composé de diplomates et d'universitaires. Les documents de synthèse ainsi élaborés ont été soumis à un « groupe de sages », composé du Premier ministre et du ministre des Affaires étrangères belges ainsi que de cinq experts, MM. Amato, Dehaene, Delors, Geremek et Milliband. À la mi-novembre 2001, un premier projet officiel est réalisé ; il est soumis aux représentants des autres États membres par le Premier ministre belge lors de sa tournée de préparation du Conseil européen. La comparaison entre les premiers documents préparatoires et le texte final de Laeken révèle que le contenu du document a, de façon étonnante, fort peu évolué. La détermination de la présidence a emporté l'assentiment.

Le texte présente un rythme ternaire. Sa première partie a pour objet de démontrer que l'Europe se situe, pour plusieurs raisons, à un « *carrefour* » : l'imminence d'un élargissement sans précédent au regard du nombre d'États candidats, tout d'abord ; l'importance accordée aux citoyens européens, ensuite, l'Union devant mieux répondre à leurs attentes ; le rôle international de l'Union, enfin, qui doit s'ériger en acteur principal de la mondialisation pour en maîtriser – ou en corriger – les effets. Surtout, dans le contexte postérieur aux attentats du 11 septembre 2001, l'Union doit pouvoir faire entendre sa différence, notamment à l'égard de la politique américaine. C'est dans la deuxième partie de la Déclaration que sont identifiées les questions à traiter dans le cadre de la future négociation. Certaines étaient déjà présentes dans la Déclaration n° 23 : la délimitation des compétences, le statut de la Charte des droits fondamentaux, la simplification des traités et le rôle des parlements nationaux. D'autres y ont été judicieusement ajoutées : l'efficacité des institutions ou encore l'établissement d'un espace politique européen.

En réalité, à travers la Déclaration de Laeken, les chefs d'État et de gouvernement, qui composent le Conseil européen, demandent aux auteurs du projet de Constitution de relever deux défis : rendre l'Europe plus « lisible », de l'intérieur, et plus « visible », de l'extérieur.

Le défi de la « lisibilité »

Vouloir une Europe plus « lisible », c'est constater que l'Union européenne existe mais qu'elle est souvent mal connue et mal comprise. Elle doit devenir plus transparente et plus démocratique, pour pouvoir être plus efficace.

Cet effort de lisibilité s'adresse aux principaux acteurs de l'Union européenne : ses citoyens, ses États membres et ses institutions.

Il faut, à la fois, « *rapprocher les institutions européennes du citoyen* », c'est-à-dire expliciter le lien entre les grands objectifs de l'Union – auxquels les citoyens se rallient majoritairement – et l'action quotidienne de l'Union, et laisser aux États membres les moyens d'accomplir leurs propres missions. Cela passe par moins de lourdeur et de rigidité, plus d'efficacité et de transparence ; l'Europe pourra ainsi répondre plus directement à des préoccupations concrètes, sans pour autant devenir un « super-État » européen.

Pour ce faire, la Déclaration de Laeken propose de privilégier quatre axes : permettre à l'Union d'être mieux identifiée, rendre plus claire la répartition des compétences, simplifier les instruments de l'Union et donner aux citoyens et à leurs représentants les moyens d'une véritable démocratie.

Permettre à l'Union d'être mieux identifiée – ou identifiable – conduit à rappeler ce qui la fonde (ses valeurs et ses objectifs), les droits qu'elle garantit et promeut à travers sa Charte des droits fondamentaux, et à la doter d'institutions plus immédiatement reconnaissables.

Rendre plus claire la répartition des compétences, c'est la simplifier et l'ajuster à la lumière des nouveaux défis auxquels l'Union est confrontée en veillant à l'égalité et à la solidarité entre les États membres, et garantir que la nouvelle répartition des compétences ne conduira pas à un élargissement furtif des compétences de l'Union ou qu'elle n'empiétera pas sur les domaines qui relèvent de la compétence exclusive des États membres.

Simplifier les instruments de l'Union suppose de déterminer clairement comment l'Union agit en introduisant une distinction, compréhensible par tous, telle, par exemple, celle entre mesures législatives et mesures d'exécution.

Enfin, donner aux citoyens les moyens d'une véritable démocratie, c'est rappeler que l'Union européenne puise sa légitimité dans les valeurs démocratiques qu'elle véhicule, les objectifs qu'elle vise et les compétences et instruments dont elle dispose. Cette légitimité réside, à la fois, dans les institutions de l'Union elle-même et dans celles de ses États membres, au premier rang desquelles figurent les parlements nationaux.

En reprenant les acquis et en ouvrant de nouvelles perspectives, un nouveau traité permettra de répondre à ces attentes et de rendre compte de ce que la nouvelle Union sera celle d'une Europe politique.

Le défi de la « visibilité »

Hors de ses frontières, l'Union européenne est confrontée à un environnement en mutation et mondialisé. Elle a incontestablement rempli la mission que lui avaient assignée les « pères fondateurs » : établir durablement la paix en Europe. Elle doit désormais renforcer sa « visibilité » afin que son rôle soit incontestable et incontesté.

Unie et élargie, l'Europe doit pouvoir jouer un rôle de premier plan dans l'ordre mondial et se doter des moyens de devenir une « *puissance* ». Les termes de la Déclaration de Laeken sont forts : « *La seule frontière que trace l'Union européenne est celle de la démocratie et des droits de l'homme.* » La Charte des droits fondamentaux en témoigne qui a vocation à rendre les droits qu'elle protège « *plus visibles* » (préambule de la Charte), donnant ainsi à l'Union sa véritable dimension.

Cela implique des conséquences à l'égard des éventuels États candidats à l'adhésion, l'Union n'étant ouverte qu'aux États qui respectent des valeurs fondamentales telles que les droits de l'homme, le principe d'élections libres, le respect des minorités et l'État de droit. Ce n'est qu'à cette condition que l'Europe, reconnue comme démocratique, pourra être efficacement engagée dans le monde.

Elle pourra ainsi, légitimement, non seulement jouer un rôle dans le règlement des problèmes transfrontières, tels la justice et la sécurité, la lutte contre la criminalité, la maîtrise des flux migratoires, l'accueil des demandeurs d'asile et des réfugiés en provenance de zones de conflit périphériques, mais aussi adopter une approche commune à l'égard de la pollution, des changements climatiques, de la sûreté des aliments... L'une des ambitions de la nouvelle Union est donc de répondre à des questions auxquelles un État ne peut plus faire face que de manière isolée.

Enfin, il faut doter l'Union des moyens d'avoir une politique étrangère cohérente et présentée comme seule à même de la rendre véritablement « visible ».

Le texte de la Déclaration de Laeken s'achève sur la présentation de la méthode qui devra être suivie : « *Pour assurer une préparation aussi large et aussi transparente que possible de la prochaine Conférence intergouvernementale, le Conseil européen a décidé de convoquer une Convention rassemblant les principales parties prenantes au débat sur l'avenir de l'Union.* » Le choix d'une Convention est ainsi fait pour la deuxième fois dans l'histoire du processus d'intégration européenne. Caution démocratique à une métamorphose politique, il convient d'en présenter la raison d'être, la composition et le mode de fonctionnement.

3. La méthode : la mise en place d'une « Convention sur l'avenir de l'Europe »

La raison d'être de la méthode conventionnelle réside dans les travers de la méthode intergouvernementale traditionnellement utilisée pour rédiger et réviser les traités internationaux. Les carences de la méthode traditionnelle de la CIG se sont, pour la première fois, manifestées à l'occasion de la ratification du traité signé à Maastricht en 1992. La réponse négative au référendum danois du 2 juin 1992 a plongé l'Europe dans une de ces crises existentielles dont elle est coutumière, laissant des traces indélébiles. Le citoyen européen découvre qu'il est dépossédé d'un processus qu'il a jusqu'alors ignoré, par indifférence et/ou méconnaissance, tandis que le « déficit démocratique » fait l'objet de critiques dans le discours politique. La déconnexion entre les

« élites » et le « peuple » apparaît flagrante et les difficultés de ratification du traité entraînent un débat sur son contenu, jetant le discrédit sur la méthode diplomatique qui a été suivie pour son élaboration. La difficulté accrue des États membres à s'accorder aisément sur des sujets sensibles est confirmée à Amsterdam en 1997 ; les négociateurs du traité ne sont pas parvenus à régler les questions institutionnelles pour lesquelles la CIG avait été convoquée. Dès lors, les « reliquats d'Amsterdam » – essentiellement les règles de vote au sein du Conseil des ministres et la composition de la Commission – sont examinés à Nice dans la plus grande confusion politique, un accord étant obtenu *a minima*. De plus, le traité signé à Nice connaît, à son tour, les affres de la ratification, lorsque l'Irlande rejette, une première fois, le texte par référendum...

Dès lors, un constat semble s'imposer : la méthode de la CIG n'est plus satisfaisante et les révisions à répétition sont sources d'instabilité, de marchandages institutionnels permanents et de divorce avec les citoyens qui ne se retrouvent pas dans des débats complexes sans rapport avec leurs préoccupations quotidiennes. Trop exclusive, la CIG suscite la frustration de nombreux acteurs qui exigent d'avoir voix au chapitre. Trop rigide, elle fige la position des États négociateurs et réduit le processus à des concessions réciproques qui occultent l'intérêt commun. Trop fermée et trop complexe, elle n'est pas accessible aux citoyens.

La Convention sur l'avenir de l'Europe n'est pas la première du genre. En 2000, une enceinte du même type a été convoquée pour élaborer la Charte des droits fondamentaux de l'Union européenne, qui a été solennellement proclamée, à Nice, le 7 décembre 2000. Cette première Convention était présidée par Roman Herzog, ancien président de la République fédérale d'Allemagne et ancien président du Tribunal constitutionnel de Karlsruhe. La formule a remporté un vif succès car, pour la première fois, l'élaboration du droit européen n'était plus l'apanage des représentants des États – autrement dit des diplomates – qui, dans le secret des conférences diplomatiques, à l'abri des regards médiatiques indiscrets, négocient les traités de révision. Fait inédit, ce sont diverses légitimités, nationales et communautaires d'un côté, législatives et exécutives de l'autre, qui sont associées dans la transparence pour élaborer la Charte aujourd'hui intégrée dans la Partie II de la Constitution européenne.

Devant le succès des travaux de la première Convention, mais également à la suite d'une campagne active du Parlement européen et de divers acteurs politiques et de la société civile, la Déclaration de Laeken choisit de renouer avec la méthode conventionnelle. Elle organise avec précision la composition et le fonctionnement de cette deuxième Convention, qui sera dénommée « Convention sur l'avenir de l'Europe ». Ce sont 105 membres qui y siègent, secondés d'autant de suppléants. Les États membres et les États candidats sont incités, à dessein, à travailler ensemble. La logique « post-élargissement » est déterminante, au point d'inclure, en plus des dix États qui vont intégrer l'Union le 1er mai 2004, trois États dont l'adhésion n'est ni imminente, ni même acquise : la Bulgarie, la Roumanie et la Turquie. Toutefois, si les représentants des États candidats participent aux délibérations, c'est sans droit de vote, ce qui ne leur permet pas d'empêcher qu'un consensus se dégage.

La « mixité », signe distinctif – et constructif – de la méthode conventionnelle, est réelle : les pouvoirs (exécutif et législatif) et les cadres de leur exercice (étatique et communautaire) y sont représentés. La part la plus importante de la représentation revient au pouvoir législatif qui est nettement majoritaire avec 72 membres de la Convention : 16 membres du Parlement européen, 30 membres des parlements nationaux des États membres (2 par État membre) et 26 membres des parlements nationaux des États candidats (2 par État candidat). Le pouvoir exécutif, quant à lui, compte 30 représentants : 2 représentants de la Commission, 15 représentants des chefs d'État ou de gouvernement des États membres (1 par État membre) et 13 représentants des chefs d'État ou de gouvernement des États candidats (1 par État candidat). Sur la base de ce schéma, les représentants du Parlement français ont été M. Alain Barrau, puis M. Pierre Lequiller, tous deux députés et, successivement présidents de la délégation pour l'Union européenne de l'Assemblée nationale, et M. Hubert Haenel, sénateur, président de la délégation pour l'Union européenne du Sénat ; Mme Anne-Marie Idrac et M. Robert Badinter étaient leurs suppléants respectifs. Le représentant du gouvernement français était M. Pierre Moscovici puis M. Dominique de Villepin, respectivement ministre des Affaires européennes et ministre des Affaires étrangères, suppléés par Mme Pascale Andréani.

La Convention est dirigée par un trio politiquement équilibré. Le choix se porte sur Valéry Giscard d'Estaing, ancien président de la République française, qui devient président de la Convention ; Giuliano Amato, ancien Premier ministre italien, et Jean-Luc Dehaene, ancien Premier ministre belge, tous deux connus pour leurs convictions fédéralistes, sont désignés comme vice-présidents.

Le mandat de Laeken, clair sur la nécessité de restructurer en profondeur le système actuel communautaire, l'est moins sur le résultat attendu de la Convention.

S'inspirant du précédent de la première Convention, toute la subtilité du travail des conventionnels a été de s'accorder sur le principe d'un seul texte qui est devenu, naturellement, la « base de travail » des représentants des États au sein de la CIG.

La Convention sur l'avenir de l'Europe débute ses travaux le 27 février 2002 et les termine au cours de la session des 9 et 10 juillet 2003, avec quatre mois de retard sur le calendrier fixé par la Déclaration. Alors qu'une session plénière mensuelle est initialement prévue, l'ampleur de la tâche conduit la Convention à accélérer son travail en inscrivant deux sessions plénières chaque mois à son agenda. Elle s'astreint au respect d'une méthode stricte qui consiste à diviser le travail en trois phases distinctes : tout d'abord l'écoute, ensuite l'étude et la délibération, enfin la rédaction.

Écouter les représentants de la société civile constitue la principale nouveauté par rapport à la méthode diplomatique traditionnelle. Le monopole des exécutifs sur la conduite des relations internationales est ainsi remis en cause ; le changement de cap est radical et l'avancée démocratique patente. Cette nouvelle manière d'élaborer le droit permet l'expression de la variété des intérêts et des sensibilités. Afin de rationaliser le processus, la Convention met en place huit « groupes de contact » avec la société civile ; leurs domaines respectifs de compétence sont le secteur social, l'environnement, le monde académique et les cercles de réflexion, les citoyens et les institutions, les régions et les entités locales, les droits de l'homme, le développement et la culture. Des auditions des représentants de ces différents secteurs sont organisées afin que les opinions puissent concrètement et publiquement s'exprimer.

La deuxième phase du travail de la Convention est celle de l'étude et de la délibération. À cette fin, onze

« groupes de travail » ont été créés parmi les Conventionnels, auxquels il fut demandé d'établir des rapports circonstanciés sur les thèmes majeurs que devait aborder la Constitution européenne : le principe de subsidiarité, la Charte des droits fondamentaux de l'Union européenne, la personnalité juridique de l'Union, le rôle des parlements nationaux, les compétences complémentaires, la gouvernance économique, l'action extérieure, la défense, la simplification des procédures et des instruments législatifs, l'établissement d'un espace de liberté, de sécurité et de justice et l'Europe sociale.

Grâce à ce travail de fond, la troisième étape, la plus délicate, celle de l'écriture, put s'ouvrir en janvier 2003. Elle a été menée par le *Praesidium* qui décida de constituer des « Cercles de débat » afin d'examiner des questions spécifiques telles que la réforme de la Cour de justice, la procédure budgétaire ou encore, les ressources propres de l'Union. C'est en février 2003 que le *Praesidium* présenta la première version du projet de traité établissant une Constitution pour l'Europe. Les deux questions les plus débattues furent celle de la réforme institutionnelle et celle de la politique extérieure commune au point que leurs discussions furent repoussées à la fin du mois d'avril. On peut y voir la conséquence des importantes tensions entre États consécutives à la guerre déclenchée, sans mandat des Nations unies, par le gouvernement américain contre l'Irak. Craignant que les discussions n'échouent, le président de la Convention décida, sur ces points, de rompre partiellement avec la méthode conventionnelle et d'interroger directement les chefs d'État ou de gouvernement. Nullement affectée par ce contexte pourtant délicat, la Convention fut un succès. Forum de délibération et de concertation continues, elle a suscité l'apparition d'alliances flexibles et mouvantes entre les différents protagonistes sans jamais empêcher la constitution d'accords solides.

Le travail des Conventionnels terminé, le projet de traité établissant une Constitution pour l'Europe fut remis par Valéry Giscard d'Estaing au président en exercice du Conseil européen, M. Silvio Berlusconi, le 18 juillet 2003. Un texte était ainsi proposé, sur lequel les représentants des États devaient se prononcer dans le cadre d'une CIG.

4. Le compromis : la Conférence intergouvernementale

Un temps, le rêve fut caressé par certains que le texte préparé, discuté et rédigé pendant près de dix-sept mois dans un cadre démocratique, puisse ne pas être retouché de façon significative par la CIG. C'était une erreur d'analyse. Les gouvernements des États ne se sont guère privés de faire entendre leur voix, celle du « *pouvoir réel* » pour reprendre une formule du général de Gaulle.

Pour autant, on doit souligner que le texte présenté par la Convention n'a pas été fondamentalement remis en cause par les gouvernements qui l'ont, sans difficulté, accepté comme base de travail. Ils se sont approprié le document, parachevant le processus politique entamé dans le cadre de la Convention sur l'avenir de l'Europe. Le point est essentiel car les avancées obtenues dans le cadre conventionnel ont suscité des discussions que n'auraient pas nécessairement engagées les États. Toutefois, le retour à la logique diplomatique de négociation a restauré le jeu des transactions entre intérêts nationaux. Sur certains points, les résultats furent régressifs : la multiplication des protocoles et déclarations que la Convention avait réussi à limiter, le maintien de l'unanimité pour l'harmonisation fiscale – domaine concret et important pour les citoyens – âprement défendu par le gouvernement de Tony Blair. À l'inverse, des améliorations sensibles ont été apportées par rapport aux résultats obtenus par la Convention, notamment quant à la composition de la Commission.

L'obtention d'un accord ne fut pas aisée. Le calendrier de la CIG 2004 en atteste. Elle a connu deux grandes étapes, respectivement marquées par deux présidences, italienne puis irlandaise. Lorsque les diplomates des États membres se sont mis au travail à l'automne 2003, ils sont, dans un premier temps, parvenus à des résultats prometteurs, en particulier à l'occasion du conclave de Naples des 28 et 29 novembre 2003. Cela ne devait pas durer. Dans un climat de crispation, les tentatives maladroites de médiation de Silvio Berlusconi n'ont pas suffi à éviter l'échec du Conseil européen de Bruxelles, le 12 décembre 2003. La logique de défense prioritaire des intérêts nationaux a ressurgi avec force et les États furent incapables de s'accorder sur le projet de traité établissant une Constitution pour l'Europe.

Le blocage, pour ne pas dire le veto, est imputable à deux États, l'Espagne et la Pologne, qui refusaient la règle de la double majorité au sein du Conseil (règle qui exige une majorité d'au moins 50 % des États membres représentant 60 % de la population de l'UE). En effet, cette procédure remettait en cause ce que l'Espagne avait habilement obtenu lors des négociations du traité de Nice et dont la Pologne avait bénéficié depuis son adhésion à l'Union. Par ailleurs, la rupture des négociations peut également être mise sur le compte d'un climat politique tendu depuis la guerre en Irak qui a généré un affrontement larvé entre les « atlantistes » et les « européens ». La situation semblait bloquée lorsque la présidence irlandaise a réussi le tour de force de ramener le projet de traité sur la table des négociations. Jusqu'au Conseil européen des 25 et 26 mars 2004 – dont la date a été fixée pour tenir compte des élections législatives espagnoles – la présidence a procédé à des tours de table bilatéraux qui ont permis d'aplanir les contentieux et de rapprocher les points de vue. Les changements de majorités gouvernementales en Espagne et en Pologne ont largement contribué à l'accord final. En effet, après la défaite du gouvernement du Parti populaire de José Maria Aznar, vaincu lors des élections du 14 mars, le gouvernement socialiste de José-Luis Zapatero, plus « europhile », a modifié les orientations de la politique européenne de l'Espagne, tandis que de graves divisions au sein du gouvernement social-démocrate polonais conduisaient à la démission du Premier ministre.

Ces deux événements ont permis l'obtention d'un accord final les 17 et 18 juin 2004 lors du Conseil européen de Bruxelles après que les vieilles et traditionnelles questions de lutte pour le pouvoir (réforme institutionnelle) et de contrôle du cours de la destinée européenne (passage de l'unanimité à la majorité qualifiée comme règle de décision au sein du Conseil) eurent été à l'honneur des dernières tractations. Il reste que l'approbation du traité établissant une Constitution pour l'Europe est le fruit d'une méthode inédite où la nouveauté (Convention) s'est mêlée au classicisme (CIG), et le processus démocratique au processus diplomatique (secret et technocratique). Le résultat est un texte qui a pour ambition de fournir aux citoyens européens le fondement d'une nouvelle Union et dont la lecture permet de mesurer l'apport.

Chapitre 2

L'apport de la Constitution européenne

La Constitution européenne a permis de relever les défis qui avaient été lancés par les États membres lors du Conseil européen de Laeken de décembre 2001 et, ainsi, de répondre aux principales attentes des citoyens de l'Union européenne. Fruit d'un compromis entre les positions des promoteurs d'une Europe plus intégrée et les positions de ceux qui cherchent à préserver la souveraineté des États membres, la Constitution européenne est une œuvre de progrès.

On pourrait reprocher aux auteurs du texte constitutionnel d'avoir manqué d'audace sur plusieurs points, d'avoir procédé à des répétitions, d'avoir choisi des subdivisions parfois peu cohérentes et d'avoir alourdi le texte avec une troisième partie qui inclut les règles générales se rapportant à l'ensemble des politiques de l'Union. De telles imperfections ne sauraient occulter ses apports sur des questions de nature constitutionnelle : l'Union est mieux identifiée (1) ; les droits fondamentaux sont réaffirmés et mis en lumière (2) ; le système institutionnel est rendu plus efficace et mieux équilibré (3) ; les compétences respectives de l'Union et des États membres sont clarifiées (4) ; les procédures et les instruments juridiques sont simplifiés (5) ; les politiques de l'Union font l'objet de dispositions qui permettent d'en valoriser l'acquis (6).

1. Une Union mieux identifiée

Qualifiée par Jacques Delors d'« *objet politique non identifié* », l'Union européenne a pâti de sa structure constituée en piliers disparates. Établie par le traité de Maastricht signé en 1992, l'Union européenne n'avait pas remplacé les Communautés européennes instituées par les traités de Paris de 1951 et de Rome de 1957. Les Communautés européennes constituent même, aux termes de l'article 1er du traité UE, le cœur de l'Union, les Communautés étant « *complétées par les politiques et formes de coopération* » instituées par ce traité, c'est-à-dire la politique étrangère et de sécurité commune et la coopération policière et judiciaire en matière pénale, respectivement qualifiées de deuxième et de troisième piliers de l'Union européenne.

L'Union et les Communautés reposaient ainsi sur quatre, puis sur trois traités institutifs depuis la sortie de vigueur du traité CECA conclu en 1951 pour cinquante ans, ce qui était source d'une excessive complexité.

Agissant, alternativement, dans le cadre des traités communautaires et dans le cadre du traité sur l'Union européenne, les institutions n'étaient pas toujours identifiées avec précision. Leur dénomination, variable selon le cadre dans lequel elles agissaient, était révélatrice des difficultés rencontrées. Ainsi, la Commission européenne, dénommée comme telle depuis l'entrée en vigueur du traité de Maastricht, est dénommée « *Commission des Communautés européennes* » lorsqu'elle est partie à une affaire devant la Cour de justice des Communautés européennes.

Surtout, le traité UE ne reconnaissait pas expressément la capacité ou la personnalité juridique de l'Union européenne, alors que les traités institutifs la reconnaissaient à chacune des Communautés. Le silence du traité UE avait fait l'objet d'interprétations divergentes à ce sujet, certains auteurs considérant que l'Union européenne n'avait pas la personnalité juridique tandis que d'autres décelaient une personnalité juridique au moins « embryonnaire ».

La Constitution européenne met un terme à ces interrogations et conjectures.

Une structure unique est créée : l'Union européenne (art. I-1). La Constitution européenne ne fait référence qu'à l'Union européenne, la Communauté européenne n'ayant plus de raison d'être. Les références au « *mode communautaire* » (art. I-1, § 1) ou à « *l'acquis communautaire* » (Préambule, alinéa 5) doivent être interprétées comme des références à l'action passée de la Communauté européenne que l'Union entend poursuivre et prolonger. Désormais, la Constitution européenne regroupe, outre les dispositions de la Charte des droits fondamentaux, les règles du traité sur l'Union européenne et les règles du traité instituant la Communauté européenne. Seul le traité CEEA (Euratom) devrait être maintenu en tant que tel, en dehors de la Constitution européenne, moyennant quelques adaptations prévues dans un protocole spécifique annexé au traité établissant une Constitution pour l'Europe. De plus, il conviendra de ne plus parler de « piliers », la politique étrangère et de sécurité commune constituant un chapitre parmi d'autres au sein du titre consacré à « *l'action extérieure de l'Union* » et la coopération judiciaire en matière pénale et la coopération policière faisant l'objet de deux sections d'un chapitre justement intitulé « *espace de liberté, de sécurité et de justice* ».

L'affirmation selon laquelle « *l'Union dispose d'un cadre institutionnel* » prend alors tout son sens (art. I-19, § 1), une telle unification devant notamment simplifier l'exercice des pouvoirs confiés aux différentes institutions. Dans cette perspective, le traité crée un ministre des Affaires étrangères de l'Union qui, chargé de conduire la politique étrangère et de sécurité commune et de veiller à la cohérence de l'action extérieure de l'Union (art. I-28, § 2), procède de la fusion des fonctions de commissaire en charge des relations extérieures et de haut représentant du Conseil pour la politique étrangère et de sécurité commune (souvent qualifié de « Monsieur PESC »).

L'Union se voit expressément reconnaître la personnalité juridique (art. I-7), qu'elle pourra exercer aussi bien sur le plan interne que sur le plan externe. Cet exercice se traduit, sur le plan interne, par la capacité d'acheter et de vendre des biens et des services, d'employer du personnel et d'agir en justice dans tous les États membres de l'Union européenne. Il se traduit, sur le plan externe, par un *droit de légation* consistant à accueillir des représentations diplomatiques et à envoyer des représentants dans les États et les organisations internationales, par le pouvoir de conclure des accords internationaux avec des États tiers et d'autres organisations internationales et par le droit de siéger au sein des organisations internationales dont les statuts le permettent.

De manière plus singulière, la Constitution européenne identifie les symboles de l'Union qui permettront aux citoyens d'en avoir une image plus concrète : le drapeau, représentant un cercle de douze étoiles d'or sur fond bleu ; l'hymne, tiré de l'« Ode à la joie » de Schiller sur le final de la neuvième symphonie de Beethoven qui est le produit de la rencontre de deux expressions classiques marquées par l'idéalisme ; la devise, « *Unie dans la diversité* » ; la monnaie, l'euro, qui, au-delà du symbole, est devenu le moyen d'échange dans la majorité des États membres de l'Union ; et la journée célébrée le 9 mai dans tous les États de l'Union en souvenir de la déclaration de Robert Schuman du 9 mai 1950, prononcée au nom du gouvernement français et invitant l'Allemagne et les autres États européens à mettre en commun leurs productions de base dans la perspective de la réalisation d'une fédération européenne (art. I-8).

L'identification de l'Union sera également facilitée par l'affirmation des « *valeurs* » sur lesquelles elle est fondée (respect de la dignité humaine, liberté, démocratie, égalité, État de droit et respect des droits de l'homme) dans une société caractérisée par « *le pluralisme, la non-discrimination, la tolérance, la justice, la solidarité et l'égalité entre les femmes et les hommes* » (art. I-2). Cette affirmation n'est pas seulement philosophique ; elle est susceptible d'avoir des conséquences sur le plan juridique : d'une part, l'adhésion d'un État européen à l'Union est conditionnée par le respect des dites *valeurs* (art. I-58, § 1) ; d'autre part, une violation grave de ces valeurs peut entraîner, au terme d'une procédure soigneusement aménagée, une suspension de « *certains des droits découlant de l'application de la Constitution à l'État membre en cause* », tel le droit de vote au sein du Conseil des ministres (art. I-59).

Enfin, on peut observer que les « *objectifs* » de l'Union sont plus clairement énoncés et mieux ordonnés qu'ils ne l'étaient en vertu des articles 2 du traité UE et du traité CE. Les objectifs sont désormais classés en quatre catégories : 1. Les objectifs fondamentaux qui se rapportent aux peuples ; 2. Les objectifs qui intéressent les citoyens ; 3. Les objectifs de nature sociale, économique, environnementale et culturelle ; 4. Les objectifs dans les relations extérieures (art. I-3).

2. Des droits fondamentaux réaffirmés et mis en lumière

Plus personne ne pourrait aujourd'hui sérieusement contester que l'Union et les Communautés européennes sont attachées au respect des droits de l'homme ou, selon une acception plus moderne, des droits fondamentaux. L'article 6 du traité UE indique que l'Union respecte les droits fondamentaux « *en tant que principes généraux de droit communautaire* ». Cette formule ne rend pas compte de l'étendue de la protection des droits assurée dans le cadre de l'Union européenne. Les droits fondamentaux reconnus et garantis par l'Union ne résultent pas, en dépit des apparences, d'une source unique et précise du droit, mais de multiples sources identifiées pour tenir compte de certaines résistances nationales, mais également pour faire évoluer l'idée de droit et tendre vers une Communauté et une Union de droit. Fruit d'apports multiples et diversifiés, ces différentes sources ne cessent de s'enrichir. On ne peut que s'en réjouir, mais il importe également de veiller à ce que le système de protection des droits fondamentaux soit suffisamment accessible et connu du plus grand nombre.

Tout en réaffirmant les droits et maintenant son attachement au système de protection actuel, la Constitution européenne, par l'incorporation de la Charte des droits fondamentaux de l'Union européenne, consacre de nouveaux droits et permet aux citoyens de mieux connaître les droits fondamentaux qu'ils peuvent revendiquer.

Reconnaissance des droits consacrés en vertu du système actuel

L'évolution de la protection des droits fondamentaux dans l'Union européenne est caractérisée par un mouvement d'extension progressif et continu. Les traités institutifs s'étant révélés insuffisants à protéger les droits fondamentaux par ailleurs garantis par les constitutions des États membres, la Cour de justice a entrepris de protéger ces droits en les consacrant au tant que « *principes généraux de droit* » ; les sources écrites du droit de l'Union européenne relatives aux droits fondamentaux s'étant ensuite enrichies.

La Constitution européenne ne remet nullement en cause cette construction.

Les dispositions des traités institutifs protégeant les droits fondamentaux ont longtemps pu paraître très insuffisantes.

Les articles liminaires du traité CE ne contenaient qu'une seule disposition relative aux droits fondamentaux, l'article 12, qui interdit « *toute discrimination exercée en raison de la nationalité* », après avoir précisé que cette interdiction vaut « *dans le domaine d'application du présent traité, et sans préjudice des dispositions particulières qu'il prévoit* ». En raison de son insertion dans la première partie du traité posant « *Les principes* », cette disposition a été considérée comme cardinale. Cette règle est réaffirmée avec force dans le titre Ier de la partie I de la Constitution européenne (art. I-4, § 2).

Parallèlement, plusieurs dispositions établissant des règles de libre circulation ont interdit de telles discriminations. L'article 39 du traité CE, qui établit la libre circulation des travailleurs, a imposé, à ce titre, « *l'abolition de toute discrimination, fondée sur la nationalité, entre les travailleurs des États membres, en ce qui concerne l'emploi, la rémunération et les autres conditions de travail* ». L'article 43 du traité CE a posé le principe de la liberté d'établissement, sur le territoire d'un État membre, des ressortissants des autres États membres dans les mêmes conditions que pour leurs ressortissants. De la même manière, l'article 49 du traité CE s'est attaché à la libre prestation de services des ressortissants des États membres établis dans un État de la Communauté autre que celui du destinataire de la prestation. Ces dispositions ont fait l'objet d'interprétations audacieuses de la Cour de justice. Sous réserve des conditions de nationalité et d'exercice d'une activité économique, elles ont conféré directement aux ressortissants des États membres un véritable droit d'entrée et de séjour sur le territoire d'un autre État membre et ont ainsi répondu à une revendication permanente au titre des droits de l'homme. De tels droits et libertés sont réaffirmés dans la partie III de la Constitution européenne. Ils sont réunis dans une section intitulée « *libre circulation des personnes et des services* » qui précède désormais la section consacrée à la « *libre circulation des marchandises* », alors que cette dernière avait toujours été placée en tête des libertés de circulation concourant à la réalisation du marché commun puis du marché intérieur. De surcroît, les libertés de circulation sont, conformément à la jurisprudence de la Cour de justice, désormais considérées comme des « *libertés fondamentales* » (art. I-4, § 1).

Outre les discriminations fondées sur la nationalité, le traité CE a interdit, à travers des dispositions spécifiques, plusieurs types de discriminations. Au titre des droits fondamentaux, il convient de mentionner deux dispositions importantes : l'article 141 du traité CE qui a posé le principe, applicable dans tous les secteurs de l'économie, de l'égalité des rémunérations entre les travailleurs masculins et les travailleurs féminins, et l'article 34, paragraphe 2, alinéa 2, du traité CE qui a interdit, dans le secteur agricole, toute discrimination entre producteurs ou consommateurs de la Communauté.

Au sein de la Constitution européenne, ces règles sont réaffirmées dans la section relative à la politique sociale (art. III-214) et dans la nouvelle section intitulée « *agriculture et pêche* » (art. III-228, § 2). Ici encore, on constate que les questions relatives aux droits de la personne sont désormais traitées avant celles qui se rapportent aux produits.

Toutefois, compte tenu de l'objet de la Communauté, seuls certains droits fondamentaux à portée générale reconnus par les droits nationaux étaient consacrés par les traités. Cette insuffisance a été largement comblée par la jurisprudence de la Cour de justice.

L'absence de prise en considération, par la Cour de justice, des droits fondamentaux garantis par les constitutions des États membres pouvait conduire des juridictions nationales à examiner les actes communautaires au regard des garanties constitutionnelles issues de leur propre droit national et, ainsi, à mettre en péril l'unité du droit communautaire. Consciente d'un tel risque, la Cour de justice a décidé, à partir de 1969, de consacrer des droits fondamentaux, sous la forme de « *principes généraux de droit* », afin de protéger les droits fondamentaux des personnes qui s'estimeraient victimes d'une violation de tels droits (CJCE 12 novembre 1969, *Stauder*, 29/69, *Rec.* p. 419). Ses sources d'inspiration sont les « *traditions constitutionnelles communes aux États membres* » ainsi que « *les instruments internationaux concernant la protection des droits de l'homme auxquels les États membres ont coopéré ou adhéré* » (CJCE 14 mai 1974, *Nold c/ Commission*, 4/73, *Rec.* p. 491). Après la ratification de la Convention européenne des droits de l'homme par la France – seul État membre qui ne l'avait pas ratifiée –, la Cour a fait expressément référence à cette convention, lui reconnaissant « *une signification particulière* », sans qu'elle constitue, pour autant, son unique source d'inspiration.

Restait la question de savoir quels droits feraient l'objet d'une reconnaissance par la Cour de justice et quel serait leur niveau de protection.

La Cour a ainsi identifié un certain nombre de droits et libertés individuels – tels que le droit au respect de la vie privée et familiale, le droit au respect du domicile et de la correspondance, le droit au respect de la dignité et de la liberté, la liberté d'expression, le droit de propriété, le droit au libre exercice des activités professionnelles –, des droits et libertés collectifs tels que la liberté de religion, la liberté d'association, ainsi que des principes liés à l'application et à l'exercice du droit – tels que le principe de non-rétroactivité des dispositions pénales, le principe qui commande de ne pas appliquer la loi pénale de manière extensive au désavantage de la personne poursuivie, les droits de la défense, le droit au respect du contradictoire, le droit à un recours juridictionnel effectif, le droit à un procès équitable.

Ce mode jurisprudentiel de reconnaissance des droits fondamentaux a été consacré par les auteurs du traité de Maastricht. L'article 6 du traité sur l'Union européenne dispose, en effet, que « *l'Union respecte les droits fondamentaux, tels qu'ils sont garantis par la Convention européenne de sauvegarde des droits de l'homme et des libertés fondamentales, signée à Rome le 4 novembre 1950, et tels qu'ils résultent des traditions constitutionnelles communes aux États membres, en tant que principes généraux de droit communautaire* ». La Constitution européenne reprend une formule très proche en précisant que les droits fondamentaux ainsi garantis « *font partie du droit de l'Union en tant que principes généraux* » (art. I-9).

Dans une perspective d'approfondissement et de perfectionnement des droits fondamentaux garantis par les traités, il convenait également d'adopter des dispositions consacrant de tels droits.

Les auteurs des traités ont inséré dans les traités institutifs, à l'occasion des révisions opérées par les traités de Maastricht, d'Amsterdam et, dans une moindre mesure, de Nice, de nouvelles dispositions protectrices. Une nouvelle partie du traité CE a ainsi été consacrée à la « *citoyenneté de l'Union* » dont certaines dispositions relèvent de la protection des droits fondamentaux : l'article 18 du traité CE prévoit que tout citoyen de l'Union a le droit de circuler et de séjourner librement sur le territoire des États membres, sous réserve des limitations et conditions prévues par le traité et ses actes d'application. Habilitées par des dispositions spécifiques des traités, en particulier par l'article 13, § 1, du traité CE, les institutions de l'Union ont adopté des directives protectrices des droits fondamentaux (directive 2000/43/CE du Conseil, du 29 juin 2000, relative à la mise en œuvre du principe de l'égalité de traitement entre les personnes sans distinction de race ou d'origine ethnique, par exemple). La Constitution européenne prolonge ce mouvement en réaffirmant les droits du citoyen (art. I-10), en prévoyant de nouveaux droits dans la partie I (art. I-51 sur la « *protection des données à caractère personnel* » et I-52 sur le « *statut des églises et des organisations non confessionnelles* ») et en habilitant, dans la partie III, les institutions de l'Union à adopter les mesures nécessaires en vue de combattre les discriminations (art. III-124).

Mais la reconnaissance de nouveaux droits est principalement assurée au moyen de l'incorporation de la Charte des droits fondamentaux de l'Union dans la Constitution européenne.

Incorporation de la Charte des droits fondamentaux dans la Constitution européenne

En raison de sa vocation d'intégration économique généralisée, le traité CEE a souvent été présenté comme la constitution d'une organisation économique susceptible de se transformer en constitution politique d'une fédération européenne. Or, à la différence des constitutions des États fondateurs, ce traité n'a été assorti d'aucune déclaration des droits de l'homme, pas plus qu'il n'a procédé, dans son préambule ou ses dispositions liminaires, à un énoncé des droits fondamentaux consacrés. Il a dès lors pu paraître étonnant à certains observateurs que les traités institutifs confiant aux institutions communautaires d'importants pouvoirs de réglementation et de gestion dans de nombreux secteurs de l'économie n'aient pas prévu des garanties de nature à protéger les ressortissants des États membres en cas d'atteinte portée par les institutions communautaires à leurs droits fondamentaux. Les traités communautaires pouvaient, à cet égard, paraître en retrait par rapport à des projets avortés tels que le traité, signé en 1952, instituant la Communauté européenne de défense, qui imposait à la Communauté, dans son article 3, de respecter « *les libertés publiques et les droits fondamentaux des individus* », ou bien encore le projet de traité portant statut de la Communauté européenne, adopté par l'Assemblée *ad hoc* en 1953, qui prévoyait que les dispositions du titre I de la Convention européenne des droits de l'homme (CEDH) ainsi que celles de son protocole additionnel signé en 1952 feraient partie intégrante du statut, et attribuait une compétence à la Cour de justice en la matière.

C'est peut-être en raison de l'échec de tels projets ambitieux que les rédacteurs du traité instituant la CEE, animés par la prudence, ont pu s'abstenir d'établir un « catalogue » des droits de l'homme ou de procéder à un renvoi à celui de la Convention européenne des droits de l'homme. Tirant les enseignements de l'histoire constitutionnelle américaine, Joseph Weiler a avancé l'idée suivant laquelle l'insertion d'un « *Bill of Rights* » dans le traité instituant la CEE aurait pu être ressentie comme une tentative d'extension des compétences, fût-elle implicite, de la Communauté.

Par ailleurs, l'absence de « catalogue » de droits fondamentaux a pu trouver une justification dans le caractère principalement économique et social des questions traitées, se distinguant ainsi des questions inhérentes au pouvoir politique, dont traitent les constitutions étatiques et qui sont particulièrement sensibles en ce qui concerne les droits de l'homme. Cette explication ne paraît toutefois pas totalement convaincante s'agissant notamment du traité CEE compte tenu de l'étendue de l'intégration qu'il était susceptible de générer.

La perspective de création d'un « catalogue » de droits fondamentaux spécifique à la Communauté, ayant rang de traité, a suscité une réflexion au sein des institutions et dans la doctrine. Dans cette perspective, l'enrichissement constitutionnel des traités institutifs et le renforcement de l'identité et de la légitimité démocratique de la Communauté et de l'Union ont été pertinemment soulignés.

Le Conseil européen qui s'est tenu à Cologne, les 3 et 4 juin 1999, a estimé qu'il convenait de réunir les droits fondamentaux en vigueur au niveau de l'Union dans une charte de manière à leur donner une plus grande « visibilité ». Il a adopté une décision à cette fin, qui précisait les modalités d'adoption d'une telle charte et envisageait, *in fine*, son intégration dans les traités.

Proclamée solennellement, le 7 décembre 2000 à Nice, par le Parlement européen, le Conseil de l'Union européenne et la Commission européenne, la Charte des droits fondamentaux de l'Union a finalement été intégrée dans le corps du traité établissant une Constitution pour l'Europe, signé à Rome le 29 octobre 2004.

Cette incorporation doit être saluée à plus d'un titre.

Elle a, tout d'abord, pour effet d'ancrer l'Union européenne, de manière incontestable, dans le respect des droits fondamentaux. Ce respect est assuré, non plus seulement par le détour de la jurisprudence qui les consacre, mais par un énoncé explicite et détaillé, inscrit au cœur de la Constitution européenne et dans une partie spécifique (Partie II), des droits fondamentaux reconnus par l'Union européenne.

Elle permet également de renouveler l'approche des droits fondamentaux ainsi qu'en témoignent les subdivisions de la Charte (*dignité* ; *libertés* ; *égalité* ; *solidarité* ; *citoyenneté* ; *justice*) et les termes nouveaux dans lesquels certains droits ont été consacrés. Il suffit de citer, à titre d'exemples, la liberté des arts et des sciences (art. II-73), le droit d'accès à un service de placement (art. II-89), le droit à une protection contre tout licenciement injustifié (art. II-90) ou le droit d'accès à la prévention en matière de santé et de bénéficier de soins médicaux (art. II-95).

Elle pourrait ensuite avoir pour effet de conférer un caractère fondamental, dont la portée devra être ultérieurement précisée, à des objectifs qui font figure de « *principes* » à promouvoir (art. II-111 et II-112, § 5) tels que la protection de l'environnement (art. II-97) ou la protection des consommateurs (art. II-98).

Enfin, elle ne devrait pas porter atteinte à l'acquis de l'Union européenne en matière de protection des droits de l'homme. Le Préambule de la Charte indique, dans son 5e alinéa, que celle-ci « *réaffirme* [...] *les droits qui résultent notamment des traditions constitutionnelles et des obligations internationales communes aux États membres* ». Afin d'éviter une rupture dans l'interprétation des droits consacrés, il est exigé d'interpréter les droits déjà reconnus par les Constitutions nationales et garantis par la Convention européenne des droits de l'homme en harmonie avec les standards de protection correspondant à ces différents systèmes (art. II-112, § 3 et § 4). La recherche de cohérence avec le système de la protection européenne des droits de l'homme a même conduit les auteurs de la Constitution européenne à prévoir que « *l'Union adhère à la Convention européenne de sauvegarde des droits de l'homme et des libertés fondamentales* » (art. I-9, § 2).

3. Un système institutionnel plus efficace et mieux équilibré

Le système institutionnel des Communautés et de l'Union européennes n'est pas assimilable au système institutionnel des États membres. Cela tient notamment au fait que les auteurs des traités n'ont pas appliqué aux Communautés européennes, puis à l'Union européenne, le modèle classique de répartition des pouvoirs qui caractérise les régimes politiques des États membres. On ne peut, en effet, observer aucune correspondance précise entre les fonctions législative et exécutive et les institutions qui pouvaient légitimement les exercer. La fonction législative est exercée par le Conseil et par le Parlement en codécision avec le Conseil. La fonction exécutive est exercée par la Commission et le Conseil. Seule la fonction de juger est attribuée à une seule institution, la Cour de justice. Il n'existe pas de séparation étanche des différents pouvoirs, chaque institution étant à même d'intervenir dans le processus décisionnel et, dans une certaine mesure, de contrôler la ou les autres institutions. Il est ainsi difficile d'identifier un gouvernement européen, sauf à considérer que celui-ci est pluriel.

L'équilibre institutionnel a été assimilé, en faisant abstraction de la Cour de justice et de la Cour des comptes, à un triangle institutionnel. Une telle présentation ne permet toutefois pas de rendre compte du rôle déterminant du Conseil européen dans le processus de décision. Le système actuel s'apparente plutôt à un « quadrilatère institutionnel ».

Ce système a fait l'objet de nombreuses critiques : absence de *leadership* européen, éclatement du pouvoir de décision, insuffisante légitimité de la Commission, absence de continuité de la politique européenne due à la rotation de la présidence des Conseils, insuffisance des pouvoirs du Parlement européen...

Après avoir évolué sur plusieurs points, la Constitution européenne parvient à maintenir l'équilibre institutionnel recherché par les pères fondateurs des Communautés européennes qui consacre l'idée de « gouvernement mixte ». Cet équilibre a pu être maintenu en procédant à une répartition plus claire des fonctions et en renforçant à la fois les institutions et les contrôles interinstitutionnels.

Clarification des fonctions incombant à chaque institution

Le cadre institutionnel de l'Union comprend toujours les quatre éléments ayant caractérisé le « quadripartisme institutionnel », c'est-à-dire le Parlement européen, le Conseil des ministres, la Commission et la Cour de justice, auxquels il faut désormais ajouter non plus la Cour des comptes mais le Conseil européen (art. I-19, § 1) qui est ainsi reconnu en tant qu'institution.

Le Parlement européen se voit expressément confier, conjointement avec le Conseil des ministres, les fonctions législative et budgétaire (art. I-20, § 1), qui sont les fonctions traditionnelles d'un parlement étatique. Il exerce toujours des fonctions de contrôle politique et des fonctions consultatives selon les conditions fixées par la Constitution (art. I-20, § 1).

Le Conseil européen est chargé de donner à l'Union les impulsions nécessaires à son développement et de définir ses orientations et ses priorités politiques générales (art. I-21, § 1), ce qui est conforme à l'exercice de ses fonctions antérieures. On peut noter l'absence de renvoi aux conditions fixées par la Constitution européenne, ce qui lui laisse une certaine latitude dans l'exercice de sa mission. Le texte souligne qu'il ne peut exercer de fonction législative (art. I-21, § 1).

À la différence du traité sur l'Union européenne, la Constitution européenne précise les fonctions du président du Conseil européen (art. I-22, § 2). Il exerce, outre les fonctions traditionnelles d'un président d'institution tenant à la présidence et à l'animation des travaux, à leur préparation et leur continuité, la représentation extérieure de l'Union pour les matières relevant de la politique étrangère et de sécurité commune, ce qui le fait comparer à un chef d'État.

Le Conseil des ministres exerce, conjointement avec le Parlement européen, les fonctions législative et budgétaire (art. I-23, § 1), conformément au droit antérieur. Dans l'exercice de telles attributions, le Conseil des ministres pourrait être comparé à une seconde chambre d'un parlement bicaméral, représentative des États. Il exerce également des fonctions de définition des politiques et de coordination selon les conditions fixées par la Constitution (art. I-23, § 1). Le Conseil des ministres ne jouit cependant, en aucun cas, d'un pouvoir discrétionnaire comparable à celui d'un gouvernement étatique.

La Commission européenne est en charge de la promotion de « *l'intérêt général européen* » et doit prendre les initiatives à cette fin. Cette formulation originale permet de bien rendre compte de la fonction de la Commission. Il lui incombe toujours de veiller à l'application du droit de l'Union et de surveiller l'application de ce droit sous le contrôle de la Cour de justice. Elle exerce des fonctions de coordination, d'exécution et de gestion selon les conditions fixées par la Constitution (art. 26, § 1). Elle se voit reconnaître un quasi-monopole de l'initiative législative (art. I-26, § 2) qu'elle exerçait déjà en vertu des traités institutifs.

La Cour de justice, composée de la Cour de justice européenne, du tribunal de grande instance et des tribunaux spécialisés, assure le respect du droit dans l'interprétation et l'application de la Constitution (art. I-29, § 1). Cette mission est toujours à considérer en étroit rapport avec celle des juridictions nationales qui sont « les juges de droit commun » du droit communautaire.

Enfin, on peut observer que les fonctions des autres organes de l'Union sont précisées dans un nouveau chapitre, intitulé « *Les autres institutions et les organes consultatifs de l'Union* », qui présente successivement la Banque centrale européenne (art. I-30), la Cour des comptes (art. I-31), le Comité des régions et le Comité économique et social (art. I-32).

Renforcement des institutions

Pour maintenir l'équilibre institutionnel menacé par l'élargissement et par les tendances souverainistes de certains États, les Conventionnels ont tenté de renforcer les différentes institutions. Ils se sont efforcés d'accroître la légitimité de certaines d'entre elles en changeant les modalités de désignation de leurs présidents et ont tenté d'améliorer leur mode de fonctionnement.

Les modalités de désignation des présidents de deux institutions en particulier ont été modifiées de manière substantielle.

Le Conseil européen, institution politique par excellence, avait besoin d'un président fort. Désormais, le président ne sera plus désigné en fonction du calendrier de rotation des États membres pour une durée de six mois, mais élu par le Conseil européen à la majorité qualifiée pour une durée de deux ans et demi, renouvelable une fois (art. I-22, § 1). En cas d'« *empêchement ou de faute grave* », il est prévu que le Conseil européen pourra mettre fin à ses fonctions selon la même procédure. Le président du Conseil européen pourra ainsi être perçu comme un véritable président de l'Union. Son mandat, correspondant à la moitié de celui de la Commission, devrait lui permettre de mettre en œuvre une politique. La seule incompatibilité se rapporte à un mandat national (art. I-22, § 3) ; celle se rapportant à la participation dans une autre institution n'ayant pas été maintenue (v. l'art. 16 *bis* proposé par le *Praesidium* en avril 2003), ce qui permettrait d'envisager, conformément aux vœux de certains, une appartenance conjointe à la Commission européenne et au Conseil européen. On a observé que les modalités de désignation du président du Conseil européen laissaient peu de place à la démocratie mais qu'on pouvait envisager, après plusieurs élections de ce type, une modification du collège électoral.

La Commission, institution permanente, chargée de promouvoir l'intérêt général européen, souffrait d'une insuffisante légitimité démocratique. Son président ne sera plus seulement investi par le Parlement européen mais sera élu par ce dernier (art. I-27, § 1), ce qui permettra aux peuples de l'Europe de choisir, certes indirectement, le président de la Commission, rapprochant celui-ci d'un chef de gouvernement étatique. Le projet issu de la Convention sur l'avenir de l'Europe prévoyait qu'une fois élu, le président désignerait ensuite, sur la base de listes de trois personnes établies par les États, les treize commissaires européens « *choisis pour leur compétence et leur engagement européen et offrant toute garantie d'indépendance* ». Cette solution constituait un progrès par rapport au système actuel qui prévoit, en vertu de l'article 214, § 2, du traité CE que chaque État propose un nom, ce qui a pour effet de lier le président. Doté d'un tel pouvoir, le président de la Commission pouvait être comparé à un chef de gouvernement. Le texte finalement adopté restaure partiellement les prérogatives étatiques en prévoyant que « *le Conseil, d'un commun accord avec le président élu, adopte la liste des autres personnalités qu'il propose de nommer membres de la Commission* » (art. I-27, § 2). L'investiture du collège par le Parlement européen est maintenue (art. I-27, § 2).

Le Conseil des ministres dont la présidence changeait chaque semestre pourrait bénéficier d'une plus grande stabilité, la présidence des formations du Conseil devant faire l'objet d'« *un système de rotation égale, conformément aux conditions prévues par une décision européenne du Conseil européen* » (art. I-24, § 7). Le projet de traité était plus contraignant puisqu'il imposait (art. 23, § 4) des périodes d'au moins un an. Deux projets de *protocole sur l'exercice de la présidence du Conseil des ministres* soumis aux délégations les 16 et 24 octobre 2003 avaient même proposé une présidence collective de trois ou quatre États pour une période de 12, 18 ou 24 mois.

Les institutions sont également renforcées par l'amélioration de leur mode de fonctionnement.

Afin d'éviter la mise en place d'institutions pléthoriques, la Constitution européenne limite le nombre de leurs représentants. Ainsi, le nombre des membres du Parlement européen ne doit pas dépasser 750 (art. I-20, § 2). Si la première Commission nommée en application de la Constitution compte autant de commissaires que d'États membres (art. I-26, § 5), elle devra être composée, lors de son premier renouvellement, d'un nombre de membres correspondant aux deux tiers du nombre d'États membres (art. I-26, § 6), les membres étant sélectionnés selon un système de rotation égale entre les États membres. Il est heureux que le système, prévu dans le projet de traité constitutionnel, de nomination de commissaires sans droit de vote venant de tous les autres États membres n'ait pas été maintenu.

La périodicité des réunions du Conseil européen est accrue (art. I-21, § 3) afin de tenir compte des nécessités ressenties, le Conseil européen se réunissant depuis plusieurs années plus d'une fois par semestre.

Le Conseil des ministres voit son fonctionnement potentiellement amélioré par la distinction de ses différentes formations (art. I-24). Le Conseil des Affaires générales est chargé d'assurer la préparation des réunions du Conseil européen et d'en assurer le suivi en liaison avec la Commission. Le Conseil des Affaires étrangères élabore « *l'action extérieure de l'Union* » conformément aux lignes générales fixées par le Conseil européen. Les autres formations seront fixées par une décision du Conseil européen. On peut observer que la formation en « Conseil législatif », prévue dans le projet de traité, n'a pas été maintenue. Toutefois, le texte traduit une réelle volonté de mieux distinguer la fonction législative de la fonction exécutive. À cet effet, il est prévu que « *chaque session du Conseil [soit] divisée en deux parties, consacrées respectivement aux délibérations sur les actes législatifs de l'Union et aux activités non législatives* », les premières étant publiques (art. I-24, § 6).

Des contrôles interinstitutionnels accrus

Afin de parvenir à un équilibre des légitimités, la Constitution européenne renforce les contrôles interinstitutionnels.

Ainsi, le président de la Commission sera élu par le Parlement conformément à des modalités fixées par la Constitution (art. I-27, § 1), ce qui pourrait accroître considérablement sa légitimité démocratique et, par voie de conséquence, celle de l'institution dans sa globalité. Certains observateurs considèrent que cette procédure pourrait n'être qu'une étape avant de parvenir à l'élection du président directement par les citoyens de l'Union. La Commission sera soumise collectivement à un vote d'approbation du Parlement européen (art. I-27, § 2) conformément au régime actuellement en vigueur.

La Commission est toujours responsable devant le Parlement européen qui peut adopter une motion de censure à son encontre (art. I-26, § 8, al. 2), mais le risque d'instabilité est faible compte tenu de l'exigence de majorité (art. III-340 : majorité des deux tiers des suffrages exprimés et majorité des membres qui composent le Parlement européen) et des rapports qui se sont noués entre ces deux institutions. Au-delà des revendications institutionnelles qu'elle comporte, la motion de censure a paru prendre un caractère pénal lors de la crise de 1999 qui révèle son ambivalence. Il reste que cette prérogative, caractéristique d'un régime parlementaire, rapproche la Commission d'un gouvernement étatique. Il est bien évident qu'une telle responsabilité ne pouvait s'appliquer au Conseil des ministres et au Conseil européen, compte tenu de leur composition. On peut regretter que le président de la Commission ne dispose pas, réciproquement, d'un droit de dissolution du Parlement européen de manière à établir un « équilibre des armes ».

L'importance du pouvoir législatif justifierait que les organes auxquels il est dévolu puissent faire l'objet d'un contrôle plus fréquent.

S'agissant du Conseil des ministres, on peut observer que la Constitution européenne ne prévoit pas de contrôle politique, étant entendu qu'un tel contrôle peut être pratiqué de manière indirecte au sein des différents États membres. En pratique, les contrôles exercés sur les gouvernements se rapportent peu aux aspects européens, les ministres n'étant pas immédiatement perçus comme des membres du Conseil. La Constitution européenne prend soin de rappeler que les gouvernements dont émane le Conseil des ministres sont « *eux-mêmes démocratiquement responsables, soit devant leurs parlements nationaux, soit devant leurs citoyens* » (art. I-46, § 2). Alors qu'on pouvait s'attendre à des évolutions majeures en ce qui concerne les relations entre les institutions européennes et les parlements nationaux, compte tenu du poids des représentants de ces derniers à la Convention, on constate que le projet ne procède qu'à des perfectionnements en vertu des protocoles sur « *le rôle des parlements nationaux dans l'Union européenne* » et sur « *l'application des principes de subsidiarité et de proportionnalité* ». S'il est désormais possible aux États membres de transmettre des recours en annulation d'actes législatifs pour violation du principe de subsidiarité « *au nom de leur parlement national ou d'une chambre de celui-ci* » (art. 7, alinéa 1, du protocole sur l'application des principes de subsidiarité et de proportionnalité), il ne paraît pas raisonnable de considérer que les États pourront être contraints de former de tels recours.

Dès lors que l'on perçoit le Conseil comme une institution européenne à part entière, et non plus comme l'émanation des différents gouvernements, il conviendrait de lui appliquer un véritable contrôle européen. Or, il apparaît que le Parlement européen, devenu co-législateur, n'est pas en mesure d'assurer un tel contrôle, compte tenu de l'équilibre recherché entre les deux branches du pouvoir législatif.

S'agissant enfin du Parlement européen, on peut regretter qu'il ne puisse pas faire l'objet d'une dissolution décidée, soit par le président de la Commission, soit par le président du Conseil européen.

Parce qu'il est question de la politique étrangère, domaine régalien par excellence, ce n'est pas le Parlement européen mais le Conseil européen qui, avec l'accord du président de la Commission, nomme le ministre des Affaires étrangères de l'Union (art. I-28, § 1), celui-ci étant l'un des vice-présidents de la Commission (art. I-28, § 4). À ce titre, il sera responsable devant le Parlement européen. Le ministre des Affaires étrangères est ainsi placé au cœur du quadrilatère institutionnel.

On peut enfin observer que le contrôle des intérêts des États est assuré sur plusieurs points par le Conseil européen en ce qui concerne notamment la composition du Parlement européen (art. I-20, § 2), le système de rotation égale des commissaires européens (art. I-26, § 6) et le système de rotation à la présidence du Conseil des ministres (art. I-24, § 7).

4. Des compétences clarifiées

Conformément aux règles qui président à l'institution des organisations internationales, les Communautés européennes, puis l'Union européenne, se sont vu attribuer des compétences par leurs États membres. À la différence des États souverains, les organisations internationales n'ont pas « la compétence de leurs compétences » et ne disposent de compétences qu'attribuées, les compétences non attribuées, dites encore compétences retenues, relevant de la compétence des États membres.

Pour autant, les traités fondateurs n'ont pas, à la différence de certaines constitutions d'États fédéraux, énuméré les compétences qui relevaient des Communautés et de l'Union européennes. Le traité CE, dans son article 3, a procédé à l'énumération d'actions que les institutions devaient mettre en œuvre en vue de réaliser les objectifs énoncés dans des termes généraux à l'article 2 : « *Promouvoir dans l'ensemble de la Communauté un développement harmonieux, équilibré et durable des activités économiques, un niveau d'emploi et de protection sociale élevé, l'égalité entre les hommes et les femmes, une croissance durable et non inflationniste, un haut degré de compétitivité et de convergence des performances économiques, un niveau élevé de protection et d'amélioration de la qualité de l'environnement, le relèvement du niveau et de la qualité de vie, la cohésion économique et sociale et la solidarité entre les États membres.* »

Afin de connaître précisément l'étendue des compétences attribuées à la Communauté européenne, il convenait donc de se référer aux articles correspondant à telle ou telle action (politique des transports, protection des consommateurs, par exemple) et d'interpréter ces articles à la lumière des objectifs ainsi énoncés. Saisie de recours ou de demandes d'avis, la Cour de justice a été amenée à préciser l'étendue des compétences respectives de la Communauté et des États membres. Pour ce faire, elle a privilégié des méthodes d'interprétation dynamiques qui conduisent à dépasser la lettre du traité et à mettre en lumière les finalités de la construction européenne (méthode téléologique) dans une perspective générale (méthode systémique). De telles méthodes ont parfois conduit la Cour à reconnaître à la Communauté européenne une compétence implicite et à dégager un principe de parallélisme de compétences, dans un secteur déterminé, entre les aspects internes et les aspects externes. En même temps, la jurisprudence de la Cour a toujours été marquée par une certaine retenue.

Afin de tenir compte de ces principes, le traité CE, modifié en 1992, a prévu, dans son article 5, alinéa 1, que « *la Communauté agit dans les limites des compétences qui lui sont conférées et des objectifs qui lui sont assignés par le présent traité* ».

On sait que l'extension considérable des compétences de la Communauté européenne, en vertu du traité de Maastricht de 1992, avait été contrebalancée par l'insertion du principe de subsidiarité dans le traité CE. Conformément à ce principe, affirmé à l'article 5, alinéa 2, du traité CE, la Communauté n'intervient, dans les domaines qui ne relèvent pas de sa compétence exclusive, que « *si et dans la mesure où les objectifs de l'action envisagée ne peuvent pas être réalisés de manière suffisante par les États membres et peuvent donc, en raison des dimensions ou des effets de l'action envisagée, être mieux réalisés au niveau communautaire* ».

À l'exception de ces deux dispositions, le traité CE n'a pas précisé l'étendue des compétences transférées à la Communauté et la gradation que l'on pouvait établir dans un tel transfert de compétences.

Dans la mesure où les États membres décidaient de franchir une étape significative de la construction européenne et d'inscrire leur projet dans une « perspective constitutionnelle », il convenait d'être particulièrement attentif à la question des compétences et de dissiper toute ambiguïté de nature à accréditer l'idée selon laquelle l'Union se substituerait aux États membres.

La Constitution européenne indique d'emblée que ce sont les États membres qui attribuent à l'Union des compétences pour atteindre leurs objectifs communs (art. I-1, § 1). Elle s'empresse de préciser que « *l'Union coordonne les politiques des États membres visant à atteindre ces objectifs et exerce sur le mode communautaire les compétences qu'ils lui attribuent* » (*ibid.*).

À la différence des traités institutifs, la Constitution européenne consacre un titre complet aux compétences de l'Union européenne (Partie I, titre III), les compétences devenant le prisme de l'action des institutions de l'Union dont les actes sont décrits dans le titre « *L'exercice des compétences de l'Union* » (Partie I, titre V). Il apparaît que les références au respect des compétences de l'Union ont été introduites pour régler les questions les plus diverses : poursuite des objectifs (art. I-3, § 5), principe de primauté (art. I-6), droits fondamentaux (art. II-111 et II-112), etc.

Une distinction fondamentale est établie entre l'attribution et l'exercice des compétences. La Constitution européenne rappelle que les compétences de l'Union sont régies par « *le principe d'attribution* », ce qui signifie que ce sont les États membres qui lui attribuent des compétences en vertu du traité pour la réalisation des objectifs qu'il établit et qu'ainsi l'Union ne peut s'attribuer elle-même des compétences, les compétences non attribuées conformément à ce principe appartenant aux États membres (art. I-11, § 1 et § 2).

L'exercice des compétences est, quant à lui, régi par les principes de subsidiarité et de proportionnalité. Ces principes sont énoncés dans les mêmes termes que précédemment (art. I-11, § 3 et § 4), mais ils sont désormais explicités par un protocole annexé au traité *sur l'application des principes de subsidiarité et de proportionnalité* qui confère aux parlements nationaux de nouveaux pouvoirs de contrôle.

Le texte innove en distinguant les différentes catégories de compétences et en y rattachant les domaines correspondants, étant observé que l'étendue et les modalités d'exercice des compétences (institutions compétentes, procédure d'adoption) sont précisées dans les dispositions propres à chaque matière qui figurent dans la partie III de la Constitution.

La catégorie de compétences qui est la plus facile à cerner correspond aux « *compétences exclusives* » en raison du fait qu'elles ne font, en principe, l'objet d'aucun partage et que le principe de subsidiarité ne trouve pas à s'y appliquer. Pour autant, les compétences des États membres ne disparaissent pas totalement au profit des Communautés dans la mesure où ils peuvent, et parfois doivent, mettre en œuvre les actes de l'Union (art. I-12, § 1). Les domaines relevant de la compétence exclusive de l'Union paraissent avoir été limitativement énoncés (art. I-13). Sont notamment visés l'union douanière et la politique commerciale commune conformément à la jurisprudence de la Cour, ainsi que l'établissement des règles de concurrence nécessaires au fonctionnement du marché intérieur, mais non le rapprochement des législations répondant à ce même impératif, la politique monétaire et la conservation des ressources biologiques de la mer, mais non l'ensemble de la politique agricole et de la pêche.

La catégorie des « *compétences partagées* » entre

l'Union et les États membres est clairement distinguée de la première. Elle devrait rester, en l'état de l'intégration européenne, la catégorie la plus importante. Le partage résulte non pas de dispositions qui attribuent respectivement à l'Union et aux États membres des compétences, mais de dispositions qui attribuent des compétences à l'Union dans des domaines définis (art. I-12, § 1), étant entendu que les compétences non expressément attribuées à l'Union relèveront des compétences étatiques. Les domaines des compétences ont également fait l'objet d'une énumération (art. I-14) qui ne devrait pas être considérée comme exhaustive. On y trouve, notamment, le marché intérieur, dont le champ d'application est très vaste, la cohésion économique, sociale et territoriale, dont les contours demeurent incertains, des politiques de l'Union telles que l'agriculture et la pêche, à l'exception des matières qui relèvent de la compétence exclusive de l'Union, l'environnement, la protection des consommateurs, les transports, les réseaux transeuropéens, l'énergie, ainsi que l'espace de liberté, de sécurité et de justice qui correspond à la coopération policière et judiciaire en matière pénale et aux politiques relatives aux contrôles aux frontières, à l'asile et à l'immigration. Par prudence, les auteurs de la Constitution ont défini deux domaines sensibles, la politique sociale et « *les enjeux communs de sécurité en matière de santé publique* », comme se limitant aux seuls aspects énoncés dans la partie III, alors que cette précision n'était *a priori* pas nécessaire compte tenu du principe d'attribution des compétences. Des précisions ont également été apportées en ce qui concerne les domaines de la recherche, du développement technologique et de l'espace, et les domaines de la coopération au développement et de l'aide humanitaire de manière à ne pas restreindre les compétences correspondantes des États membres dans ces domaines (art. I-14, § 3 et § 4) et ainsi de ne pas priver l'Europe des contributions des États membres.

Alors qu'on aurait pu s'en tenir à ces deux catégories de compétences, la Constitution en énonce trois autres dans un souci de précision.

Une troisième catégorie consiste en des compétences coordonnées. Ce mode de régulation des compétences, mis en lumière par les traités de Maastricht et d'Amsterdam, est appliqué aux politiques économiques et de l'emploi (art. I-12, § 3). La coordination consistera, pour les institutions de l'Union, à fixer les grandes orientations ou les lignes directrices de ces politiques et, en ce qui concerne spécifiquement les « *politiques sociales des États membres* », à prendre des initiatives en vue de les coordonner (art. I-15). Les politiques économiques et de l'emploi demeurent donc, à titre principal, des compétences étatiques.

Une quatrième catégorie de compétences se rapporte, non pas à un mode ou à une technique particulière mais à un domaine, la « *politique étrangère et de sécurité commune* » (art. I-12), qui constituait le deuxième pilier de l'Union européenne. À la différence du troisième pilier, qui fait désormais l'objet de compétences partagées, la PESC fait l'objet de dispositions spécifiques de manière à bien montrer qu'elle relève de l'Union, en tant que telle, et non pas des seuls États membres agissant en leur nom propre de manière coordonnée. Les États membres sont chargés d'appuyer « *activement et sans réserve* » cette politique « *dans un esprit de loyauté et de solidarité mutuelle* » (art. I-16).

Une cinquième catégorie de compétences consiste en des « *actions d'appui, de coordination ou de complément* » de l'action des États membres qui, dans les domaines concernés, ne vise nullement à se substituer aux compétences étatiques. Il est, de surcroît, précisé que les actes juridiques de l'Union ne peuvent pas comporter d'harmonisation des réglementations étatiques (art. I-12, § 5). Alors qu'on aurait pu y déceler une forme de partage, les compétences ainsi dénommées sont radicalement distinguées des compétences partagées (art. I-14, § 1). Les domaines concernés correspondent, pour l'essentiel, à des actions qui ont été introduites dans les traités institutifs en vertu des traités de Maastricht et d'Amsterdam : la protection et l'amélioration de la santé humaine, l'industrie, la culture, le tourisme, l'éducation, la jeunesse, le sport et la formation professionnelle, la protection civile, la coopération administrative (art. I-17).

La rigidité du système ainsi mis en place est tempérée par une clause dite de «*flexibilité*» qui permet à l'Union, lorsque les pouvoirs d'action requis à cet effet ne sont pas prévus par la Constitution, d'adopter, comme le prévoyait l'article 308 du traité CE, des mesures appropriées dès lors qu'une action de l'Union paraît nécessaire à la poursuite de l'un des objectifs énoncés (art. I-18). Cette clause est assortie de garanties procédurales, seul le Conseil des ministres pouvant statuer, à l'unanimité, sur proposition de la Commission et après approbation du Parlement européen.

5. Des procédures et des instruments plus simples

La Constitution européenne tend à simplifier les procédures d'adoption des actes ainsi que leur typologie.

Procédures d'adoption des actes

Les procédures d'adoption des actes de l'Union européenne ont souvent fait l'objet de critiques en raison de leur complexité et de leur lourdeur. Les traités institutifs des Communautés et de l'Union européennes ont prévu trois procédures principales pour l'adoption des actes communautaires et plusieurs procédures spécifiques pour l'adoption des actes non communautaires relevant des deuxième et troisième piliers. La procédure budgétaire varie, quant à elle, en fonction du caractère obligatoire ou non des dépenses de la Communauté.

La Constitution européenne supprime, de manière opportune, la procédure dite de « *coopération* » prévue par l'Acte unique européen en 1986 qui reposait sur un savant équilibre entre le Conseil, la Commission et le Parlement européen. Cette procédure, introduite à un moment où le Parlement européen disposait de pouvoirs très restreints dans la procédure législative, visait à lui accorder des prérogatives tout en ne lui laissant pas le dernier mot dans le dialogue avec le Conseil. Afin d'augmenter les prérogatives du Parlement européen dans le cours de la procédure législative, les auteurs du traité de Maastricht avaient inventé la procédure dite de « *codécision* » qui allait remplacer, pour l'adoption d'actes normatifs dans de nombreux domaines se rapportant au marché intérieur, la procédure de « *coopération* ». Les traités d'Amsterdam et de Nice allaient confirmer le sens de cette évolution, sans toutefois supprimer la procédure de « *coopération* », cette procédure ayant été maintenue dans quelques cas se rapportant à l'Union économique et monétaire. La Constitution européenne est ainsi le point d'achèvement d'une évolution initiée à partir du traité de Maastricht.

Une « *procédure législative ordinaire* » est désormais prévue pour l'adoption des principaux actes normatifs de l'Union (art. I-34, § 1 et III-396), qui sont désormais qualifiés d'actes législatifs (v. *infra*). Cette procédure consiste, pour l'essentiel, en une reprise de la procédure complexe dite de « *codécision* » prévue par l'article 251 du traité CE, instituée par le traité de Maastricht et déjà simplifiée en vertu du traité d'Amsterdam. Le texte ainsi rédigé présente clairement les différentes phases de la procédure : première lecture, deuxième lecture, conciliation, troisième lecture. Le parallèle avec les procédures d'adoption de lois nationales apparaît ainsi flagrant.

Des « *procédures législatives spéciales* » ont également été prévues pour l'adoption de certains actes (art. I-34, § 2).

Elles prennent plusieurs formes. Il peut s'agir, tout d'abord, de la procédure ancienne consistant pour le Conseil à statuer à l'unanimité après consultation du Parlement européen ; cette procédure est ainsi prévue pour l'adoption de mesures concernant les passeports, les cartes d'identité, les titres de séjour ainsi que les mesures concernant la sécurité ou la protection sociale (art. III-125, § 2) et pour l'adoption des modalités d'exercice du droit de vote des citoyens européens et de leur éligibilité aux élections municipales et aux élections au Parlement européen (art. III-126). Il peut s'agir, ensuite, d'une procédure consistant pour le Conseil à statuer à l'unanimité après approbation du Parlement européen, antérieurement dénommée procédure de l'avis conforme, et nécessitant ensuite, ce qui est original, une approbation par les États membres conformément à leurs règles constitutionnelles ; cette procédure est ainsi prévue pour la reconnaissance d'autres droits au profit des citoyens de l'Union que ceux reconnus à l'article I-10. Il peut s'agir, enfin, exceptionnellement, de confier au Parlement européen le soin de statuer, de sa propre initiative, après avis de la Commission et avec l'approbation du Conseil des ministres ; tel sera le cas pour la fixation du statut et des conditions générales d'exercice des fonctions de ses membres (art. III-330, § 2).

Le maintien et, parfois, la mise en place de « procédures spéciales » révèlent les limites de la simplification pour des actes dits législatifs qui se rapportent à des questions de nature constitutionnelle. Il aurait été préférable de prévoir l'adoption de lois organiques pour régler de telles questions.

Aussi significatives soient-elles, les tentatives d'uniformisation n'ont pu couvrir tous les secteurs, en particulier les matières qui relevaient des deuxième et troisième piliers de l'Union européenne.

Ainsi, les actes de l'Union adoptés dans le cadre de la coopération judiciaire en matière pénale et de la coopération policière peuvent être adoptés, non seulement sur proposition de la Commission, mais également sur l'initiative d'un quart des États membres (art. III-264). La procédure législative ordinaire est également écartée en ce qui concerne plusieurs questions se rapportant à ces matières, le Parlement devant donner un avis (art. III-275, § 3, et III-277) ou son approbation (art. III-274, § 1).

De même, les actes de l'Union adoptés dans le cadre de la politique étrangère et de sécurité commune ne sont pas soumis à la procédure législative ordinaire, les lois et les lois-cadres européennes en étant exclues (art. I-40, § 6). Le Parlement européen est seulement consulté par le ministre des Affaires étrangères de l'Union sur les principaux aspects et les choix fondamentaux « *de la politique étrangère et de sécurité commune, y compris la politique de sécurité et de défense commune* » (art. III-304, § 1). La rupture avec les autres matières est d'autant plus forte que le Conseil européen et le Conseil des ministres adoptent en principe les décisions européennes à l'unanimité, sur proposition d'un État membre, du ministre des Affaires étrangères de l'Union ou de ce ministre « *avec le soutien de la Commission* » (art. I-40, § 6).

La procédure législative a pu, de même, être écartée dans certains domaines régis par le traité CE, tels que la politique économique. Dans plusieurs cas, le Conseil doit statuer, sur proposition de la Commission, après simple avis du Parlement européen (art. III-183, § 2), alors qu'il peut, actuellement, statuer sur ces questions conformément à la procédure de coopération, associant étroitement le Parlement, en vertu des articles 102 et 103 du traité CE. La procédure de coopération a été également remplacée par la procédure d'avis consultatif du Parlement européen dans le cadre de l'union monétaire en ce qui concerne l'euro (art. III-186, § 2).

Enfin, on peut constater que les quelques tentatives de généraliser le vote à la majorité qualifiée (système consistant à attribuer un nombre de voix variable en fonction des États et à imposer une majorité renforcée) au sein du Conseil sont restées vaines. Cette modalité de vote devient la règle (art. I-23, § 3), les autres modalités (majorité non qualifiée et unanimité) constituant les exceptions. Il apparaît précisément, dans certaines matières, que la règle de l'unanimité est fortement ancrée : coopération judiciaire en matière civile (art. III-269, § 3, al. 2), coopération judiciaire en matière pénale (art. III-270, § 2, litt. d, III-271, § 1, al. 3, et § 2, al. 2, et III-274), coopération policière (art. III-275, § 3, et III-277), fiscalité (art. III-171, § 1).

Typologie des actes

La Constitution européenne instaure une nouvelle typologie des actes des institutions de l'Union qui tend à réduire le nombre de catégories d'actes et à rendre leur dénomination plus expressive dans un souci de simplification et de transparence.

En l'état actuel du droit, les actes que les institutions de l'Union européenne sont amenées à adopter, soit en vertu des traités, soit de leur propre initiative, sont décrits dans les traités principalement en fonction de leurs effets. Dans le champ d'application du droit communautaire, l'article 249 du traité CE prévoit des « *règlements* », des « *directives* », des « *décisions* », des « *avis et recommandations* ». Dans le champ d'application du deuxième pilier (PESC), l'article 12 du traité UE prévoit que l'Union adopte des « *stratégies communes* », des « *actions communes* » et des « *positions communes* ». Dans le champ d'application du troisième pilier (coopération policière et judiciaire en matière pénale), l'article 34 du traité UE prévoit que l'Union adopte également des « *positions communes* » mais aussi des « *décisions-cadres* » et des « *décisions* ». On peut, en outre, y ajouter toute une série d'actes non prévus par les traités et révélés par la pratique institutionnelle.

À l'avenir, la typologie des actes de l'Union ne devrait comporter que six catégories d'actes différenciés en fonction de leur caractère législatif ou non législatif (art. I-33).

Les « *actes législatifs* » comprennent les « *lois* » et les « *lois-cadres* ». Ils doivent être adoptés conformément à la procédure législative ou à l'une des procédures législatives spéciales (art. I-34).

La « *loi européenne* », expression de la volonté générale, est un acte législatif de portée générale, obligatoire dans tous ses éléments et directement applicable dans tout État membre (art. I-33, § 1). Il s'agit là d'une évolution qui a une valeur hautement symbolique, étant entendu que le terme « *règlement* » évoquait l'existence d'un acte pris par le pouvoir exécutif. Ses caractères sont ceux du « *règlement* » CE, mais la « *loi européenne* » n'a pas vocation à remplacer l'ensemble des règlements communautaires. En effet, seuls les actes revêtant de tels caractères qui sont adoptés en vertu de la procédure législative seront à considérer comme des lois. Les autres textes, présentant les mêmes caractères en ce qui concerne leur portée, leur force contraignante et leur applicabilité directe, qui ne sont pas adoptés en vertu de la procédure législative, seront des « *règlements européens* » (v. *infra*).

La « *loi-cadre européenne* », également expression de la volonté générale, est un acte législatif qui impose aux États membres destinataires d'un tel acte un résultat à atteindre, tout en laissant aux instances nationales une relative liberté en ce qui concerne le choix de la forme et des moyens permettant d'atteindre ce résultat (art. I-33, § 1). Ses caractères correspondent à ceux de la « *directive* » CE et des « *décisions-cadres* » UE, mais la « *loi-cadre* » n'a vocation à remplacer qu'une partie des directives et des décisions-cadres.

Les « *actes non législatifs* » sont adoptés par le Conseil des ministres ou la Commission et, dans les cas spécifiques prévus par la Constitution, par la Banque centrale européenne (art. I-35, § 2). Le Conseil européen peut également adopter des décisions dans les cas prévus par la Constitution (art. I-35, § 1).

Les « *actes non législatifs* » consistent en des « *règlements européens* », des « *décisions européennes* » ou des « *recommandations* ».

Le « *règlement européen* » est « *un acte non législatif de portée générale* » (art. I-33, § 1). Il vise à mettre en œuvre des actes législatifs et certaines dispositions spécifiques de la Constitution. Il peut soit « *être obligatoire dans tous ses éléments et directement applicable dans tout État membre* », ce qui correspond aux règlements d'application ou d'exécution actuels, soit « *lier tout État membre destinataire quant au résultat à atteindre, tout en laissant aux instances nationales la compétence quant au choix de la forme et des moyens* », ce qui correspond aux directives d'application ou d'exécution actuelles.

La « *décision européenne* » est « *un acte non législatif obligatoire dans tous ses éléments* » (art. I-33, § 1). Il est prévu que lorsqu'elle désigne des destinataires, elle n'est obligatoire que pour ceux-ci. Ainsi, la décision ne sera pas toujours un acte individuel et pourra revêtir une portée générale. Tel sera le cas dans le cadre de la PESC où le Conseil des ministres adopte des « *décisions* » et non plus des positions et des actions communes. Il est toutefois regrettable que la « *décision* » ait perdu son homogénéité.

Les « *recommandations et avis* » sont maintenus en tant qu'actes non obligatoires (art. I-33, § 1). Les premières sont des actes d'orientation, les seconds sont adoptés par des organes consultatifs (Comité économique et social, Comité des régions, par exemple) au cours de la procédure d'adoption d'un acte juridique contraignant.

Enfin, la Constitution européenne innove en créant les « *règlements délégués* ». Ces actes seront pris par la Commission sur le fondement de « *lois* » ou de « *lois-cadres* » de délégation et permettront de compléter ou de modifier « *certains éléments non essentiels de la loi ou de la loi-cadre* » (art. I-36, § 1).

6. Les politiques ou la valorisation de l'acquis

Très tôt la question a été posée de savoir si la Constitution européenne devait comporter des dispositions consacrées aux politiques de l'Union, autrement dit à des questions de droit matériel. Une première thèse soutenait qu'une constitution ne traite que de l'organisation des pouvoirs publics et, conformément à une conception moderne, de la protection des droits fondamentaux. Une seconde thèse considérait, à l'inverse, que la mise en place de telle ou telle politique publique dans des domaines définis relevait de choix de société et que, à ce titre, il s'agissait de questions de nature constitutionnelle. C'est cette seconde thèse qui l'a emporté, au risque d'alourdir le texte constitutionnel, la Constitution européenne comportant une partie intitulée « *Les politiques et le fonctionnement de l'Union* » (Partie III).

Inscrire dans la Constitution européenne les politiques que l'Union est en droit de mener, conformément aux compétences qui lui ont été attribuées, permettait de donner corps à l'Union et d'ancrer son dessein dans le prolongement des réalisations accomplies au cours de cinq décennies. Il s'agissait de respecter l'acquis de l'Union européenne et de l'enrichir, tout en rendant plus clairement compte des politiques de l'Union.

L'un des apports de la Constitution consiste à avoir clairement distingué « *Les politiques et actions internes* » (titre III) et « *L'action extérieure de l'Union* » (titre V), une question intermédiaire, celle de « *L'association des pays et territoires d'outre-mer* » faisant l'objet d'un titre spécifique (titre IV).

Politiques et actions internes

Le titre relatif aux politiques et actions internes de l'Union est structuré en chapitres conformément à une logique qui n'apparaissait pas clairement dans le traité CE.

Placé en tête (chapitre I), le *marché intérieur* est mieux circonscrit : il se rapporte non seulement aux libertés fondamentales de circulation – libre circulation des personnes et des services, puis libre circulation des marchandises et libre circulation des capitaux et des paiements – mais également aux règles de concurrence, aux dispositions fiscales et au rapprochement des législations. Jusque-là disséminées dans plusieurs titres du traité CE, ces questions, qui sont au cœur du droit communautaire depuis l'origine de la construction européenne, ont été réunies dans un même chapitre et mises en évidence.

Compte tenu de son caractère politique et de sa nature particulière, la *politique économique et monétaire* fait l'objet du chapitre suivant (Chapitre II). Les grandes options concernant les déficits publics et la monnaie unique sont réaffirmées ; le rôle des différentes institutions, en dépit des critiques et des résistances qu'elles avaient suscitées, est confirmé.

Sont ensuite présentées, dans un chapitre commun, les *politiques dans d'autres domaines* (chapitre III), dans un ordre qui privilégie les questions sociales alors que de telles questions avaient pu paraître étrangères aux préoccupations des concepteurs de l'Europe. Sont successivement présentés : l'emploi, la politique sociale, la cohésion économique, sociale et territoriale, l'agriculture et la pêche, l'environnement, la protection des consommateurs, les transports, les réseaux transeuropéens, la recherche, le développement technologique et l'espace, et enfin, l'énergie. Il apparaît ainsi que toutes les actions et politiques prévues dans le traité CE ont été maintenues et que certaines ont été développées : la cohésion économique et sociale est enrichie d'une dimension territoriale ; l'énergie, prise en considération dans le cadre de la politique relative à l'environnement, trouve désormais sa place au sein des politiques.

L'un des sujets qui alimentent, actuellement, le plus les réflexions – voire les divisions – politiques en Europe est ainsi mis en exergue : celui du *modèle économique et social* véhiculé par la Constitution européenne.

Le *modèle économique* dont le texte constitutionnel est porteur est, logiquement, celui des origines de l'intégration. Il n'a, en aucun cas, subi d'altérations substantielles, la Constitution consolidant les acquis tout en rationalisant les modalités de sa mise en œuvre. En cela, elle améliore l'existant en prévoyant notamment de mieux coordonner les politiques économiques nationales. La Commission a, par voie de conséquence, un rôle plus important dans le contrôle de l'accomplissement des obligations des États membres, tant en matière de coordination générale des politiques économiques que dans le cadre des procédures à suivre en cas de déficits excessifs. Il était nécessaire, dans ce cadre, d'accentuer la spécificité de la « *zone euro* », notamment en reconnaissant l'importance de l'« *Eurogroupe* », c'est-à-dire la réunion spécifique du Conseil qui réunit les États de la « *zone euro* ».

Bien que fondamentale pour l'approfondissement de l'Union monétaire – du fait de l'augmentation potentielle, à moyen terme, du nombre des États décidant d'adopter l'euro – la question économique n'emporte pas le même intérêt que celle du *modèle social*. Il s'agit ici d'une question-clé, en ce qu'elle cristallise les attentes les plus fortes, mais aussi les craintes les plus irrationnelles, tant des hommes politiques que des citoyens. Elle fut, en France, l'objet de polémiques, au point de diviser les membres du Parti socialiste à la suite des prises de position de Laurent Fabius. Les autres États membres ne furent pas épargnés par ce débat, à l'instar de l'Espagne qui connut le même genre de querelles au sein d'*Izquierda Unida*. Pendant longtemps et en toute logique, la question sociale ne fut pas au centre du processus d'intégration et seules les révisions successives des traités ont fini par la prendre en compte ; malgré cela, l'approfondissement social n'a jamais pu se hisser à la hauteur de l'intégration économique. De ce point de vue, la Constitution tend assurément à rééquilibrer les choses.

Parmi les valeurs (art. I-2) et les objectifs (art. I-3) inscrits au frontispice du texte constitutionnel, figurent les éléments distinctifs du modèle européen de société que sont l'égalité et la solidarité. L'article I-3, § 3, définit même très précisément les caractéristiques d'une économie sociale de marché propre à l'Union, dont les objectifs sont le plein-emploi, la justice sociale, la lutte contre l'exclusion sociale et la discrimination ou la solidarité entre les générations. De même, à la suite de pressions exercées par plusieurs organisations représentant les « forces sociales », on relève au sein de la partie III de la Constitution européenne, un nombre important de clauses dites *horizontales* (art. III-116 à III-122), qui disposent que toute action de l'Union doit poursuivre les objectifs de l'égalité des sexes, d'un niveau d'emploi élevé, d'une protection sociale adéquate, de lutte contre l'exclusion sociale, d'un niveau élevé d'éducation et de formation ou, encore, de protection des services d'intérêt économique général. À ces éléments, il faut ajouter l'apport de la Charte des droits fondamentaux, dont le titre IV « *Solidarité* », qui recense un nombre important de droits sociaux – droit à la sécurité et à l'aide sociale, protection en cas de licenciement injustifié, etc. – est révélateur des « valeurs sociales » de l'Europe constitutionnalisée. Elles sont autant d'éléments qui marquent sa spécificité et participent à son identité, les garanties de l'État Providence étant, en quelque sorte, transférées au niveau européen.

Par ailleurs, un nouveau chapitre, intitulé « *Espace de liberté, de sécurité et de justice* » (chapitre IV), réunit opportunément les questions qui relevaient du troisième pilier de l'Union européenne et celles qui avaient été intégrées dans le traité CE par le traité d'Amsterdam. L'unité est ainsi rétablie et l'Union devrait être à même de répondre aux aspirations des citoyens dans ces domaines en mettant en œuvre efficacement la coopération policière et judiciaire.

De ce point de vue, le champ pénal est celui où s'opère un véritable saut qualitatif. Si la Constitution se contente, pour l'essentiel, de rationaliser les acquis sans attribuer de nouvelles compétences aux institutions de l'Union, l'« *Espace de liberté, de sécurité et de justice* » constitue une exception. En faisant disparaître la logique ternaire des piliers, la Constitution européenne a finalisé le processus de « communautarisation » qui avait débuté avec le traité d'Amsterdam. Ainsi, elle étend la « méthode communautaire » au champ pénal : le pouvoir d'initiative revient à la Commission, les votes ont, sauf exception, lieu à la majorité qualifiée et le Parlement est systématiquement associé au processus de décision, à égalité avec le Conseil. De plus, un contrôle juridictionnel est prévu, sauf exception, pour tous les actes adoptés dans le cadre de cet *espace*, ce qui n'était pas le cas antérieurement. Le progrès ici réalisé est réel, toute action de lutte contre le terrorisme ou de réglementation de l'immigration étant, potentiellement, attentatoire aux droits fondamentaux de la personne humaine ; le contrôle du juge est donc la garantie du respect des droits de l'homme. Au-delà de l'irruption de la logique communautaire dans un domaine qui fut longtemps l'apanage des États souverains, la Constitution consacre une définition plus étendue des compétences de l'Union, notamment en ce qui concerne le contrôle aux frontières extérieures et les questions relatives aux visas, à l'asile et à l'immigration. Surtout, la consolidation des moyens d'action d'*Eurojust* (coopération en matière pénale) et d'*Europol* (coopération policière) est un progrès et un motif de satisfaction pour tous ceux qui ont œuvré en faveur de la mise en place d'une Europe pénale efficace, déliée des barrières procédurales pénales des États membres. L'article III-274 offre une base juridique à la création d'un « *Parquet européen* », dont le but initial sera de combattre les « *atteintes aux intérêts financiers de l'Union* » (§ 1), mais dont les compétences pourront ultérieurement être étendues à la lutte contre la criminalité grave ayant une dimension transfrontière, si les États le décident à l'unanimité (art. III-274, § 4).

Un dernier chapitre, intitulé « *Domaines où l'Union peut décider de mener une action d'appui, de coordination ou de complément* » (chapitre V), regroupe les matières dans lesquelles l'Union ne déploie pas une véritable politique au sens strict mais une action en rapport avec celle des États membres. Il s'agit de la santé publique, de l'industrie, de la culture, du tourisme, de l'éducation, de la formation professionnelle, de la jeunesse et du sport, de la protection civile et de la coopération administrative.

Action extérieure

Le titre relatif à « *l'action extérieure de l'Union* » (titre V de la partie III) englobe les principaux aspects de la politique extérieure se rapportant aussi bien à « *la politique étrangère et de sécurité commune* » (chapitre II), qui relevait jusque-là du deuxième pilier de l'Union européenne, qu'à « *la politique commerciale commune* » (chapitre III) et à « *la coopération avec les pays tiers et l'aide humanitaire* » (chapitre IV) qui sont, actuellement, incluses dans le pilier communautaire. Ce titre comporte, en outre, des dispositions ayant des incidences sur plusieurs aspects de la politique extérieure qui sont incluses dans des chapitres spécifiques (chapitres V à VIII).

Les deux volets sur lesquels la Constitution européenne apporte les innovations les plus importantes sont celui de la politique extérieure et celui de la défense. On aurait pu penser que la guerre en Irak – déclenchée par le gouvernement américain sans mandat du Conseil de sécurité des Nations unies – en plus de profondément diviser les États membres, allait bloquer toute avancée en matière de politique extérieure commune, tant au sein de la Convention qu'au sein de la CIG. Ce fut tout le contraire, ce conflit servant de catalyseur.

La Constitution, en mettant fin à la structure en piliers, a corrélativement mis un terme à la division entre les relations extérieures communautaires (Ier pilier) et la PESC, organisée selon le mode *intergouvernemental*. Il est désormais fixé un cadre général ambitieux visant à la mise en œuvre d'une diplomatie européenne fondée sur le primat des valeurs de promotion de la paix, de respect des droits de l'homme et de la démocratie, sur la gestion de la globalisation, sur le multilatéralisme comme cadre des relations entre États (analyse combinée des art. I-3, § 4, et III-292). C'est dans ce contexte que s'insèrent deux nouveautés, riches de promesses pour le renforcement du volet diplomatique de l'action de l'Union européenne. La première, la plus symbolique, est institutionnelle et résulte de la nomination du ministre des Affaires étrangères ; il sera la « voix » de l'Union en matière diplomatique, le lien indispensable entre la Commission et le Conseil, et assurera l'entière direction de l'administration européenne en matière de politique étrangère. Pour ce faire, il prendra appui sur le « *service européen de l'Action extérieure* », seconde innovation – fonctionnelle – de la Constitution européenne en la matière. Passée plus inaperçue, elle recèle pourtant des potentialités importantes. Une déclaration incorporée à l'acte final de la CIG propose que ce *ser-*

vice soit créé le plus rapidement possible, démontrant ainsi son caractère stratégique pour la mise en place d'une véritable culture diplomatique commune : il sera composé de membres de la Commission, de membres du Conseil et de diplomates des Chancelleries nationales. Ces innovations, particulièrement importantes, ne doivent toutefois pas masquer les réticences étatiques à l'heure du choix des modalités de vote ; l'unanimité gouverne encore, à titre principal, ces domaines, même si une « *clause passerelle* » offre la possibilité au Conseil européen de décider, à l'unanimité, de passer au vote majoritaire pour le traitement de certaines questions (art. I-40, § 7). Les États détiennent donc les clés du succès en matière diplomatique et sont les seuls à permettre que l'Union parle effectivement d'une seule voix.

La définition des moyens de « *l'action extérieure* » de l'Union conduisit à soulever une nouvelle interrogation : l'Union pourrait-elle continuer à se présenter comme une puissance civile, si elle décidait de se doter de moyens militaires en vue d'assurer sa sécurité et d'organiser sa défense ? Dit autrement, la puissance civile se concilie-t-elle avec la puissance militaire ? Surtout, l'Union est-elle en mesure de se doter de moyens militaires réels compte tenu de l'hétérogénéité des conceptions des États en matière de défense ? En effet, les États membres défendent des positions parfois très différentes sur ce point : si certains souhaitent la mise en place d'une véritable politique commune de sécurité et de défense (Allemagne, Belgique, France, Luxembourg), d'autres ont fait le choix constitutionnel de la neutralité (Autriche, Suède), tandis que d'autres encore privilégient l'établissement de relations avec l'OTAN (c'est le cas de la Pologne et de la plupart des nouveaux adhérents) ou avec les États-Unis (Royaume-Uni) ; d'autres enfin ne conçoivent pas que la politique de défense dépasse les frontières de l'État (Danemark). La situation est, naturellement, rendue plus complexe encore du fait de la participation de dix-neuf des vingt-cinq États membres de l'Union européenne à l'OTAN.

Dans un tel contexte, la Constitution européenne parvient à élargir les hypothèses d'intervention des « missions de Petersberg » (art. III-309). Ces « missions » ont été identifiées en juin 1992, lors d'un conseil ministériel de l'Union de l'Europe occidentale (UEO). Aujourd'hui expressément incluses dans l'article 17 du traité UE et partie intégrante de la politique européenne de sécurité et de défense, elles consistent en des missions de défense collective des États, des missions humanitaires ou d'évacuation de ressortissants et des missions de maintien ou de rétablissement de la paix. L'article III-309 de la Constitution européenne y ajoute « *les actions conjointes en matière de désarmement* » et « *les missions de conseil et d'assistance en matière militaire* », toutes missions qui « *peuvent contribuer à la lutte contre le terrorisme* ». La Constitution européenne prévoit également la création d'une *Agence européenne de défense* (art. I-41, § 3), dont les États ont déjà lancé le processus de mise en place lors du Conseil européen de Thessalonique en juin 2003. Les avancées ne s'arrêtent pas là, la Constitution européenne instaurant une « *clause de solidarité* » entre les États (art. I-43) en cas d'agression terroriste ou de catastrophe naturelle, conséquence – constructive – du traumatisme des attentats de Madrid du 11 mars 2004.

Toujours dans cette logique de solidarité, l'article I-41, § 7, instaure une « *clause de défense mutuelle* » entre les États membres de l'Union, version passablement améliorée de la clause prévue dans le cadre de l'OTAN (art. 5 du traité de l'Atlantique Nord du 4 avril 1949 : « *Les parties conviennent qu'une attaque armée contre l'une ou plusieurs d'entre elles survenant en Europe ou en Amérique du Nord sera considérée comme une attaque dirigée contre toutes les parties, et en conséquence elles conviennent que, si une telle attaque se produit, chacune d'elles, dans l'exercice du droit de légitime défense, individuelle ou collective, reconnu par l'article 51 de la Charte des Nations Unies, assistera la partie ou les parties ainsi attaquées en prenant aussitôt, individuellement et d'accord avec les autres parties, telle action qu'elle jugera nécessaire, y compris l'emploi de la force armée, pour rétablir et assurer la sécurité dans la région de l'Atlantique Nord.* »). Enfin, la Constitution européenne permet surtout à certains États d'aller de l'avant grâce à la mise en place de « *coopérations structurées permanentes* » (art. I-41, § 6) ; ainsi, les États qui remplissent des critères élevés de capacité militaire et ne craignent pas de prendre des engagements contraignants en ce domaine, ont la possibilité de le faire. Autant d'éléments qui démontrent que l'Union se dote, par sa Constitution, de la capacité de manier la force et le droit, offrant, par là même, une alternative satisfaisante à la puissance américaine.

Ainsi, les grandes orientations de l'Union, assorties de leurs moyens d'action, sont inscrites dans la Constitution européenne. Leur mise en œuvre effective dépend encore largement de la volonté des États membres.

L'apport de la Constitution européenne étant apprécié, il convient de mesurer les enjeux du processus de constitutionnalisation.

Chapitre 3

Les enjeux de la constitutionnalisation

En signant, à Rome, le 29 octobre 2004, le traité établissant une Constitution pour l'Europe, les chefs d'État des vingt-cinq États membres de l'Union ont confirmé un choix important : celui de « *poursuivre une œuvre* » (préambule de la Constitution européenne) et de « *bâtir un avenir commun* » (art. I-1) dans une Europe qui ne peut plus être principalement économique.

Symboliquement, cette évolution devait être marquée par un texte d'une nature nouvelle – un texte « constitutionnel » – (1) qui n'en demeure pas moins un traité que les États doivent ratifier pour qu'il entre en vigueur (2) et pour qu'aient une chance de se réaliser les perspectives nouvelles qu'il offre (3).

1. Le choix d'un texte « constitutionnel »

En droit comme en politique, les mots ne sont jamais anodins. Parler de Constitution européenne est un signe fort qui conduit à trois interrogations : pourquoi ce choix, d'autres solutions étaient-elles envisageables et ce texte est-il véritablement une constitution ?

Pourquoi un texte « constitutionnel » ?

Dès l'origine du projet de rédaction d'un nouveau texte européen, l'idée d'une Constitution fut évoquée. Le Conseil européen de Laeken formulait une question : celle « *de savoir si cette simplification et ce réaménagement ne devraient pas conduire à terme à l'adoption d'un texte constitutionnel* ». Les auteurs du texte signé le 29 octobre 2004 ont répondu « oui ».

Si ce choix a été fait, c'est qu'il répond à trois ambitions : fonder une nouvelle Union, en faire une Europe politique, en faire une Europe pour les citoyens.

Depuis que le projet européen a été lancé, au début des années 1950, son mode juridique de réalisation a été le traité international. Il ne pouvait en être autrement puisque l'Europe, qu'elle soit Communauté européenne ou Union européenne, est le produit de la volonté des États. Construite peu à peu, sur la base de traités sectoriels concernant le domaine du charbon et de l'acier (CECA – 1951), puis ceux de l'économie (CEE – 1957) et de l'énergie atomique (CEEA – 1957), l'Europe progressait par à-coups, au fur et à mesure de l'évolution des besoins et des volontés des États. Parce que ces domaines n'évoluent pas de manière totalement indépendante, ils ont peu à peu irradié l'ensemble de la vie politique conduisant à ce que, aujourd'hui, l'Europe n'est plus seulement, loin s'en faut, une organisation répondant à des besoins ponctuels. Elle est devenue un partenaire à part entière de la société internationale et une composante de la prise de décision dans ses États membres. Le traité de Maastricht de 1992 eut, le premier, vocation à prendre acte de cette transformation. Il traduisait une tentative : concevoir l'Europe dans une perspective plus large et générale, en substituant une Communauté européenne à l'ancienne Communauté économique européenne et en lançant l'Union européenne.

Parce que cette entreprise a été un succès, les textes qui régissent actuellement l'Union peuvent apparaître dépassés ; l'émiettement en trois traités (traité UE, traité CE et traité CEEA) ne permet pas de traduire l'unité qui, de plus en plus, caractérise l'Union. Cela tient au fait que l'Europe a, en quelque sorte, été construite « à l'envers ». Les auteurs des premiers traités ont privilégié l'action sur les principes, préférant démontrer que l'Europe pouvait fonctionner plutôt que de lancer un projet général et peu opérationnel qui aurait inévitablement pris des allures de « coquille vide ». Parce que l'Union est devenue un ensemble coordonné de politiques ayant des conséquences sur l'ensemble de la vie politique des États et, partant, sur la vie des citoyens, il devenait nécessaire de le traduire dans son acte fondateur.

Le choix d'un texte unique marque la cohérence de l'ensemble d'une structure ; le choix d'un texte « constitutionnel » traduit une transformation fondamentale. Il s'agit de marquer une rupture avec l'existant – en cela, le texte fabrique du « nouveau » –, tout en faisant résider l'innovation dans la formulation de valeurs et d'objectifs qui sont d'ores et déjà au fondement de l'Union – en cela, le texte entérine et conforte l'existant. En un mot, le texte est « re-fondateur » puisqu'il traduit l'état d'aboutissement de la construction européenne et permet de la doter de nouvelles ambitions. C'est ce que révèle clairement le préambule de la Constitution européenne qui explique les raisons pour lesquelles les chefs d'État ont signé une Constitution pour l'Europe.

Rédiger et signer une « constitution » est un acte important, traduisant une volonté nouvelle, puisqu'elle doit regrouper l'ensemble des règles de droit les plus importantes d'un système juridique et que, pour cette raison, elle a une valeur supérieure et ne peut être rédigée et modifiée que selon certaines procédures. La rédaction d'une constitution écrite est conçue, depuis le siècle des Lumières, comme le moyen le plus sûr de réaliser la synthèse entre démocratie et libéralisme ; appliquée à l'Europe, elle doit permettre de dépasser une Europe de la seule gouvernance économique. Ce faisant, la Constitution européenne est un moyen de transformer une ambition en projet, de projeter dans l'avenir une situation politique actuelle et d'inventer un pouvoir politique nouveau. Avec la Constitution européenne, l'avenir de l'Europe sera politique ou ne sera pas.

Passer, ne serait-ce que dans les termes, du traité à la constitution est, politiquement et juridiquement, un acte « révolutionnaire » en ce qu'il initie une manière radicalement différente de voir l'Europe. Sans s'interroger sur la pertinence et l'exactitude du vocabulaire choisi, le recours à des termes clairement constitutionnels (loi, procédure législative...), auxquels les citoyens sont habitués dans le cadre étatique, marque un véritable changement d'optique qui conduit à remettre en cause ce qui, longtemps, a fait l'originalité, mais aussi l'obscurité, du droit communautaire (règlement, directive, codécision...).

Politiquement, le projet d'une Constitution pour l'Europe s'analyse comme un manifeste dont les principaux destinataires sont les citoyens.

Rédiger une Constitution pour l'Europe, c'est rédiger un texte avec et pour les citoyens de l'Europe. La Communauté et l'Union européennes portent comme un stigmate le « déficit démocratique ». La reconnaissance, en 1992, par le traité de Maastricht d'une citoyenneté de l'Union assortie de droits du citoyen n'a fait qu'amplifier cette critique en démontrant le caractère résiduel de ceux-ci. Une nouvelle ambition était née : rapprocher l'Union de ses citoyens, prendre les décisions « *le plus près possible des citoyens* » (art. 1er Traité UE). Il en est résulté une volonté de démocratiser l'Union afin de prendre en compte une demande *citoyenne*. Au-delà de l'intérêt indéniable d'un renforcement de la légitimité démocratique de l'Union (que le Parlement européen seul peine à assurer), rédiger une Constitution européenne vise à mettre les citoyens en position d'exercer pleinement leur citoyenneté.

La méthode retenue est celle de la simplification/clarification. Formellement, elle suppose un texte unique facilement identifiable et lisible : une Constitution répond à cette attente. Sur le plan sémantique, elle conduit à l'utilisation de termes simples plus immédiatement compréhensibles que ceux auxquels nous a habitués l'Union européenne. Sur le plan institutionnel, elle entraîne une meilleure identification des « têtes » de l'Union : un président du Conseil européen (art. I-22) ; un ministre des Affaires étrangères de l'Union (art. I-28).

Cette simplification/clarification donne une nouvelle image de l'Union européenne, mieux à même de susciter une prise de conscience et permettant de réaliser deux objectifs. L'Union européenne n'est pas une structure secondaire ; elle joue un rôle de plus en plus déterminant et mérite que le citoyen s'en préoccupe, d'autant qu'elle lui offre les moyens d'une implication et d'une participation réelles. Elle offre une alternative à la citoyenneté nationale qui subit le contrecoup de la crise de l'État en démontrant que l'Union peut être, au même titre que l'État, un cadre privilégié de participation, de représentation et, le cas échéant, de contestation.

En résumé, un nouveau texte européen était nécessaire compte tenu des lacunes des traités actuels et de leur inadaptation à un système évolutif ; le choix s'est porté sur un texte « constitutionnel » en raison des vertus présumées et du symbole d'un modèle connu.

Quelles étaient les autres solutions possibles ?

La rédaction d'une « constitution » n'était pas la seule voie envisageable. Trois autres solutions, au moins, auraient pu être retenues qui n'ont pas semblé satisfaisantes : rédiger un traité sur le modèle de ceux entrés en vigueur depuis 1992 ; ou, ne rien faire et laisser durablement s'appliquer le traité de Nice, dernier traité modificatif ; ou encore, adopter un traité ne comportant que les éléments de l'architecture constitutionnelle de l'Union et renvoyer à un autre texte les dispositions de droit matériel relatives aux actions et politiques de l'Union.

La rédaction d'un traité sur le modèle de ceux entrés en vigueur depuis 1992 n'était pas, *a priori*, totalement inenvisageable. En effet, le choix d'une méthode originale n'impliquait pas nécessairement l'écriture d'un texte conçu comme une constitution.

Sur le plan de la méthode, le Conseil européen de Laeken a certes fait un choix clairement novateur. Depuis 1951, les traités communautaires et de l'Union européenne ont toujours été rédigés comme des traités internationaux classiques, c'est-à-dire dans le secret des négociations diplomatiques entre gouvernements des États. La rédaction de la Charte des droits fondamentaux de l'Union fut une innovation considérable, puisqu'elle permettait à une enceinte représentative des États, des institutions européennes et, surtout, des citoyens – qui s'est elle-même baptisée *Convention* – de débattre publiquement et en toute transparence du contenu d'un texte symbolique essentiel. Il est vrai que ce texte n'avait pas nécessairement, dans l'esprit des membres du Conseil européen de Cologne qui lancèrent le projet, vocation à devenir un texte juridique contraignant. En revanche, les membres de ladite *Convention* ont délibérément choisi d'écrire ce texte « *comme si* » il devait être contraignant, démontrant que la voie de la rédaction démocratique pouvait être adaptée à l'Union européenne. Ce succès indéniable a conduit les chefs d'État et de gouvernement à renouveler l'expérience en vue de la rédaction du nouveau traité européen.

Toutefois, la méthode ne préjugeait nullement du fond et la déclaration de Laeken laissait les membres de la Convention sur l'avenir de l'Europe libres de choisir la forme des réponses aux questions qui leur étaient posées. Un avant-projet de traité constitutionnel, présenté par le président de la Convention le 28 octobre 2002, montrait que les conventionnels avaient opté pour la solution la plus ambitieuse et, partant, la plus difficile. Formellement, ce texte constituait davantage une liste d'orientations générales ou de lignes directrices qu'une constitution proprement dite. Ses première et troisième parties, seules détaillées, étaient respectivement consacrées à la « *structure constitutionnelle* » et aux « *dispositions finales et générales* », la deuxième partie devant incorporer les stipulations relatives aux politiques de l'Union ; rien n'était encore décidé quant à la place de la Charte des droits fondamentaux (la troisième partie de l'avant-projet du 28 octobre 2002 devait devenir la quatrième partie du traité puisque l'intégration de la Charte des droits fondamentaux en partie II n'était pas encore décidée). Si les projets d'articles visés se contentaient d'indiquer ce que pourrait être l'orientation de stipulations non encore rédigées, un pas était franchi : l'Europe serait organisée par un texte unique intitulé « Constitution ».

Si les conventionnels ont fait ce choix, c'est qu'il leur semblait le seul adéquat.

Rédiger un traité de révision des traités existants aurait sans doute été plus simple, mais le produit fini aurait été plus complexe. Il n'aurait pas répondu au souci de simplification/clarification, puisque le nouveau texte n'aurait constitué qu'une révision des dispositions les moins satisfaisantes des traités actuels. En ne modifiant pas la structure existante, ce texte aurait conduit à un nouvel « empilement » des traités et laissé subsister l'Union en tant qu'entité hybride à l'avenir nécessairement compromis.

Rédiger un texte simplement dénommé « traité » aurait sans doute suscité moins de discussions, mais le texte aurait été moins symbolique. Il n'aurait été perçu, à juste titre, que comme la énième réécriture de textes désormais anciens ne permettant pas à l'Europe de se transformer et de répondre aux ambitions qu'elle suscite. Il aurait sans doute consacré la valeur juridique de la Charte des droits fondamentaux, mais celle-ci n'aurait été qu'un appendice auquel renvoyait le texte. Enfin, il n'aurait pas révélé clairement une nouvelle volonté.

Une deuxième solution aurait été de ne rien faire.

En effet, de manière surprenante, le traité de Nice, signé le 26 février 2001, n'était pas encore entré en vigueur lorsque fut lancé le projet de rédiger, dans l'enceinte de la Convention sur l'avenir de l'Europe, un nouveau texte. Il y avait indiscutablement là un paradoxe. Le texte du traité de Nice avait été rédigé pour adapter les institutions de l'Union européenne à l'élargissement de mai 2004, les États candidats avaient été associés à sa rédaction et, avant même que ce texte ait pu produire des effets, on envisageait de lui en substituer un autre.

Ne rien faire aurait été une manière de faire confiance à la méthode « des petits pas » qui, depuis l'origine, a présidé aux transformations de la construction communautaire. C'est l'échec, en 1954, du projet de Communauté européenne de défense qui entraîna celui d'un projet de Communauté européenne politique (projet de traité du 10 mars 1953 portant statut de la Communauté européenne) et c'est de ce double échec que sont nées les deux Communautés de 1957. Ensuite, sur la base de Communautés acceptées et voulues par les États parce qu'elles correspondaient à des besoins précis et ne semblaient pas menacer leur souveraineté, le projet européen s'est déployé, englobant petit à petit des domaines d'intervention de plus en plus politiques. Si le traité de Nice ne constitue pas un nouveau bond en avant, il ne compromet pas la poursuite de ce mouvement.

Mais ne rien faire aurait été sans compter les imperfections avérées du texte de février 2001, reconnues par ses auteurs eux-mêmes. Fruit d'un compromis insatisfaisant, le traité de Nice est unanimement présenté comme décevant. Il n'apporte que des réponses partielles aux questions posées en proposant, pour l'essentiel, des solutions transitoires. En fait, le traité de Nice lui-même invite, tôt ou tard, à une nouvelle révision ; l'engager au plus tôt était une solution raisonnable puisqu'elle permettait de fixer rapidement les nouvelles règles du jeu de l'Europe élargie.

Une troisième solution, un temps envisagée, aurait été de limiter la Constitution européenne aux dispositions proprement constitutionnelles, c'est-à-dire celles relatives à l'organisation des « pouvoirs publics » européens et aux droits fondamentaux. Ce faisant, le texte de la Constitution européenne aurait été considérablement allégé du fait de la disparition de la troisième partie relative aux politiques et au fonctionnement de l'Union.

Une telle solution a été écartée pour deux séries de raisons. D'une part, formellement, la suppression de la partie III de la Constitution européenne aurait entraîné un alourdissement de la partie I, l'ensemble des dispositions institutionnelles relatives au fonctionnement de l'Union devant être incorporé dans la présentation de l'architecture constitutionnelle. Cela n'aurait sans doute pas contribué à améliorer la lisibilité de la partie de la Constitution européenne qui se présente comme l'épure du nouveau modèle retenu par l'Union européenne. D'autre part, matériellement, la suppression de la partie III de la Constitution européenne aurait présenté des inconvénients graves. Fondée sur le principe de l'attribution des compétences, l'Union européenne doit, dans son texte institutif, comporter non seulement des dispositions établissant les lignes directrices de la répartition des compétences, mais aussi des articles prévoyant dans le détail l'attribution et les modalités d'exercice des dites compétences. Supprimer la partie III de la Constitution européenne aurait pu conduire à remettre en cause la base juridique de l'action de l'Union européenne.

Si telles sont les raisons qui ont conduit à la rédaction de la Constitution européenne, une dernière question mérite d'être posée : est-elle véritablement une constitution ?

La Constitution européenne est-elle une constitution ?

À cette question apparemment simple, la réponse ne peut être que paradoxale. Oui, la Constitution européenne est une constitution en ce qu'elle consacre l'Union européenne en tant qu'Europe politique. Non, la Constitution européenne n'est pas une constitution en ce que l'Union européenne politique qu'elle met en place n'est pas un État.

Si l'on entend par constitution l'acte qui regroupe les éléments fondamentaux et fondateurs d'une structure, qui rappelle ses valeurs, ses objectifs, et fixe les conditions de son fonctionnement, la Constitution européenne est indiscutablement une constitution. La lecture des deux premières parties du texte suffit à confirmer cette analyse. Tout d'abord, la Constitution européenne établit (art. I-1) une Union européenne dotée de la personnalité juridique (art. I-7) ; à cette fin, elle identifie ses valeurs (art. I-2), ses objectifs (art. I-3) et ses symboles (art. I-8) et détermine la liste des droits fondamentaux qu'elle garantit (art. I-4, I-9, I-10 et partie II). Ensuite, elle fixe les termes des relations entre Union européenne et États, que ces derniers soient membres (art. I-5, I-6, I-59 et I-60) ou candidats (art. I-58), ainsi que les principes de répartition de leurs compétences (art. I-11 à I-18). Enfin, elle définit le « *cadre institutionnel* » de l'Union (art. I-19 et I-32) et les instruments mis à sa disposition afin d'exercer ses compétences (art. I-33 à I-44). Sur la plupart de ces points, la Constitution est novatrice, explicitant ce qui longtemps, dans le cadre des traités actuels, relevait du non-dit : elle fonde une Europe politique.

Si, en revanche, on entend par constitution l'acte fondateur d'un État, la Constitution européenne n'est pas une constitution. Tout d'abord, l'Union européenne n'est jamais, dans le texte de la Constitution européenne, qualifiée d'État ou présentée comme telle. Ensuite, l'Union européenne est explicitement établie en tant qu'Union « *à laquelle les États membres attribuent des compétences* » (art. I-1), à laquelle d'autres États européens peuvent adhérer (art. I-58) et dont les États membres peuvent se retirer volontairement (art. I-60). Enfin, l'Union a des compétences précisément identifiées : elle « *agit dans les limites des compétences que les États membres lui ont attribuées dans la Constitution pour atteindre les objectifs qu'elle établit. Toute compétence non attribuée à l'Union dans la Constitution appartient aux États membres* » (art. I-11). La Constitution européenne, quelle que soit sa dénomination, est et demeure un traité conclu entre des États souverains désireux de se constituer en union politique. La Constitution se qualifie d'ailleurs elle-même de traité à plusieurs reprises (v., par exemple, art. IV-437, IV-438, IV-440, IV-441, IV-442, IV-443, IV-445, IV-446, IV-447 et IV-448).

Parce qu'il est un traité, le traité établissant une Constitution pour l'Europe ne peut être opérationnel que s'il est ratifié.

2. L'entrée en vigueur du traité conditionnée par sa ratification

La ratification est l'acte par lequel l'organe compétent d'un État confirme sa signature d'un traité, marquant ainsi son consentement définitif à être lié par ce traité. La ratification du traité est donc la condition nécessaire de son entrée en vigueur.

Comme tout traité, le traité établissant une Constitution pour l'Europe consacre l'une de ses stipulations aux conditions de sa ratification et de son entrée en vigueur. L'article IV-447 de la Constitution européenne dispose : « *1. Le présent traité est ratifié par les Hautes Parties Contractantes, conformément à leurs règles constitutionnelles respectives. Les instruments de ratification sont déposés auprès du gouvernement de la République italienne. 2. Le présent traité entre en vigueur le 1er novembre 2006, à condition que tous les instruments de ratification aient été déposés, ou, à défaut, le premier jour du deuxième mois suivant le dépôt de l'instrument de l'État signataire qui procède le dernier à cette formalité.* »

Sont donc prévus, d'une part, les conditions et

délais d'entrée en vigueur du texte, et, d'autre part, les procédures qui doivent être suivies ; cela conduit enfin à s'interroger sur la situation particulière de la France.

Quelles conditions et quels délais pour l'entrée en vigueur ?

La condition de l'entrée en vigueur du traité est clairement exprimée au paragraphe 2 de l'article IV-447 : tous les instruments de ratification doivent avoir été déposés, c'est-à-dire que chacun des États membres de l'Union doit avoir ratifié le texte. Il s'agit d'une règle classique de droit international découlant du principe d'égalité souveraine des États ; chaque État étant souverain, il ne peut être engagé par un traité international qu'à la condition d'y avoir expressément consenti.

Cette même disposition fixe la date prévisible – et souhaitée – de l'entrée en vigueur de la Constitution européenne au 1er novembre 2006. Le délai laissé aux États pour procéder à la ratification est donc de deux ans, le traité ayant été signé le 29 octobre 2004. Au regard du droit international général, ce délai peut apparaître très court, de nombreux traités internationaux n'entrant en vigueur que dix ou vingt ans après leur signature. Dans le cadre de l'Union européenne, ce délai semble raisonnable si l'on se réfère aux précédents de Maastricht, Amsterdam et Nice, ces traités étant, respectivement, entrés en vigueur 22, 15 et 23 mois après leur signature. De plus, cette date d'entrée en vigueur apparaît souhaitable puisqu'elle permettrait à la Constitution européenne d'être applicable avant le prochain élargissement qui est prévu en 2007.

Toutefois, conscients des difficultés éventuelles que pourrait rencontrer la ratification et du retard qui pourrait être pris par rapport à la date optimale, les auteurs du traité, d'une part, et les membres de la CIG, d'autre part, ont prévu des solutions alternatives.

La première résulte du paragraphe 2 de l'article IV-447 lui-même. Il prévoit que, « *à défaut* » de pouvoir entrer en vigueur le 1er novembre 2006, le traité entrera en vigueur « *le premier jour du deuxième mois suivant le dépôt de l'instrument de l'État signataire qui procède le dernier à cette formalité* ». Il est donc possible que l'entrée en vigueur du texte soit plus tardive que prévue ; en revanche, il n'est pas possible juridiquement – et sans doute pas réaliste politiquement – qu'elle intervienne par anticipation.

La seconde solution alternative réside dans une déclaration annexée au traité, au titre des *déclarations relatives à des dispositions de la Constitution*. La déclaration nº 30, intitulée « *Déclaration concernant la ratification du traité établissant une Constitution pour l'Europe* », prévoit que « *si à l'issue d'un délai de deux ans à compter de la signature du traité établissant une Constitution pour l'Europe, les quatre cinquièmes des États membres ont ratifié ledit traité et qu'un ou plusieurs États membres ont rencontré des difficultés pour procéder à ladite ratification, le Conseil européen se saisi[sse] de la question* ». Cette déclaration doit être analysée en combinaison avec la solution alternative prévue par l'article IV-447.

Trois hypothèses sont donc envisageables. Dans la première hypothèse, tous les États membres n'ont pas déposé leurs instruments de ratification avant le 1er novembre 2006, mais les quatre cinquièmes ou plus – c'est-à-dire au moins vingt – ont procédé à cette formalité ; sauf blocage manifeste d'un ou plusieurs États, le processus peut donc légitimement être considéré comme bien engagé et l'entrée en vigueur du texte ne sera sans doute différée que de quelques semaines ou quelques mois, en application des dispositions de l'article IV-447, paragraphe 2. Dans la deuxième hypothèse, tous les États membres n'ont pas déposé leurs instruments de ratification et le nombre total de ceux ayant procédé à cette formalité est inférieur à vingt ; dès lors qu'aucun des États devant encore procéder à la ratification n'a rencontré de difficulté particulière, l'article IV-447, paragraphe 2, demeure applicable. Dans la troisième hypothèse, non seulement le nombre total de ceux ayant ratifié le traité est inférieur à vingt, mais un ou plusieurs des États ne l'ayant pas encore ratifié connaissent des difficultés particulières ; dans un tel cas, l'engagement exprimé dans la déclaration peut être mis en œuvre, le Conseil européen se saisissant de la question. Si n'est pas indiqué le type de réaction attendue de la part du Conseil européen face à une telle situation, on peut imaginer que le nombre et la qualité des États dont la ratification est problématique seront des éléments déterminants.

La condition de l'entrée en vigueur de la Constitution européenne étant sa ratification par tous les États membres, il convient d'envisager les procédures qui doivent être suivies à cette fin.

Quelles procédures pour la ratification ?

L'article IV-447, paragraphe 1, dispose que la ratification du traité établissant une Constitution pour l'Europe est opérée par les États « *conformément à leurs règles constitutionnelles respectives* » ; il s'agit, là encore, d'une conséquence de la souveraineté des États. Ne pouvant être liés qu'après y avoir expressément consenti, les États sont libres de choisir les formes de leur consentement.

Il faut donc se référer aux constitutions nationales

pour connaître les procédures que les États membres mettront en œuvre. Variées, puisque spécifiques à chaque État, ces procédures présentent néanmoins un certain nombre de similitudes. Compte tenu de la nature du traité établissant une Constitution pour l'Europe, qui conduit à engager les États dans une organisation internationale bénéficiaire de transferts de compétences, les différentes procédures nationales de ratification présenteront toutes un caractère démocratique, soit que la ratification doive être parlementaire, soit qu'elle suppose l'organisation d'un référendum, soit qu'elle relève de la compétence du chef de l'État après autorisation parlementaire ou référendaire.

Dès la période de la rédaction de la Constitution européenne, la question de sa ratification a été évoquée et l'idée de procéder par voie de référendum semblait largement partagée. Certains proposaient même que, symboliquement, des référendums soient organisés, dans chacun des États membres, le même jour afin de mettre en évidence la volonté commune des peuples de l'Europe. Outre le fait que certaines constitutions nationales ne prévoient pas la procédure du référendum, l'idée semble avoir été en partie abandonnée.

En l'état actuel des choses, vingt-quatre États membres ont annoncé le type de procédure qu'ils utiliseraient pour ratifier la Constitution européenne : 14 ont décidé de ne pas organiser de référendum (Allemagne, Autriche, Chypre, Estonie, Finlande, Grèce, Hongrie, Italie, Lettonie, Lituanie, Malte, Slovaquie, Slovénie et Suède) et 10 ont choisi la ratification par voie référendaire (Danemark, Espagne, France, Irlande, Luxembourg, Pays-Bas, Pologne, Portugal, République tchèque et Royaume-Uni). Seule la Belgique demeure encore indécise.

Le choix, fait par la majorité des États, d'une ratification parlementaire s'explique par différents éléments. Certains ne connaissent pas le référendum : c'est le cas de l'Allemagne qui, pour des raisons qui tiennent à son histoire nationale, lui est traditionnellement hostile, et de Chypre. Pour d'autres (Autriche, Grèce, Italie), le traité établissant une Constitution pour l'Europe n'entre pas dans le cadre des textes susceptibles d'être soumis à référendum. D'autres encore (Estonie, Hongrie, Lettonie, Lituanie, Malte, Slovaquie et Slovénie) sont membres de l'Union depuis le 1er mai 2004 et avaient organisé un référendum préalablement à leur adhésion ; il ne leur semble sans doute pas utile de renouveler, en des formes aussi solennelles, leur consentement. En Suède, le choix est plus clairement politique ; au début du mois de décembre 2004, le Premier ministre, en accord avec les cinq partis majoritaires au Parlement, a fait savoir qu'un débat aurait lieu, avec les citoyens, sur le thème de l'avenir de l'Europe afin d'éclairer les débats parlementaires.

En toute hypothèse, un argument supplémentaire en faveur de la ratification parlementaire a été évoqué par certains : lorsqu'il n'y a pas d'opposition à la ratification au sein de l'opinion publique, la voie parlementaire présente l'avantage de la rapidité. En effet, deux de ces États ont déjà procédé à la ratification de la Constitution européenne et, ce, avec une majorité écrasante. Dès le 11 novembre 2004, treize jours seulement après sa signature, la Lituanie a été le premier État à ratifier le traité ; soixante-six parlementaires ont voté pour la ratification, quatre ont voté contre et un député s'est abstenu. Ce fut ensuite le tour de la Hongrie, le 20 décembre 2004, le traité étant ratifié par trois cent vingt-deux voix contre douze et huit abstentions. La plupart des douze autres États ayant choisi la voie parlementaire ont prévu de ratifier le texte au cours de l'année 2005.

Concernant les États qui ont choisi de recourir au référendum, les explications sont tout aussi variées. Le Danemark et l'Irlande ont, pour des raisons constitutionnelles, organisé un référendum pour la ratification de tous les traités communautaires et de l'Union depuis qu'ils en sont membres. La réserve traditionnelle du Royaume-Uni à l'égard de la construction européenne suffit à expliquer qu'il ait été décidé d'organiser un référendum ; initialement prévu en mars 2006, celui-ci a été reporté *sine die* afin de laisser aux parlementaires britanniques le temps nécessaire au débat préalable au référendum. Pour la plupart des autres États, membres fondateurs des Communautés ou membres plus récents, le recours au référendum apparaît comme une évidence compte tenu de l'importance du symbole et des enjeux que recèle le texte du traité.

Seul le cas de la Pologne mérite d'être isolé. Bien que membre de l'Union depuis le 1er mai 2004, elle a très largement pris part au débat sur la Constitution européenne et émis de nombreuses réserves sur son contenu. Le chef de l'État polonais avait fait savoir, dès avant la signature du traité, que, le texte n'étant, d'après lui, pas parfait, il était nécessaire de mener un débat et indispensable de laisser au peuple polonais le choix d'un engagement définitif. La question de la ratification de la Constitution européenne prenant des allures de débat politique national, la date prévue pour le référendum devrait coïncider avec celle de l'élection présidentielle.

Quelle que soit la procédure de ratification retenue par les États, la Constitution européenne prévoit que les instruments de ratification doivent « *être déposés auprès du gouvernement de la République italienne* » puisque le traité a été signé à Rome.

La France, qui fut l'un des États fondateurs des Communautés et l'un des acteurs de la rédaction de la

Constitution européenne, a engagé, dès le jour de la signature du traité, les procédures préalables nécessaires au vote d'une loi référendaire de ratification.

Quelles difficultés spécifiques pour la France ?

Concernant la ratification des traités, l'article 53 de la Constitution française dispose que « [...] *les traités ou accords relatifs à l'organisation internationale* [...] *ne peuvent être ratifiés ou approuvés qu'en vertu d'une loi* ». Tous les traités communautaires et de l'Union ratifiés depuis 1958 l'ont donc été conformément à cette procédure. La loi de ratification visée à l'article 53 est, le plus souvent, adoptée par voie parlementaire (ce fut le cas, en 1986, pour l'Acte unique européen, en 1999, pour le traité d'Amsterdam, en 2001, pour le traité de Nice et pour la quasi-totalité des traités d'adhésion). Dans le cas de traités revêtant une importance particulière, soit au regard de leur contenu, soit au regard de leur caractère symbolique, la loi de ratification peut être adoptée par voie référendaire, l'article 11 de la Constitution prévoyant que « *le président de la République, sur proposition du Gouvernement pendant la durée des sessions ou sur proposition conjointe des deux assemblées, publiées au Journal Officiel, peut soumettre au référendum tout projet de loi* [...] *tendant à autoriser la ratification d'un traité qui, sans être contraire à la Constitution, aurait des incidences sur le fonctionnement des institutions* ». Cette procédure ne fut utilisée qu'à deux reprises, en 1972, pour la ratification du traité relatif à l'adhésion du Royaume-Uni, du Danemark et de l'Irlande et, en 1992, pour la ratification du traité de Maastricht. Lors de la traditionnelle interview du 14 juillet, le président de la République a annoncé, en 2004, qu'il utiliserait de nouveau cette procédure en 2005 en vue de la ratification de la Constitution européenne ; initialement annoncé pour le second semestre 2005, le référendum devrait, en définitive, avoir lieu avant l'été (discours des vœux du 31 décembre 2004).

Préalablement à la ratification d'un traité, la Constitution permet de procéder à un contrôle de la compatibilité de celui-ci avec la Constitution (art. 54 de la Constitution française). La procédure consiste, pour les autorités compétentes, à saisir le Conseil constitutionnel afin qu'il déclare si l'engagement international comporte une clause contraire à la Constitution. Si tel est le cas, « *l'autorisation de ratifier ou d'approuver l'engagement international en cause ne peut intervenir qu'après révision de la Constitution* ». Ce contrôle est donc essentiel puisqu'il permet de garantir la cohérence de l'ordre juridique français ; dans des cas rares, la France a renoncé à ratifier un traité (ce fut par exemple le cas pour la Charte des langues régionales ou minoritaires après la décision du Conseil constitutionnel du 15 juin 1999) et, le plus souvent, elle a modifié sa Constitution avant la ratification. Ce fut le cas pour la ratification du traité de Maastricht (CC n° 92-408 DC du 9 avril 1992 et loi constitutionnelle n° 92-554 du 25 juin 1992) et pour celle du traité d'Amsterdam (CC n° 97-394 DC du 31 décembre 1997 et loi constitutionnelle n° 99-49 du 25 janvier 1999).

Compte tenu de l'importance du traité établissant une Constitution pour l'Europe, il ne faisait aucun doute que le Conseil constitutionnel serait saisi ; symboliquement, le président de la République choisit de procéder à cette saisine dès le 29 octobre 2004, le jour même de la signature du traité. Il demandait au Conseil constitutionnel, en des termes très généraux, « *si l'autorisation de ratifier ce traité* [*devait*] *être précédée d'une révision de la Constitution* », le Conseil constitutionnel ayant ainsi toute liberté d'identifier les points de contradiction entre les deux textes.

Le 19 novembre 2004 – soit avec dix jours d'avance sur les délais qui lui sont imposés par la Constitution –, le Conseil constitutionnel rendait sa décision dans un contexte délicat (CC n° 2004-505 DC du 19 novembre 2004). En effet, alors que le débat sur le « oui » ou le « non » à la Constitution européenne agitait depuis plusieurs semaines la classe politique, les observateurs de la constitutionnalisation de l'Union européenne s'interrogeaient sur ce que penserait le juge constitutionnel d'un texte dénommé « *traité établissant une Constitution pour l'Europe* ».

On pouvait, en particulier, douter de la compatibilité avec la Constitution française de l'article I-6 de la Constitution européenne aux termes duquel « *la Constitution et le droit adopté par les institutions de l'Union [...] priment le droit des États membres* ».

S'il était prévisible qu'une révision fût nécessaire, le juge constitutionnel a choisi de répondre en deux temps, déterminant les questions sensibles avant d'établir la liste des dispositions nécessitant une révision. Parmi les normes de référence qu'il utilise, figure, à titre principal, le titre XV de la Constitution française, intitulé « *Des Communautés européennes et de l'Union européenne* » et qui a été introduit à l'issue de la révision constitutionnelle du 25 juin 1992.

D'après le Conseil constitutionnel, le traité établissant une Constitution pour l'Europe n'est, ni par sa nature, ni par ses principes directeurs, en contradiction avec la Constitution française puisqu'il n'est que l'aboutissement d'une logique entamée en 1992 par le traité de Maastricht et à laquelle la France a consenti par l'article 88-1 de sa Constitution qui dispose que « *la République participe aux Communautés européennes et à l'Union européenne, constituées d'États qui ont choisi librement, en vertu des traités qui les ont instituées, d'exercer en commun certaines de leurs compétences* ».

En revanche, comme les trois traités qui l'ont précédé, le traité constitutionnel « *exige* » une révision de la Constitution dans la mesure où il transfère à l'Union européenne « *des compétences affectant les conditions essentielles d'exercice de la souveraineté nationale dans des domaines ou selon des modalités autres que ceux déjà visés par la Constitution* ». En effet, indépendamment de la logique *constitutionnelle* qui gouverne le traité établissant une Constitution pour l'Europe, ce texte procède, comme ceux qui l'ont précédé, à un nouvel approfondissement des compétences communautaires. C'est dans cette perspective que la Constitution française comporte, depuis la révision du 25 juin 1992, un article 88-2 établissant la liste des compétences au transfert desquelles la France consent. De même que les approfondissements précédents ont nécessité de compléter l'article 88-2, ceux résultant du traité constitutionnel doivent être intégrés dans la Constitution.

Sont tout d'abord visés « *les transferts de compétence intervenant dans des matières nouvelles* ». Il s'agit de l'article III-265, dans le domaine du contrôle aux frontières, l'article III-269, dans le domaine de la coopération judiciaire en matière civile, les articles III-270 et III-271, dans le domaine de la coopération judiciaire en matière pénale, et l'article III-274, relatif à la création d'un Parquet européen.

Le Conseil constitutionnel aborde ensuite le cas plus délicat des « *modalités nouvelles d'exercice de compétences déjà transférées, applicables dès l'entrée en vigueur du traité* ». Concrètement, il vise, en premier lieu, les hypothèses de passage de l'unanimité à la majorité qualifiée qui, depuis 1992, sont systématiquement évoquées lors de l'examen de la compatibilité des traités avec la Constitution. Il estime qu'une atteinte à la souveraineté résulte alors de la privation de tout pouvoir d'opposition ; c'est la raison pour laquelle les articles III-270 et III-271, dans le domaine de la coopération judiciaire en matière pénale, les articles III-273 et III-276, qui concernent Eurojust et Europol, et « *le b) du paragraphe 2 de l'article III-300, relatif aux actions ou positions de l'Union décidées sur proposition du ministre des Affaires étrangères de celle-ci* » appellent une révision de la Constitution. En second lieu, les cas dans lesquels le traité prévoit qu'un État seul perd tout pouvoir propre d'initiative au profit d'une initiative conjointe d'un quart des États membres en vue de présenter un projet d'acte européen dans des matières relevant de l'espace de liberté, de sécurité et de justice (art. III-273 concernant Eurojust et art. III-275 à III-277 relatifs à la coopération policière) conduisent également à constater la nécessité d'une révision. Enfin, les stipulations, tels les articles III-191 et III-419, qui confèrent au Parlement européen une fonction décisionnelle appellent une révision de la Constitution, en ce qu'elles lui confient un rôle normatif et privent les autorités nationales des pouvoirs correspondants.

Le Conseil constitutionnel prend de plus position sur ce que les auteurs du traité appellent les « *clauses passerelles* », c'est-à-dire les dispositions du traité qui permettront, dans l'avenir et sans qu'une ratification soit nécessaire, de faire évoluer les compétences de l'Union. Deux séries de dispositions sont en cause : celles permettant « *le passage à la majorité qualifiée en vertu d'une décision européenne ultérieure* » et les « *procédures de révision simplifiées* ». Le fait que ces transformations ne seront pas soumises à ratification des États leur permet, du même coup, d'échapper le moment venu à tout contrôle de constitutionnalité ; il convient donc d'anticiper en identifiant les possibles contradictions avec la Constitution et d'en tirer, le cas échéant, les conséquences dans la révision de la Constitution.

Enfin, le Conseil constitutionnel, ne se contentant pas de relever ce qui, dans la Constitution européenne, ampute la souveraineté de l'État, fait une place particulière aux « *nouvelles prérogatives reconnues aux parlements nationaux dans le cadre de l'Union* », faisant ainsi écho à une avancée démocratique importante, quoique méconnue, réalisée par le traité. Non prévues par la Constitution française dans sa forme actuelle, elles devront faire l'objet d'une révision préalable à la ratification, non pas parce qu'elles entrent en contradiction avec la Constitution française, mais parce que celle-ci présente des lacunes sur ce point.

La décision du Conseil constitutionnel donne donc le coup d'envoi d'un deuxième temps préalable à la ratification : la révision de la Constitution. Le calendrier est d'ores et déjà fixé et les grandes lignes de la procédure sont annoncées.

Quant au calendrier, le texte de la révision doit être examiné en première lecture par l'Assemblée nationale entre le 25 et le 27 janvier 2005 pour transmission au Sénat au début du mois de février. La réunion des deux assemblées en Congrès aux fins d'adoption de la révision est prévue pour le mois de mars 2005. Une fois la révision adoptée, le débat puis la campagne référendaires pourront être engagés. C'est pour cette raison que les délais de révision ont été réduits le plus possible.

Quant au contenu de la révision, quelques grands axes se dégagent du « *projet de loi constitutionnelle modifiant le titre XV de la Constitution* » tel qu'il sera présenté en première lecture à l'Assemblée nationale.

Tout d'abord, le Conseil constitutionnel a procédé

à l'identification des dispositions de la Constitution européenne qui doivent entraîner une révision de la Constitution. Il revenait donc au constituant de faire un choix méthodologique ; deux solutions s'offraient à lui. La première solution consistait, conformément aux précédents de Maastricht et d'Amsterdam, à introduire dans la Constitution – sans doute dans son article 88-2 – la liste des domaines sujets à réaménagement de compétences en vertu du traité ; on notera cependant qu'aucune des révisions préalables aux ratifications des traités de Maastricht et d'Amsterdam n'a donné lieu, jusqu'à maintenant, à l'établissement d'une liste des dispositions conventionnelles initialement incompatibles avec la Constitution. La seconde solution, plus réaliste, consistait à opter pour une formule générale visant implicitement et globalement toutes les stipulations du traité incompatibles avec la Constitution. C'est cette seconde solution qui a été retenue par les auteurs du projet de révision constitutionnelle, l'article 88-1 de la Constitution française devant, « *à compter de l'entrée en vigueur du traité établissant une Constitution pour l'Europe* », être rédigé dans les termes suivants : « *Dans les conditions fixées par le traité établissant une Constitution pour l'Europe signé à Rome le 29 octobre 2004, la France participe à l'Union européenne, constituée d'États qui ont choisi librement d'exercer en commun certaines de leurs compétences.* » Deux raisons peuvent expliquer que cette solution ait été privilégiée. D'une part, le traité établissant une Constitution pour l'Europe ayant vocation à se substituer aux traités antérieurs, il rend caduque la rédaction actuelle de l'article 88-2 ; introduire dans la Constitution la liste des stipulations problématiques supposerait que l'on reprenne également celles qui préexistaient dans les traités antérieurs et sont simplement reprises par la Constitution européenne au risque d'alourdir considérablement le texte de la Constitution française. D'autre part, pour la première fois, le Conseil constitutionnel a fait le choix méthodologique de ne pas identifier de manière exhaustive les dispositions en cause, se contentant de les présenter sous forme de catégories génériques et de citer « *notamment* » quelques articles significatifs. Les nouvelles prérogatives des parlements nationaux prévues par le traité pourront être insérées à la suite de l'article 88-4 de la Constitution qui prévoit déjà les modalités de la participation du Parlement français au processus européen, le projet de loi constitutionnelle prévoyant, à cette fin, deux nouvelles dispositions (art. 88-5 et 88-6).

Ensuite, bien que cette question soit sans rapport avec la ratification de la Constitution européenne, le président de la République a demandé que soit incorporée à la Constitution française une disposition prévoyant l'organisation d'un référendum pour chaque nouvel élargissement de l'Union. Un nouvel article 88-7 de la Constitution pourrait ainsi disposer que « *tout projet de loi autorisant la ratification d'un traité relatif à l'adhésion d'un État à l'Union européenne est soumis au référendum par le président de la République* ». Visant à rassurer les opposants à l'entrée de la Turquie dans l'Union européenne, une telle mesure démontre que la ratification de la Constitution européenne ne postule pas l'élargissement continu de l'Union.

Enfin, la révision doit nécessairement comporter des précisions quant aux conditions de son entrée en vigueur. En effet, tant que la Constitution européenne n'a pas été ratifiée par l'ensemble des États membres et, en toute hypothèse, jusqu'au 1er novembre 2006, il importe de conserver les dispositions du Titre XV de la Constitution intactes puisqu'elles sont le fondement constitutionnel actuel de la participation de la France à l'Union telle qu'issue des traités de Maastricht, Amsterdam et Nice. En vue de prendre en compte cet impératif, le projet de loi constitutionnelle distingue deux temps : d'une part, la période préalable à l'entrée en vigueur du traité établissant une Constitution pour l'Europe, qui implique, d'ores et déjà, la modification de certaines dispositions de la Constitution et, d'autre part, la période débutant « *à compter de l'entrée en vigueur du traité établissant une Constitution pour l'Europe* » qui entraîne la substitution d'un nouveau titre XV au titre XV actuel de la Constitution.

La Constitution européenne ne sera pas si elle n'est pas ratifiée par les États ; dans l'hypothèse où elle entrerait en vigueur, il importe d'envisager les perspectives qu'elle dessine.

3. Les perspectives

À la veille de l'engagement d'un débat sur l'opportunité de ratifier un traité aussi novateur que le traité établissant une Constitution pour l'Europe, la question des perspectives apparaît essentielle. Il s'agit non plus de se demander ce qu'apporte le traité, mais ce qu'il pourrait offrir, à l'avenir, à l'Europe, aux États et aux citoyens.

Quel avenir pour l'Europe ?

Se poser la question de l'avenir de l'Europe sous l'empire de la Constitution européenne revient à évoquer deux interrogations apparemment contradictoires : la Constitution européenne peut-elle transformer l'Europe en État ? La Constitution européenne ne risque-t-elle pas de figer l'Europe durablement en l'état ?

À la question de savoir si la Constitution européenne peut transformer l'Europe en État, trois éléments de réponse peuvent être apportés.

Tout d'abord, la Constitution européenne ne transforme pas, par son entrée en vigueur, l'Europe en État. Il a déjà été montré que la Constitution européenne n'est qu'un traité dénommé « Traité établissant une Constitution pour l'Europe ». L'Union ainsi établie reste une organisation internationale, même si la Constitution européenne ne le précise par expressément. Elle est le fruit de la volonté d'États qui, souverains, n'ont renoncé qu'à l'exercice de certaines de leurs compétences.

Ensuite, la Constitution européenne ne prévoit pas, pour l'avenir, de transformer l'Europe en État. Aux termes du traité, l'avenir de l'Europe est présenté comme la poursuite d'une logique combinant, comme ce fut le cas depuis l'origine, approfondissement et élargissement, d'une part, et, comme ce fut le cas depuis 1992, « méthode communautaire » et « méthode intergouvernementale », d'autre part. Le changement de nature de l'Union européenne qui résulterait de sa transformation en État n'est, en aucune manière, un élément nécessaire à la réalisation de cet objectif.

Enfin, la Constitution européenne ne peut transformer l'Union européenne en État sans l'accord de ses États membres. Si, par l'effet de la Constitution européenne, l'Union est dotée d'une architecture constitutionnelle (Partie I), si elle reconnaît et garantit des droits fondamentaux (Partie II) et si elle « fonctionne » en vue de la mise en œuvre des politiques qu'elle a en charge (Partie III), elle n'est pas juridiquement – et, sans doute, politiquement – à même de formuler une « volonté politique » en dehors du champ des compétences que les États lui ont transférées. Faire le choix de devenir un État est l'essence même de la « volonté politique » et suppose, soit qu'un *peuple européen* se substitue aux peuples européens – qui ne sont que les peuples des États membres de l'Union européenne – et manifeste la volonté de se constituer en État, soit que chacun des États membres de l'Union renonce, explicitement et souverainement, à sa propre existence au profit d'une nouvelle structure étatique. Il n'est donc pas juridiquement possible que l'Union européenne se transforme en État à l'insu de ses États membres qui devraient, préalablement, renoncer à leur propre souveraineté.

Est-ce alors à dire que la Constitution européenne fige durablement l'Europe dans la forme et la situation juridiques qu'elle établit ? La réponse à cette question ne peut être apportée qu'en deux temps : les auteurs de la Constitution européenne ont fait le choix d'un modèle qui, sans exclure les évolutions, permet de préserver l'essence de l'Union.

L'un des acquis majeurs de la théorie juridique et politique contemporaine réside dans un modèle, celui de l'État de droit défini comme l'État qui impose et s'impose à lui-même le respect de règles de droit. L'Union européenne, dès avant et plus encore après l'entrée en vigueur de la Constitution européenne, se présente comme une « Union de droit » en ce que les traités lui ont donné et la Constitution européenne lui donnera les moyens d'imposer le respect du droit qu'elle produit tout en exigeant qu'elle se l'impose à elle-même. C'est la raison pour laquelle les textes juridiques qui la fondent ne peuvent – et ne doivent – risquer d'être fragilisés par des révisions incessantes. La Constitution européenne doit donc être suffisamment rigide – c'est-à-dire difficile à réviser – pour être pérenne et suffisamment souple – c'est-à-dire facile à réviser – pour s'adapter à l'évolution des besoins de ceux qui ont voulu l'Union européenne.

Dans ces conditions, la Constitution européenne prévoit la possibilité de sa propre révision. L'Union étant conçue comme une organisation internationale fondée sur la volonté de ses États membres souverains, la révision de sa Constitution suppose l'accord unanime desdits États. La Constitution européenne ayant été conçue selon une procédure particulière, sa révision suppose une procédure comparable. La Constitution européenne prévoit ainsi ce qu'elle qualifie de « *procédure de révision ordinaire* » (art. IV-443).

L'existence d'une procédure de révision « *ordinaire* » est un indice de l'existence d'une ou plusieurs procédures de révision *extra*-ordinaires ; prévues dans deux dispositions différentes, elles sont des procédures de « *révision simplifiée* ». Elles ont été introduites dans la Constitution européenne pour éviter la paralysie du système. Elles répondent ainsi aux inquiétudes suscitées par la procédure de révision *ordinaire* qui passe par l'élaboration d'un traité qui doit être rédigé, négocié, puis signé et ratifié à l'unanimité ce qui, concrètement, suppose l'accord de vingt-cinq États et bientôt davantage. Les procédures de *révision simplifiée* permettront, dans des conditions précises, de poursuivre l'approfondissement, qu'il prenne la forme d'une révision procédurale ou d'une révision matérielle.

La « *procédure de révision simplifiée* » applicable aux révisions procédurales permet, dans un domaine où le Conseil statue à l'unanimité, de l'autoriser à statuer à la majorité qualifiée. Une telle révision participe de la logique d'approfondissement puisqu'elle permet de renforcer l'intégration et de simplifier l'adoption des actes de l'Union. Simplifiée, la procédure suppose l'adoption à l'unanimité d'une décision par le Conseil européen, « *après approbation du Parlement européen qui se prononce à la majorité des membres qui le composent* » (art. IV-444).

La « *procédure de révision simplifiée concernant*

les politiques et actions internes de l'Union » permet de procéder à des révisions matérielles relatives au marché intérieur, à la politique économique et monétaire, aux « *politiques dans d'autres domaines* » (emploi ; politique sociale ; cohésion économique, sociale et territoriale ; agriculture et pêche ; environnement ; protection des consommateurs ; transports ; réseaux transeuropéens ; recherche et développement technologique et espace ; énergie), à l'espace de liberté, de sécurité et de justice et aux « *domaines où l'Union peut décider de mener une action d'appui, de coordination ou de complément* » (santé publique ; industrie ; culture ; tourisme ; éducation, jeunesse, sport et formation professionnelle ; protection civile ; coopération administrative) (art. IV-445). Une telle révision permet un réaménagement interne des conditions d'exercice de compétences déjà transférées à l'Union, mais elle « *ne peut accroître les compétences attribuées à l'Union dans le présent traité* », une telle modification supposant le recours à la procédure de révision ordinaire. Potentiellement plus dangereuse pour les États qui pourraient craindre que l'Union ne profite d'une telle révision pour étendre progressivement son champ de compétence et interpréter en sa faveur le principe de subsidiarité, cette procédure se décompose en deux temps. Elle prend la forme d'une décision adoptée par le Conseil européen à l'unanimité, « *après consultation du Parlement européen et de la Commission ainsi que de la Banque centrale européenne dans le cas de modifications institutionnelles dans le domaine monétaire* », et son entrée en vigueur est subordonnée à « *son approbation par les États membres, conformément à leurs règles constitutionnelles respectives* ». Il s'agit donc d'une procédure de révision simplifiée au formalisme renforcé.

En résumé, si changer de Constitution européenne

après son entrée en vigueur sera sans doute difficile, l'aménagement du fonctionnement de l'Union européenne demeure réalisable. Où l'on retrouve l'enjeu d'une Constitution qui, par sa nature fondatrice, se veut durable !

En établissant une nouvelle forme d'Union européenne, la Constitution européenne a su ménager une place aux États.

Quelle place pour les États ?

Deux catégories d'États sont concernées – et expressément visées – par la Constitution européenne : les États membres, d'une part ; les États candidats à l'adhésion, d'autre part.

En ce qui concerne les États membres de l'Union, la Constitution européenne a indiscutablement clarifié leur situation.

Tout d'abord, la Constitution européenne explicite les « *relations entre l'Union et les États membres* » (art. I-5) en établissant leurs obligations réciproques. L'Union est respectueuse des spécificités des États et, en particulier, de « *leur identité nationale, inhérente à leurs structures fondamentales politiques et constitutionnelles, y compris en ce qui concerne l'autonomie locale et régionale* » et de leurs « *fonctions essentielles* (...), *notamment celle qui ont pour objet d'assurer son intégrité territoriale, de maintenir l'ordre public et de sauvegarder la sécurité nationale* » ; elle n'interfère donc pas dans leurs choix fondamentaux. En sens inverse, le « *principe de coopération loyale* » impose qu'Union et États se respectent et s'assistent mutuellement, les États prenant toutes les mesures résultant de leurs obligations conventionnelles et s'abstenant de toute mesure de nature à mettre en péril les objectifs européens.

Ensuite, la Constitution européenne, en clarifiant les termes de la répartition des compétences, permet aux États membres de mieux connaître l'étendue de leurs propres compétences et de veiller plus efficacement au respect du principe de subsidiarité.

Enfin, au titre de « *l'appartenance à l'Union* », la Constitution européenne va très au-delà des traités actuels en prévoyant la possibilité pour un État membre d'user d'un droit de « *retrait volontaire de l'Union* ». L'article I-60 de la Constitution européenne stipule, dans son paragraphe 1er, que « *tout État membre peut décider, conformément à ses règles constitutionnelles, de se retirer de l'Union européenne* ». Parallèlement, le principe de la durée illimitée du traité est maintenu, démontrant que l'un n'exclut pas l'autre (art. IV-446). Enfin, aux termes du paragraphe 4 de l'article I-60, l'État qui s'est retiré peut à nouveau demander à adhérer, conformément à la procédure de l'article I-58. Pour certains conventionnels, « *poser le droit de retrait apporte de vrais avantages. Avantages juridiques : cela permet de l'organiser et de l'encadrer. Avantages politiques : les souverainistes ne pourront plus déployer leur rhétorique populiste sur l'Union prison dont les citoyens ne peuvent s'échapper* » (O. Duhamel, *op. cit.*, p. 236).

Au-delà de cette appréciation politique, le caractère extrêmement novateur de l'article I-60 mérite que l'on s'attache aux modalités de la procédure avant de s'interroger sur ses raisons d'être et les conséquences qui peuvent en résulter.

Quant aux modalités de la procédure de retrait, elles sont fixées par le paragraphe 2 de l'article I-60. L'État souhaitant exercer son droit de retrait doit notifier son intention au Conseil européen qui formule des orientations « *à la lumière* » desquelles « *l'Union négocie et conclut avec cet État un accord fixant les modalités de son retrait, en tenant compte du cadre de ses relations futures avec l'Union. Cet accord est conclu au nom de l'Union par le Conseil des ministres, statuant à la majorité qualifiée, après approbation du Parlement européen* », le représentant de l'État membre qui se retire ne participant ni aux délibérations, ni au vote. Par voie de conséquence, la Constitution européenne cesse d'être applicable à l'État concerné à partir de la date d'entrée en vigueur de l'accord de retrait ou, à défaut, deux ans après la notification visée au paragraphe 2, sauf si le Conseil européen, en accord avec l'État membre concerné, décide de proroger ce délai (§ 4)

Lors de sa rédaction, cette stipulation donna matière à plus de trente propositions d'amendement, montrant combien le principe même du retrait dérangeait. On doit s'interroger sur sa raison d'être. Candide, on pourrait considérer que l'Union étant « *ouverte à tous les États européens* » (art. I-1 et I-58), elle doit accepter leur départ et que, plus fondamentalement, l'Union européenne est un processus « volontaire ». Optimiste, on peut espérer que l'esprit intégrationniste l'emportera et que l'article I-60 ne fait que clarifier une situation juridique préexistante en dessinant les contours d'une ouverture qu'aucun État ne franchira. Réaliste, on doit rappeler que certains États ont, pour des motifs tenant à leur politique interne, émis l'hypothèse de leur retrait de l'Union (ainsi, lors du débat national relatif à son adhésion, Malte connut des débats entre la majorité parlementaire et gouvernementale, favorable à l'entrée dans l'Union, et l'opposition, devancée de peu aux élections législatives, qui annonçait qu'en cas de victoire lors de futures élections elle entamerait une procédure de retrait de l'Union). Pessimiste, on pourrait prédire l'implosion de l'Union par l'établissement d'une *Europe à la carte*. Cette perspective pose la question, non résolue par le projet, des rapports entre Union européenne et ex-État membre, en particulier dans le cas d'un retrait automatique sans négociation aboutie.

En ce qui concerne les États candidats à l'adhésion, la rédaction d'une Constitution pour l'Europe est un signe fort et on ne peut totalement oublier que la Constitution européenne a été, en partie, écrite en raison de l'élargissement. À cet égard, les termes du paragraphe 2 de l'article I-1 de la Constitution européenne sont éloquents : « *L'Union est ouverte à tous les États européens qui respectent ses valeurs et qui s'engagent à les promouvoir en commun.* »

En revanche, quant aux conditions d'adhésion de nouveaux États, la Constitution européenne ne change absolument rien, son article I-58 étant quasiment l'exacte reprise des termes actuels de l'article 49 du traité sur l'Union européenne. L'unique différence entre l'article I-58 de la Constitution européenne et l'article 49 du traité sur l'Union européenne résulte de cette phrase : « *Le Parlement européen et les parlements nationaux sont informés de cette demande.* »

La Constitution européenne n'est donc, pas davantage que les traités actuels, porteuse d'un élargissement sans limite de l'Union. On peut même légitimement se demander si, en clarifiant le projet politique européen, elle n'est pas plus restrictive.

Présentés comme les destinataires premiers de la Constitution européenne, dès l'engagement de sa rédaction, les citoyens de l'Union se voient par la même occasion assigner un rôle réel.

Quel rôle pour les citoyens ?

Les citoyens de l'Union européenne sont, sans aucun doute, les principaux bénéficiaires d'une Europe simplifiée et clarifiée, en un mot, plus « lisible ». Toutefois, l'avancée démocratique voulue par les conventionnels ne se limite pas à cela ; la Constitution européenne consacre l'existence de « *la vie démocratique de l'Union* » (titre VI de la partie I) et renforce la participation des citoyens à l'Union européenne en leur permettant, directement ou par la voie de leurs représentants, de participer à son fonctionnement.

Les citoyens de l'Union participent directement à la vie démocratique de l'Union (art. I-47). Outre les consultations auxquelles procède la Commission (§ 3) et l'établissement d'un « *dialogue ouvert, transparent et régulier avec les associations représentatives et la société civile* » (§ 2), l'article I-47 prévoit, dans son paragraphe 4, une véritable procédure de démocratie directe : l'initiative populaire. Aux termes de cette disposition, un million au moins de citoyens de l'Union, ressortissants d'un nombre significatif d'États membres, peuvent prendre l'initiative d'inviter la Commission à faire une proposition « *sur des questions pour lesquelles ces citoyens considèrent qu'un acte juridique de l'Union est nécessaire aux fins de l'application de l'Union* ». Cette procédure, bien qu'encadrée dans des conditions strictes, offre le cadre d'une redéfinition du rôle des citoyens dans l'Union. Il reste évidemment à voir quels seront les termes de la loi européenne qui doit arrêter les modalités de mise en œuvre d'une telle initiative, en particulier fixer le nombre minimum d'États considéré comme représentatif. Il n'en demeure pas moins que les auteurs de la Constitution ont voulu, par cette disposition, offrir aux citoyens le moyen de donner vie à leur citoyenneté.

Par ailleurs, les citoyens de l'Union participent indirectement à la vie démocratique de l'Union, par l'effet du principe de la démocratie représentative au niveau de l'Union, d'une part, et au niveau de leurs États, d'autre part.

Le fait que « *les citoyens sont directement représentés, au niveau de l'Union, au Parlement européen* » (art. I-46) n'est pas une innovation de la Constitution. En cette qualité, ils sont bénéficiaires du renforcement du rôle du Parlement européen prévu par la Constitution européenne.

En revanche, les États membres de l'Union étant tous fondés sur le principe démocratique, les citoyens sont aussi directement représentés, au niveau des États, par les parlements nationaux. Dès lors, toute disposition de la Constitution européenne faisant une place aux parlements nationaux renforce le rôle des citoyens ; c'est notamment le cas du protocole sur le rôle des parlements nationaux.

Mais, si la Constitution européenne est réellement novatrice, c'est parce qu'elle assigne aux parlements nationaux une nouvelle mission qui figure au titre des « *principes fondamentaux* » de la « *répartition des compétences* » : les parlements nationaux veillent au respect du principe de subsidiarité (art. I-11, § 3).

Le protocole sur l'application des principes de subsidiarité et de proportionnalité prévoit la procédure par laquelle les parlements nationaux peuvent exercer les différentes prérogatives attachées à cette mission. Ainsi, un parlement national ou, le cas échéant, chacune de ses chambres, pourra désormais, dans un délai de six semaines à compter de la date à laquelle lui est transmis un projet d'acte législatif européen, adresser aux présidents du Parlement européen, du Conseil et de la Commission un avis motivé exposant les raisons pour lesquelles il estime que le projet n'est pas conforme au principe de subsidiarité. Le projet devra être réexaminé lorsque ces avis rassembleront un tiers des voix des parlements nationaux, ou un quart de ces voix dans le domaine de la coopération judiciaire en matière pénale ou dans celui de la coopération policière, chaque parlement national disposant de deux voix (art. 6 et 7 du protocole). Par ailleurs, la Cour de justice, compétente pour se prononcer sur les requêtes formées pour violation du principe de subsidiarité, pourra également examiner un recours transmis par un État membre « *conformément à son ordre juridique au nom de son parlement national ou d'une chambre de celui-ci* » (art. 8 du protocole).

Les citoyens de l'Union européenne peuvent donc trouver, dans la Constitution européenne, les éléments d'un renforcement concret de leur citoyenneté.

Liste des abréviations

AUE	Acte unique européen
BCE	Banque centrale européenne
Bull. UE	Bulletin de l'Union européenne
CC	Conseil constitutionnel
CE	Communauté européenne
CECA	Communauté européenne du charbon et de l'acier
CED	Communauté européenne de défense
CEDH	Convention de sauvegarde des droits de l'homme et des libertés fondamentales
CEE	Communauté économique européenne
CEEA	Communauté européenne de l'énergie atomique
CIG	Conférence intergouvernementale
CIJ	Cour internationale de justice
CJAI	Coopération dans les domaines de la justice et des affaires intérieures
CJCE	Cour de justice des Communautés européennes
CONV.	Convention sur l'avenir de l'Europe
Cour EDH	Cour européenne des droits de l'homme
CPI	Cour pénale internationale
CPJP	Coopération policière et judiciaire en matière pénale
EEE	Espace économique européen
JAI	Justice et affaires intérieures
JOCE	Journal officiel des Communautés européennes

JORF	Journal officiel de la République française
JOUE	Journal officiel de l'Union européenne
LGDJ	Librairie générale de droit et de jurisprudence
OIT	Organisation internationale du travail
ONU	Organisation des Nations unies
PESC	Politique étrangère et de sécurité commune
PUF	Presses universitaires de France
PUS	Presses universitaires de Strasbourg
SDN	Société des nations
sp.	Spécialement
UE	Union européenne
ULB	Université libre de Bruxelles

Seconde partie

Traité établissant une Constitution pour l'Europe

Sommaire

Chapitre III — coopérations renforcées

Titre VII — dispositions communes

Partie IV — dispositions générales et finales

TRAITÉ ÉTABLISSANT UNE CONSTITUTION POUR L'EUROPE

Préambule

SA MAJESTÉ LE ROI DES BELGES, LE PRÉSIDENT DE LA RÉPUBLIQUE TCHÈQUE, SA MAJESTÉ LA REINE DE DANEMARK, LE PRÉSIDENT DE LA RÉPUBLIQUE FÉDÉRALE D'ALLEMAGNE, LE PRÉSIDENT DE LA RÉPUBLIQUE D'ESTONIE, LE PRÉSIDENT DE LA RÉPUBLIQUE HELLÉNIQUE, SA MAJESTÉ LE ROI D'ESPAGNE, LE PRÉSIDENT DE LA RÉPUBLIQUE FRANÇAISE, LA PRÉSIDENTE D'IRLANDE, LE PRÉSIDENT DE LA RÉPUBLIQUE ITALIENNE, LE PRÉSIDENT DE LA RÉPUBLIQUE DE CHYPRE, LA PRÉSIDENTE DE LA RÉPUBLIQUE DE LETTONIE, LE PRÉSIDENT DE LA RÉPUBLIQUE DE LITUANIE, SON ALTESSE ROYALE LE GRAND-DUC DE LUXEMBOURG, LE PRÉSIDENT DE LA RÉPUBLIQUE DE HONGRIE, LE PRÉSIDENT DE MALTE, SA MAJESTÉ LA REINE DES PAYS-BAS, LE PRÉSIDENT FÉDÉRAL DE LA RÉPUBLIQUE D'AUTRICHE, LE PRÉSIDENT DE LA RÉPUBLIQUE DE POLOGNE, LE PRÉSIDENT DE LA RÉPUBLIQUE PORTUGAISE, LE PRÉSIDENT DE LA RÉPUBLIQUE DE SLOVÉNIE, LE PRÉSIDENT DE LA RÉPUBLIQUE SLOVAQUE, LA PRÉSIDENTE DE LA RÉPUBLIQUE DE FINLANDE, LE GOUVERNEMENT DU ROYAUME DE SUÈDE, SA MAJESTÉ LA REINE DU ROYAUME-UNI DE GRANDE-BRETAGNE ET D'IRLANDE DU NORD,

S'INSPIRANT des héritages culturels, religieux et humanistes de l'Europe, à partir desquels se sont développées les valeurs universelles que constituent les droits inviolables et inaliénables de la personne humaine, ainsi que la liberté, la démocratie, l'égalité et l'État de droit ;

CONVAINCUS que l'Europe, désormais réunie au terme d'expériences douloureuses, entend avancer sur la voie de la civilisation, du progrès et de la prospérité, pour le bien de tous ses habitants, y compris les plus fragiles et les plus démunis ; qu'elle veut demeurer un continent ouvert à la culture, au savoir et au progrès social ; et qu'elle souhaite approfondir le caractère démocratique et transparent de sa vie publique, et œuvrer pour la paix, la justice et la solidarité dans le monde ;

PERSUADÉS que les peuples d'Europe, tout en restant fiers de leur identité et de leur histoire nationale, sont résolus à dépasser leurs anciennes divisions et, unis d'une manière sans cesse plus étroite, à forger leur destin commun ;

ASSURÉS que, « Unie dans la diversité », l'Europe leur offre les meilleures chances de poursuivre, dans le respect des droits de chacun et dans la conscience de leurs responsabilités à l'égard des générations futures et de la planète, la grande aventure qui en fait un espace privilégié de l'espérance humaine ;

RÉSOLUS à poursuivre l'œuvre accomplie dans le cadre des traités instituant les Communautés européennes et du traité sur l'Union européenne, en assurant la continuité de l'acquis communautaire ;

RECONNAISSANTS aux membres de la Convention européenne d'avoir élaboré le projet de cette Constitution au nom des citoyens et des États d'Europe,

ONT DÉSIGNÉ COMME PLÉNIPOTENTIAIRES :

SA MAJESTÉ LE ROI DES BELGES

Guy VERHOFSTADT
Premier ministre

Karel DE GUCHT
Ministre des Affaires étrangères

LE PRÉSIDENT DE LA RÉPUBLIQUE TCHÈQUE

Stanislav GROSS
Premier ministre

Cyril SVOBODA
Ministre des Affaires étrangères

SA MAJESTÉ LA REINE DE DANEMARK

Anders Fogh RASMUSSEN
Premier ministre

Per Stig MØLLER
Ministre des Affaires étrangères

LE PRÉSIDENT DE LA RÉPUBLIQUE FÉDÉRALE D'ALLEMAGNE

Gerhard SCHRÖDER
Chancelier fédéral

Joseph FISCHER
Ministre fédéral des Affaires étrangères et vice-chancelier

LE PRÉSIDENT DE LA RÉPUBLIQUE D'ESTONIE

Juhan PARTS
Premier ministre

Kristiina OJULAND
Ministre des Affaires étrangères

LE PRÉSIDENT DE LA RÉPUBLIQUE HELLÉNIQUE

Kostas KARAMANLIS
Premier ministre

Petros G. MOLYVIATIS
Ministre des Affaires étrangères

SA MAJESTÉ LE ROI D'ESPAGNE

José Luis RODRÍGUEZ ZAPATERO
Président du gouvernement

Miguel Angel MORATINOS CUYAUBÉ
Ministre des Affaires étrangères et de la Coopération

LE PRÉSIDENT DE LA RÉPUBLIQUE FRANÇAISE

Jacques CHIRAC
Président

Jean-Pierre RAFFARIN
Premier ministre

Michel BARNIER
Ministre des Affaires étrangères

LE PRÉSIDENT D'IRLANDE

Bertie AHERN
Premier ministre (Taoiseach)

Dermot AHERN
Ministre des Affaires étrangères

LE PRÉSIDENT DE LA RÉPUBLIQUE ITALIENNE

Silvio BERLUSCONI
Président du Conseil des ministres

Franco FRATTINI
Ministre des Affaires étrangères

LE PRÉSIDENT DE LA RÉPUBLIQUE DE CHYPRE

Tassos PAPADOPOULOS
Président

George IACOVOU
Ministre des Affaires étrangères

LE PRÉSIDENT DE LA RÉPUBLIQUE DE LETTONIE

Vaira VĪĶE FREIBERGA
Présidente

Īndulis EMSIS
Premier ministre

Artis PABRIKS
Ministre des Affaires étrangères

LE PRÉSIDENT DE LA RÉPUBLIQUE DE LITUANIE

Valdas ADAMKUS
Président

Algirdas Mykolas BRAZAUSKAS
Premier ministre

Antanas VALIONIS
Ministre des Affaires étrangères

SON ALTESSE ROYALE LE GRAND-DUC DE LUXEMBOURG

Jean-Claude JUNCKER
Premier ministre, ministre d'État

Jean ASSELBORN
Vice-Premier ministre, ministre des Affaires étrangères et de l'Immigration

LE PRÉSIDENT DE LA RÉPUBLIQUE DE HONGRIE

Ferenc GYURCSÁNY
Premier ministre

László KOVÁCS
Ministre des Affaires étrangères

LE PRÉSIDENT DE MALTE

The Hon Lawrence GONZI
Premier ministre

The Hon Michael FRENDO
Ministre des Affaires étrangères

SA MAJESTÉ LA REINE DES PAYS-BAS

Dr. J. P. BALKENENDE
Premier ministre

Dr. B. R. BOT
Ministre des Affaires étrangères

LE PRÉSIDENT FÉDÉRAL DE LA RÉPUBLIQUE D'AUTRICHE

Dr. Wolfgang SCHÜSSEL
Chancelier fédéral

Dr. Ursula PLASSNIK
Ministre fédéral des Affaires étrangères

LE PRÉSIDENT DE LA RÉPUBLIQUE DE POLOGNE

Marek BELKA
Premier ministre

Włodzimierz CIMOSZEWICZ
Ministre des Affaires étrangères

LE PRÉSIDENT DE LA RÉPUBLIQUE PORTUGAISE

Pedro Miguel DE SANTANA LOPES
Premier ministre

António Victor MARTINS MONTEIRO
Ministre des Affaires étrangères et des Communautés portugaises à l'étranger

LE PRÉSIDENT DE LA RÉPUBLIQUE DE SLOVÉNIE

Anton ROP
Président du gouvernement

Ivo VAJGL
Ministre des Affaires étrangères

LE PRÉSIDENT DE LA RÉPUBLIQUE SLOVAQUE

Mikuláš DZURINDA
Premier ministre

Eduard KUKAN
Ministre des Affaires étrangères

LE PRÉSIDENT DE LA RÉPUBLIQUE DE FINLANDE

Matti VANHANEN
Premier ministre

Erkki TUOMIOJA
Ministre des Affaires étrangères

LE GOUVERNEMENT DU ROYAUME DE SUÈDE

Göran PERSSON
Premier ministre

Laila FREIVALDS
Ministre des Affaires étrangères

SA MAJESTÉ LA REINE DU ROYAUME-UNI DE GRANDE-BRETAGNE ET D'IRLANDE DU NORD

The Rt. Hon Tony BLAIR
Premier ministre

The Rt. Hon Jack STRAW
Ministre des Affaires étrangères et du Commonwealth

LESQUELS, après avoir échangé leurs pleins pouvoirs reconnus en bonne et due forme, sont convenus des dispositions qui suivent :

PARTIE I

TITRE I

DÉFINITION ET OBJECTIFS DE L'UNION

ARTICLE I-1

Établissement de l'Union

1. Inspirée par la volonté des citoyens et des États d'Europe de bâtir leur avenir commun, la présente Constitution établit l'Union européenne, à laquelle les États membres attribuent des compétences pour atteindre leurs objectifs communs. L'Union coordonne les politiques des États membres visant à atteindre ces objectifs et exerce sur le mode communautaire les compétences qu'ils lui attribuent.

2. L'Union est ouverte à tous les États européens qui respectent ses valeurs et qui s'engagent à les promouvoir en commun.

ARTICLE I-2

Les valeurs de l'Union

L'Union est fondée sur les valeurs de respect de la dignité humaine, de liberté, de démocratie, d'égalité, de l'État de droit, ainsi que de respect des droits de l'homme, y compris des droits des personnes appartenant à des minorités. Ces valeurs sont communes aux États membres dans une société caractérisée par le pluralisme, la non-discrimination, la tolérance, la justice, la solidarité et l'égalité entre les femmes et les hommes.

Article I-3

Les objectifs de l'Union

1. L'Union a pour but de promouvoir la paix, ses valeurs et le bien-être de ses peuples.

2. L'Union offre à ses citoyens un espace de liberté, de sécurité et de justice sans frontières intérieures, et un marché intérieur où la concurrence est libre et non faussée.

3. L'Union œuvre pour le développement durable de l'Europe fondé sur une croissance économique équilibrée et sur la stabilité des prix, une économie sociale de marché hautement compétitive, qui tend au plein-emploi et au progrès social, et un niveau élevé de protection et d'amélioration de la qualité de l'environnement. Elle promeut le progrès scientifique et technique.

Elle combat l'exclusion sociale et les discriminations, et promeut la justice et la protection sociales, l'égalité entre les femmes et les hommes, la solidarité entre les générations et la protection des droits de l'enfant.

Elle promeut la cohésion économique, sociale et territoriale, et la solidarité entre les États membres.

Elle respecte la richesse de sa diversité culturelle et linguistique, et veille à la sauvegarde et au développement du patrimoine culturel européen.

4. Dans ses relations avec le reste du monde, l'Union affirme et promeut ses valeurs et ses intérêts. Elle contribue à la paix, à la sécurité, au développement durable de la planète, à la solidarité et au respect mutuel entre les peuples, au commerce libre et équitable, à l'élimination de la pauvreté et à la protection des droits de l'homme, en particulier ceux de l'enfant, ainsi qu'au strict respect et au développement du droit interna-

tional, notamment au respect des principes de la charte des Nations unies.

5. L'Union poursuit ses objectifs par des moyens appropriés, en fonction des compétences qui lui sont attribuées dans la Constitution.

Article I-4

Libertés fondamentales et non-discrimination

1. La libre circulation des personnes, des services, des marchandises et des capitaux, ainsi que la liberté d'établissement, sont garanties par l'Union et à l'intérieur de celle-ci, conformément à la Constitution.

2. Dans le champ d'application de la Constitution, et sans préjudice de ses dispositions particulières, toute discrimination exercée en raison de la nationalité est interdite.

Article I-5

Relations entre l'Union et les États membres

1. L'Union respecte l'égalité des États membres devant la Constitution ainsi que leur identité nationale, inhérente à leurs structures fondamentales politiques et constitutionnelles, y compris en ce qui concerne l'autonomie locale et régionale. Elle respecte les fonctions essentielles de l'État, notamment celles qui ont pour objet d'assurer son intégrité territoriale, de maintenir l'ordre public et de sauvegarder la sécurité nationale.

2. En vertu du principe de coopération loyale, l'Union et les États membres se respectent et s'assistent mutuellement dans l'accomplissement des missions découlant de la Constitution.

Les États membres prennent toute mesure générale ou particulière propre à assurer l'exécution des obligations découlant de la Constitution ou résultant des actes des institutions de l'Union.

Les États membres facilitent l'accomplissement par l'Union de sa mission et s'abstiennent de toute mesure susceptible de mettre en péril la réalisation des objectifs de l'Union.

Article I-6

Le droit de l'Union

La Constitution et le droit adopté par les institutions de l'Union, dans l'exercice des compétences qui sont attribuées à celle-ci, priment le droit des États membres.

Article I-7

Personnalité juridique

L'Union a la personnalité juridique.

Article I-8

Les symboles de l'Union

Le drapeau de l'Union représente un cercle de douze étoiles d'or sur fond bleu.

L'hymne de l'Union est tiré de l'« Ode à la joie » de la neuvième symphonie de Ludwig van Beethoven.

La devise de l'Union est : « Unie dans la diversité ».

La monnaie de l'Union est l'euro.

La journée de l'Europe est célébrée le 9 mai dans toute l'Union.

TITRE II

LES DROITS FONDAMENTAUX ET LA CITOYENNETÉ DE L'UNION

ARTICLE I-9

Droits fondamentaux

1. L'Union reconnaît les droits, les libertés et les principes énoncés dans la Charte des droits fondamentaux qui constitue la partie II.

2. L'Union adhère à la Convention européenne de sauvegarde des droits de l'homme et des libertés fondamentales. Cette adhésion ne modifie pas les compétences de l'Union telles qu'elles sont définies dans la Constitution.

3. Les droits fondamentaux, tels qu'ils sont garantis par la Convention européenne de sauvegarde des droits de l'homme et des libertés fondamentales et tels qu'ils résultent des traditions constitutionnelles communes aux États membres, font partie du droit de l'Union en tant que principes généraux.

ARTICLE I-10

La citoyenneté de l'Union

1. Toute personne ayant la nationalité d'un État membre possède la citoyenneté de l'Union. La citoyenneté de l'Union s'ajoute à la citoyenneté nationale et ne la remplace pas.

2. Les citoyens de l'Union jouissent des droits et sont soumis aux devoirs prévus par la Constitution. Ils ont :

a) le droit de circuler et de séjourner librement sur le territoire des États membres ;
b) le droit de vote et d'éligibilité aux élections au Parlement européen ainsi qu'aux élections municipales dans l'État membre où ils résident, dans les mêmes conditions que les ressortissants de cet État ;
c) le droit de bénéficier, sur le territoire d'un pays tiers où l'État membre dont ils sont ressortissants n'est pas représenté, de la protection des autorités diplomatiques et consulaires de tout État membre dans les mêmes conditions que les ressortissants de cet État ;
d) le droit d'adresser des pétitions au Parlement européen, de recourir au médiateur européen, ainsi que le droit de s'adresser aux institutions et aux organes consultatifs de l'Union dans l'une des langues de la Constitution et de recevoir une réponse dans la même langue.

Ces droits s'exercent dans les conditions et limites définies par la Constitution et par les mesures adoptées en application de celle-ci.

Titre III

Les compétences de l'Union

Article I-11

Principes fondamentaux

1. Le principe d'attribution régit la délimitation des compétences de l'Union. Les principes de subsidiarité et de proportionnalité régissent l'exercice de ces compétences.

2. En vertu du principe d'attribution, l'Union agit dans les limites des compétences que les États membres lui ont attribuées dans la Constitution pour atteindre les objectifs qu'elle établit. Toute compétence non attribuée à l'Union dans la Constitution appartient aux États membres.

3. En vertu du principe de subsidiarité, dans les domaines qui ne relèvent pas de sa compétence exclusive, l'Union intervient seulement si, et dans la mesure où, les objectifs de l'action envisagée ne peuvent pas être atteints de manière suffisante par les États membres, tant au niveau central qu'au niveau régional et local, mais peuvent l'être mieux, en raison des dimensions ou des effets de l'action envisagée, au niveau de l'Union.

Les institutions de l'Union appliquent le principe de subsidiarité conformément au protocole sur l'application des principes de subsidiarité et de proportionnalité. Les parlements nationaux veillent au respect de ce principe conformément à la procédure prévue dans ce protocole.

4. En vertu du principe de proportionnalité, le contenu et la forme de l'action de l'Union n'excèdent pas ce qui est nécessaire pour atteindre les objectifs de la Constitution.

Les institutions de l'Union appliquent le principe de proportionnalité conformément au protocole sur l'application des principes de subsidiarité et de proportionnalité.

Article I-12

Catégories de compétences

1. Lorsque la Constitution attribue à l'Union une compétence exclusive dans un domaine déterminé, seule l'Union peut légiférer et adopter des actes juridiquement contraignants, les États membres ne pouvant le faire par eux-mêmes que s'ils sont habilités par l'Union, ou pour mettre en œuvre les actes de l'Union.

2. Lorsque la Constitution attribue à l'Union une compétence partagée avec les États membres dans un domaine déterminé, l'Union et les États membres peuvent légiférer et adopter des actes juridiquement contraignants dans ce domaine. Les États

membres exercent leur compétence dans la mesure où l'Union n'a pas exercé la sienne ou a décidé de cesser de l'exercer.

3. Les États membres coordonnent leurs politiques économiques et de l'emploi selon les modalités prévues par la partie III, pour la définition desquelles l'Union dispose d'une compétence.

4. L'Union dispose d'une compétence pour définir et mettre en œuvre une politique étrangère et de sécurité commune, y compris la définition progressive d'une politique de défense commune.

5. Dans certains domaines et dans les conditions prévues par la Constitution, l'Union dispose d'une compétence pour mener des actions pour appuyer, coordonner ou compléter l'action des États membres, sans pour autant remplacer leur compétence dans ces domaines.

Les actes juridiquement contraignants de l'Union adoptés sur la base des dispositions de la partie III relatives à ces domaines ne peuvent pas comporter d'harmonisation des dispositions législatives et réglementaires des États membres.

6. L'étendue et les modalités d'exercice des compétences de l'Union sont déterminées par les dispositions de la partie III relatives à chaque domaine.

ARTICLE I-13

Les domaines de compétence exclusive

1. L'Union dispose d'une compétence exclusive dans les domaines suivants :

a) l'union douanière ;
b) l'établissement des règles de concurrence nécessaires au fonctionnement du marché intérieur ;

c) la politique monétaire pour les États membres dont la monnaie est l'euro ;
d) la conservation des ressources biologiques de la mer dans le cadre de la politique commune de la pêche ;
e) la politique commerciale commune.

2. L'Union dispose également d'une compétence exclusive pour la conclusion d'un accord international lorsque cette conclusion est prévue dans un acte législatif de l'Union, ou est nécessaire pour lui permettre d'exercer sa compétence interne, ou dans la mesure où elle est susceptible d'affecter des règles communes ou d'en altérer la portée.

ARTICLE I-14

Les domaines de compétence partagée

1. L'Union dispose d'une compétence partagée avec les États membres lorsque la Constitution lui attribue une compétence qui ne relève pas des domaines visés aux articles I-13 et I-17.

2. Les compétences partagées entre l'Union et les États membres s'appliquent aux principaux domaines suivants :

a) le marché intérieur ;
b) la politique sociale, pour les aspects définis dans la partie III ;
c) la cohésion économique, sociale et territoriale ;
d) l'agriculture et la pêche, à l'exclusion de la conservation des ressources biologiques de la mer ;
e) l'environnement ;
f) la protection des consommateurs ;
g) les transports ;
h) les réseaux transeuropéens ;
i) l'énergie ;
j) l'espace de liberté, de sécurité et de justice ;
k) les enjeux communs de sécurité en matière de santé publique, pour les aspects définis dans la partie III.

3. Dans les domaines de la recherche, du développement technologique et de l'espace, l'Union dispose d'une compétence pour mener des actions, notamment pour définir et mettre en œuvre des programmes, sans que l'exercice de cette compétence ne puisse avoir pour effet d'empêcher les États membres d'exercer la leur.

4. Dans les domaines de la coopération au développement et de l'aide humanitaire, l'Union dispose d'une compétence pour mener des actions et une politique commune, sans que l'exercice de cette compétence ne puisse avoir pour effet d'empêcher les États membres d'exercer la leur.

Article I-15

La coordination des politiques économiques et de l'emploi

1. Les États membres coordonnent leurs politiques économiques au sein de l'Union. À cette fin, le Conseil des ministres adopte des mesures, notamment les grandes orientations de ces politiques.

Des dispositions particulières s'appliquent aux États membres dont la monnaie est l'euro.

2. L'Union prend des mesures pour assurer la coordination des politiques de l'emploi des États membres, notamment en définissant les lignes directrices de ces politiques.

3. L'Union peut prendre des initiatives pour assurer la coordination des politiques sociales des États membres.

Article I-16

La politique étrangère et de sécurité commune

1. La compétence de l'Union en matière de politique étrangère et de sécurité commune couvre tous les domaines de la

politique étrangère ainsi que l'ensemble des questions relatives à la sécurité de l'Union, y compris la définition progressive d'une politique de défense commune qui peut conduire à une défense commune.

2. Les États membres appuient activement et sans réserve la politique étrangère et de sécurité commune de l'Union dans un esprit de loyauté et de solidarité mutuelle et respectent l'action de l'Union dans ce domaine. Ils s'abstiennent de toute action contraire aux intérêts de l'Union ou susceptible de nuire à son efficacité.

Article I-17

Les domaines des actions d'appui, de coordination ou de complément

L'Union dispose d'une compétence pour mener des actions d'appui, de coordination ou de complément. Les domaines de ces actions sont, dans leur finalité européenne :

a) la protection et l'amélioration de la santé humaine ;
b) l'industrie ;
c) la culture ;
d) le tourisme ;
e) l'éducation, la jeunesse, le sport et la formation professionnelle ;
f) la protection civile ;
g) la coopération administrative.

Article I-18

Clause de flexibilité

1. Si une action de l'Union paraît nécessaire, dans le cadre des politiques définies à la partie III, pour atteindre l'un des objectifs visés par la Constitution, sans que celle-ci n'ait prévu les pouvoirs d'action requis à cet effet, le Conseil des

ministres, statuant à l'unanimité, sur proposition de la Commission européenne et après approbation du Parlement européen, adopte les mesures appropriées.

2. La Commission européenne, dans le cadre de la procédure de contrôle du principe de subsidiarité visée à l'article I-11, paragraphe 3, attire l'attention des parlements nationaux sur les propositions fondées sur le présent article.

3. Les mesures fondées sur le présent article ne peuvent pas comporter d'harmonisation des dispositions législatives et réglementaires des États membres dans les cas où la Constitution exclut une telle harmonisation.

TITRE IV

LES INSTITUTIONS ET ORGANES DE L'UNION

CHAPITRE I

LE CADRE INSTITUTIONNEL

ARTICLE I-19

Les institutions de l'Union

1. L'Union dispose d'un cadre institutionnel visant à :

— promouvoir ses valeurs,
— poursuivre ses objectifs,
— servir ses intérêts, ceux de ses citoyens, et ceux des États membres,
— assurer la cohérence, l'efficacité et la continuité de ses politiques et de ses actions.

Ce cadre institutionnel comprend :

— le Parlement européen,
— le Conseil européen,
— le Conseil des ministres (ci-après dénommé « Conseil »),
— la Commission européenne (ci-après dénommée « Commission »),
— la Cour de justice de l'Union européenne.

2. Chaque institution agit dans les limites des attributions qui lui sont conférées dans la Constitution, conformément aux procédures et conditions prévues par celle-ci. Les institutions pratiquent entre elles une coopération loyale.

ARTICLE I-20

Le Parlement européen

1. Le Parlement européen exerce, conjointement avec le Conseil, les fonctions législative et budgétaire. Il exerce des fonctions de contrôle politique et consultatives conformément aux conditions prévues par la Constitution. Il élit le président de la Commission.

2. Le Parlement européen est composé de représentants des citoyens de l'Union. Leur nombre ne dépasse pas sept cent cinquante. La représentation des citoyens est assurée de façon dégressivement proportionnelle, avec un seuil minimum de six membres par État membre. Aucun État membre ne se voit attribuer plus de quatre-vingt-seize sièges.

Le Conseil européen adopte à l'unanimité, sur initiative du Parlement européen et avec son approbation, une décision européenne fixant la composition du Parlement européen, dans le respect des principes visés au premier alinéa.

3. Les membres du Parlement européen sont élus au suffrage universel direct, libre et secret, pour un mandat de cinq ans.

4. Le Parlement européen élit parmi ses membres son président et son bureau.

Article I-21

Le Conseil européen

1. Le Conseil européen donne à l'Union les impulsions nécessaires à son développement et en définit les orientations et les priorités politiques générales. Il n'exerce pas de fonction législative.

2. Le Conseil européen est composé des chefs d'État ou de gouvernement des États membres, ainsi que de son président et du président de la Commission. Le ministre des Affaires étrangères de l'Union participe à ses travaux.

3. Le Conseil européen se réunit chaque trimestre sur convocation de son président. Lorsque l'ordre du jour l'exige, les membres du Conseil européen peuvent décider d'être assistés chacun par un ministre et, en ce qui concerne le président de la Commission, par un membre de la Commission. Lorsque la situation l'exige, le président convoque une réunion extraordinaire du Conseil européen.

4. Le Conseil européen se prononce par consensus, sauf dans les cas où la Constitution en dispose autrement.

Article I-22

Le président du Conseil européen

1. Le Conseil européen élit son président à la majorité qualifiée pour une durée de deux ans et demi, renouvelable une fois. En cas d'empêchement ou de faute grave, le Conseil européen peut mettre fin à son mandat selon la même procédure.

2. Le président du Conseil européen :

a) préside et anime les travaux du Conseil européen ;
b) assure la préparation et la continuité des travaux du Conseil européen en coopération avec le président de la Commission, et sur la base des travaux du Conseil des affaires générales ;
c) œuvre pour faciliter la cohésion et le consensus au sein du Conseil européen ;
d) présente au Parlement européen un rapport à la suite de chacune des réunions du Conseil européen.

Le président du Conseil européen assure, à son niveau et en sa qualité, la représentation extérieure de l'Union pour les matières relevant de la politique étrangère et de sécurité commune, sans préjudice des attributions du ministre des Affaires étrangères de l'Union.

3. Le président du Conseil européen ne peut pas exercer de mandat national.

Article I-23

Le Conseil des ministres

1. Le Conseil exerce, conjointement avec le Parlement européen, les fonctions législative et budgétaire. Il exerce des fonctions de définition des politiques et de coordination conformément aux conditions prévues par la Constitution.

2. Le Conseil est composé d'un représentant de chaque État membre au niveau ministériel, habilité à engager le gouvernement de l'État membre qu'il représente et à exercer le droit de vote.

3. Le Conseil statue à la majorité qualifiée, sauf dans les cas où la Constitution en dispose autrement.

Article I-24

Les formations du Conseil des ministres

1. Le Conseil siège en différentes formations.

2. Le Conseil des affaires générales assure la cohérence des travaux des différentes formations du Conseil.

Il prépare les réunions du Conseil européen et en assure le suivi en liaison avec le président du Conseil européen et la Commission.

3. Le Conseil des affaires étrangères élabore l'action extérieure de l'Union selon les lignes stratégiques fixées par le Conseil européen et assure la cohérence de l'action de l'Union.

4. Le Conseil européen adopte à la majorité qualifiée une décision européenne établissant la liste des autres formations du Conseil.

5. Un comité des représentants permanents des gouvernements des États membres est responsable de la préparation des travaux du Conseil.

6. Le Conseil siège en public lorsqu'il délibère et vote sur un projet d'acte législatif. À cet effet, chaque session du Conseil est divisée en deux parties, consacrées respectivement aux délibérations sur les actes législatifs de l'Union et aux activités non législatives.

7. La présidence des formations du Conseil, à l'exception de celle des affaires étrangères, est assurée par les représentants des États membres au Conseil selon un système de rotation égale, conformément aux conditions prévues par une décision européenne du Conseil européen. Le Conseil européen statue à la majorité qualifiée.

Article I-25

Définition de la majorité qualifiée au sein du Conseil européen et du Conseil

1. La majorité qualifiée se définit comme étant égale à au moins 55 % des membres du Conseil, comprenant au moins quinze d'entre eux et représentant des États membres réunissant au moins 65 % de la population de l'Union.

Une minorité de blocage doit inclure au moins quatre membres du Conseil, faute de quoi la majorité qualifiée est réputée acquise.

2. Par dérogation au paragraphe 1, lorsque le Conseil ne statue pas sur proposition de la Commission ou du ministre des Affaires étrangères de l'Union, la majorité qualifiée se définit comme étant égale à au moins 72 % des membres du Conseil, représentant des États membres réunissant au moins 65 % de la population de l'Union.

3. Les paragraphes 1 et 2 s'appliquent au Conseil européen lorsqu'il statue à la majorité qualifiée.

4. Au sein du Conseil européen, son président et le président de la Commission ne prennent pas part au vote.

Article I-26

La Commission européenne

1. La Commission promeut l'intérêt général de l'Union et prend les initiatives appropriées à cette fin. Elle veille à l'application de la Constitution ainsi que des mesures adoptées par les institutions en vertu de celle-ci. Elle surveille l'application du droit de l'Union sous le contrôle de la Cour de justice de l'Union européenne. Elle exécute le budget et gère les programmes. Elle exerce des fonctions de coordination, d'exécu-

tion et de gestion conformément aux conditions prévues par la Constitution. À l'exception de la politique étrangère et de sécurité commune et des autres cas prévus par la Constitution, elle assure la représentation extérieure de l'Union. Elle prend les initiatives de la programmation annuelle et pluriannuelle de l'Union pour parvenir à des accords interinstitutionnels.

2. Un acte législatif de l'Union ne peut être adopté que sur proposition de la Commission, sauf dans les cas où la Constitution en dispose autrement. Les autres actes sont adoptés sur proposition de la Commission lorsque la Constitution le prévoit.

3. Le mandat de la Commission est de cinq ans.

4. Les membres de la Commission sont choisis en raison de leur compétence générale et de leur engagement européen et parmi des personnalités offrant toutes garanties d'indépendance.

5. La première Commission nommée en application de la Constitution est composée d'un ressortissant de chaque État membre, y compris son président et le ministre des Affaires étrangères de l'Union, qui en est l'un des vice-présidents.

6. Dès la fin du mandat de la Commission visée au paragraphe 5, la Commission est composée d'un nombre de membres, y compris son président et le ministre des Affaires étrangères de l'Union, correspondant aux deux tiers du nombre d'États membres, à moins que le Conseil européen, statuant à l'unanimité, ne décide de modifier ce nombre.

Les membres de la Commission sont sélectionnés parmi les ressortissants des États membres selon un système de rotation égale entre les États membres. Ce système est établi par une décision européenne adoptée à l'unanimité par le Conseil européen et fondée sur les principes suivants :

a) les États membres sont traités sur un strict pied d'égalité pour la détermination de l'ordre de passage et du temps de présence de leurs ressortissants au sein de la Commission ; en conséquence, l'écart entre le nombre total des mandats détenus par les ressortissants de deux États membres donnés ne peut jamais être supérieur à un ;
b) sous réserve du point a), chacune des Commissions successives est constituée de manière à refléter d'une manière satisfaisante l'éventail démographique et géographique de l'ensemble des États membres.

7. La Commission exerce ses responsabilités en pleine indépendance. Sans préjudice de l'article I-28, paragraphe 2, les membres de la Commission ne sollicitent ni n'acceptent d'instructions d'aucun gouvernement, institution, organe ou organisme. Ils s'abstiennent de tout acte incompatible avec leurs fonctions ou l'exécution de leurs tâches.

8. La Commission, en tant que collège, est responsable devant le Parlement européen. Le Parlement européen peut adopter une motion de censure de la Commission conformément à l'article III-340. Si une telle motion est adoptée, les membres de la Commission doivent démissionner collectivement de leurs fonctions et le ministre des Affaires étrangères de l'Union doit démissionner des fonctions qu'il exerce au sein de la Commission.

Article I-27

Le président de la Commission européenne

1. En tenant compte des élections au Parlement européen, et après avoir procédé aux consultations appropriées, le Conseil européen, statuant à la majorité qualifiée, propose au Parlement européen un candidat à la fonction de président de la Commission. Ce candidat est élu par le Parlement européen à la majorité des membres qui le composent. Si ce candidat ne recueille pas la majorité, le Conseil européen, statuant à la

majorité qualifiée, propose, dans un délai d'un mois, un nouveau candidat, qui est élu par le Parlement européen selon la même procédure.

2. Le Conseil, d'un commun accord avec le président élu, adopte la liste des autres personnalités qu'il propose de nommer membres de la Commission. Le choix de celles-ci s'effectue, sur la base des suggestions faites par les États membres, conformément aux critères prévus à l'article I-26, paragraphe 4, et paragraphe 6, second alinéa.

Le président, le ministre des affaires étrangères de l'Union et les autres membres de la Commission sont soumis, en tant que collège, à un vote d'approbation du Parlement européen. Sur la base de cette approbation, la Commission est nommée par le Conseil européen, statuant à la majorité qualifiée.

3. Le président de la Commission :

a) définit les orientations dans le cadre desquelles la Commission exerce sa mission ;
b) décide de l'organisation interne de la Commission afin d'assurer la cohérence, l'efficacité et la collégialité de son action ;
c) nomme des vice-présidents, autres que le ministre des Affaires étrangères de l'Union, parmi les membres de la Commission.

Un membre de la Commission présente sa démission si le président le lui demande. Le ministre des Affaires étrangères de l'Union présente sa démission, conformément à la procédure prévue à l'article I-28, paragraphe 1, si le président le lui demande.

ARTICLE I-28

Le ministre des Affaires étrangères de l'Union

1. Le Conseil européen, statuant à la majorité qualifiée, avec l'accord du président de la Commission, nomme le ministre des Affaires étrangères de l'Union. Le Conseil européen peut mettre fin à son mandat selon la même procédure.

2. Le ministre des Affaires étrangères de l'Union conduit la politique étrangère et de sécurité commune de l'Union. Il contribue par ses propositions à l'élaboration de cette politique et l'exécute en tant que mandataire du Conseil. Il agit de même pour la politique de sécurité et de défense commune.

3. Le ministre des Affaires étrangères de l'Union préside le Conseil des Affaires étrangères.

4. Le ministre des Affaires étrangères de l'Union est l'un des vice-présidents de la Commission. Il veille à la cohérence de l'action extérieure de l'Union. Il est chargé, au sein de la Commission, des responsabilités qui incombent à cette dernière dans le domaine des relations extérieures et de la coordination des autres aspects de l'action extérieure de l'Union. Dans l'exercice de ces responsabilités au sein de la Commission, et pour ces seules responsabilités, le ministre des Affaires étrangères de l'Union est soumis aux procédures qui régissent le fonctionnement de la Commission, dans la mesure où cela est compatible avec les paragraphes 2 et 3.

ARTICLE I-29

La Cour de justice de l'Union européenne

1. La Cour de justice de l'Union européenne comprend la Cour de justice, le Tribunal et des tribunaux spécialisés. Elle assure le respect du droit dans l'interprétation et l'application de la Constitution.

Les États membres établissent les voies de recours nécessaires pour assurer une protection juridictionnelle effective dans les domaines couverts par le droit de l'Union.

2. La Cour de justice est composée d'un juge par État membre. Elle est assistée d'avocats généraux.

Le Tribunal compte au moins un juge par État membre.

Les juges et les avocats généraux de la Cour de justice et les juges du Tribunal sont choisis parmi des personnalités offrant toutes garanties d'indépendance et réunissant les conditions visées aux articles III-355 et III-356. Ils sont nommés d'un commun accord par les gouvernements des États membres pour six ans. Les juges et les avocats généraux sortants peuvent être nommés de nouveau.

3. La Cour de justice de l'Union européenne statue conformément à la partie III :

a) sur les recours formés par un État membre, une institution ou des personnes physiques ou morales ;
b) à titre préjudiciel, à la demande des juridictions nationales, sur l'interprétation du droit de l'Union ou sur la validité d'actes adoptés par les institutions ;
c) dans les autres cas prévus par la Constitution.

CHAPITRE II

LES AUTRES INSTITUTIONS ET LES ORGANES CONSULTATIFS DE L'UNION

ARTICLE I-30

La Banque centrale européenne

1. La Banque centrale européenne et les banques centrales nationales constituent le Système européen de banques cen-

trales. La Banque centrale européenne et les banques centrales nationales des États membres dont la monnaie est l'euro, qui constituent l'Eurosystème, conduisent la politique monétaire de l'Union.

2. Le Système européen de banques centrales est dirigé par les organes de décision de la Banque centrale européenne. L'objectif principal du Système européen de banques centrales est de maintenir la stabilité des prix. Sans préjudice de cet objectif, il apporte son soutien aux politiques économiques générales dans l'Union pour contribuer à la réalisation des objectifs de celle-ci. Il conduit toute autre mission de banque centrale conformément à la partie III et au statut du Système européen de banques centrales et de la Banque centrale européenne.

3. La Banque centrale européenne est une institution. Elle a la personnalité juridique. Elle est seule habilitée à autoriser l'émission de l'euro. Elle est indépendante dans l'exercice de ses pouvoirs et dans la gestion de ses finances. Les institutions, organes et organismes de l'Union ainsi que les gouvernements des États membres respectent cette indépendance.

4. La Banque centrale européenne adopte les mesures nécessaires à l'accomplissement de ses missions conformément aux articles III-185 à III-191 et III-196 et aux conditions prévues par le statut du Système européen de banques centrales et de la Banque centrale européenne. Conformément auxdits articles, les États membres dont la monnaie n'est pas l'euro, ainsi que leurs banques centrales, conservent leurs compétences dans le domaine monétaire.

5. Dans les domaines relevant de ses attributions, la Banque centrale européenne est consultée sur tout projet d'acte de l'Union, ainsi que sur tout projet de réglementation au niveau national, et peut soumettre des avis.

6. Les organes de décision de la Banque centrale européenne, leur composition et leurs modalités de fonctionnement sont définis aux articles III-382 et III-383, ainsi que dans le statut du Système européen de banques centrales et de la Banque centrale européenne.

Article I-31

La Cour des comptes

1. La Cour des comptes est une institution. Elle assure le contrôle des comptes de l'Union.

2. Elle examine les comptes de la totalité des recettes et des dépenses de l'Union et s'assure de la bonne gestion financière.

3. Elle est composée d'un ressortissant de chaque État membre. Ses membres exercent leurs fonctions en pleine indépendance, dans l'intérêt général de l'Union.

Article I-32

Les organes consultatifs de l'Union

1. Le Parlement européen, le Conseil et la Commission sont assistés d'un Comité des régions et d'un Comité économique et social, qui exercent des fonctions consultatives.

2. Le Comité des régions est composé de représentants des collectivités régionales et locales qui sont soit titulaires d'un mandat électoral au sein d'une collectivité régionale ou locale, soit politiquement responsables devant une assemblée élue.

3. Le Comité économique et social est composé de représentants des organisations d'employeurs, de salariés et d'autres acteurs représentatifs de la société civile, en particulier dans les domaines socio-économique, civique, professionnel et culturel.

4. Les membres du Comité des régions et du Comité économique et social ne sont liés par aucun mandat impératif. Ils exercent leurs fonctions en pleine indépendance, dans l'intérêt général de l'Union.

5. Les règles relatives à la composition de ces Comités, à la désignation de leurs membres, à leurs attributions et à leur fonctionnement sont définies aux articles III-386 à III-392.

Les règles visées aux paragraphes 2 et 3 relatives à la nature de leur composition sont revues à intervalle régulier par le Conseil pour tenir compte de l'évolution économique, sociale et démographique dans l'Union. Le Conseil, sur proposition de la Commission, adopte des décisions européennes à cet effet.

TITRE V

L'EXERCICE DES COMPÉTENCES DE L'UNION

CHAPITRE I

DISPOSITIONS COMMUNES

ARTICLE I-33

Les actes juridiques de l'Union

1. Les institutions, pour exercer les compétences de l'Union, utilisent comme instruments juridiques, conformément à la partie III, la loi européenne, la loi-cadre européenne, le règlement européen, la décision européenne, les recommandations et les avis.

La loi européenne est un acte législatif de portée générale. Elle est obligatoire dans tous ses éléments et directement applicable dans tout État membre.

La loi-cadre européenne est un acte législatif qui lie tout État membre destinataire quant au résultat à atteindre, tout en laissant aux instances nationales la compétence quant au choix de la forme et des moyens.

Le règlement européen est un acte non législatif de portée générale pour la mise en œuvre des actes législatifs et de certaines dispositions de la Constitution. Il peut soit être obligatoire dans tous ses éléments et directement applicable dans tout État membre, soit lier tout État membre destinataire quant au résultat à atteindre, tout en laissant aux instances nationales la compétence quant au choix de la forme et des moyens.

La décision européenne est un acte non législatif obligatoire dans tous ses éléments. Lorsqu'elle désigne des destinataires, elle n'est obligatoire que pour ceux-ci.

Les recommandations et les avis n'ont pas d'effet contraignant.

2. Lorsqu'ils sont saisis d'un projet d'acte législatif, le Parlement européen et le Conseil s'abstiennent d'adopter des actes non prévus par la procédure législative applicable au domaine concerné.

ARTICLE I-34

Les actes législatifs

1. Les lois et lois-cadres européennes sont adoptées, sur proposition de la Commission, conjointement par le Parlement européen et le Conseil conformément à la procédure législative ordinaire visée à l'article III-396. Si les deux institutions ne parviennent pas à un accord, l'acte en question n'est pas adopté.

2. Dans les cas spécifiques prévus par la Constitution, les lois et lois-cadres européennes sont adoptées par le Parlement

européen avec la participation du Conseil ou par celui-ci avec la participation du Parlement européen, conformément à des procédures législatives spéciales.

3. Dans les cas spécifiques prévus par la Constitution, les lois et lois-cadres européennes peuvent être adoptées sur initiative d'un groupe d'États membres ou du Parlement européen, sur recommandation de la Banque centrale européenne ou sur demande de la Cour de justice ou de la Banque européenne d'investissement.

ARTICLE I-35

Les actes non législatifs

1. Le Conseil européen adopte des décisions européennes dans les cas prévus par la Constitution.

2. Le Conseil et la Commission, notamment dans les cas prévus aux articles I-36 et I-37, ainsi que la Banque centrale européenne dans les cas spécifiques prévus par la Constitution, adoptent des règlements ou décisions européens.

3. Le Conseil adopte des recommandations. Il statue sur proposition de la Commission dans tous les cas où la Constitution prévoit qu'il adopte des actes sur proposition de la Commission. Il statue à l'unanimité dans les domaines pour lesquels l'unanimité est requise pour l'adoption d'un acte de l'Union. La Commission, ainsi que la Banque centrale européenne dans les cas spécifiques prévus par la Constitution, adoptent des recommandations.

ARTICLE I-36

Les règlements européens délégués

1. Les lois et lois-cadres européennes peuvent déléguer à la Commission le pouvoir d'adopter des règlements européens

délégués qui complètent ou modifient certains éléments non essentiels de la loi ou de la loi-cadre.

Les lois et lois-cadres européennes délimitent explicitement les objectifs, le contenu, la portée et la durée de la délégation de pouvoir. Les éléments essentiels d'un domaine sont réservés à la loi ou loi-cadre européenne et ne peuvent donc pas faire l'objet d'une délégation de pouvoir.

2. Les lois et lois-cadres européennes fixent explicitement les conditions auxquelles la délégation est soumise, qui peuvent être les suivantes :

a) le Parlement européen ou le Conseil peut décider de révoquer la délégation ;
b) le règlement européen délégué ne peut entrer en vigueur que si, dans le délai fixé par la loi ou loi-cadre européenne, le Parlement européen ou le Conseil n'exprime pas d'objections.

Aux fins des points a) et b), le Parlement européen statue à la majorité des membres qui le composent et le Conseil statue à la majorité qualifiée.

ARTICLE I-37

Les actes d'exécution

1. Les États membres prennent toutes les mesures de droit interne nécessaires pour la mise en œuvre des actes juridiquement contraignants de l'Union.

2. Lorsque des conditions uniformes d'exécution des actes juridiquement contraignants de l'Union sont nécessaires, ces actes confèrent des compétences d'exécution à la Commission ou, dans des cas spécifiques dûment justifiés et dans les cas prévus à l'article I-40, au Conseil.

3. Aux fins du paragraphe 2, la loi européenne établit au préalable les règles et principes généraux relatifs aux modalités de contrôle par les États membres de l'exercice des compétences d'exécution par la Commission.

4. Les actes d'exécution de l'Union prennent la forme de règlements européens d'exécution ou de décisions européennes d'exécution.

Article I-38

Principes communs aux actes juridiques de l'Union

1. Lorsque la Constitution ne prévoit pas le type d'acte à adopter, les institutions le choisissent au cas par cas, dans le respect des procédures applicables et du principe de proportionnalité visé à l'article I-11.

2. Les actes juridiques sont motivés et visent les propositions, initiatives, recommandations, demandes ou avis prévus par la Constitution.

Article I-39

Publication et entrée en vigueur

1. Les lois et lois-cadres européennes adoptées conformément à la procédure législative ordinaire sont signées par le président du Parlement européen et le président du Conseil.

Dans les autres cas, elles sont signées par le président de l'institution qui les a adoptées.

Les lois et lois-cadres européennes sont publiées au Journal officiel de l'Union européenne et entrent en vigueur à la date qu'elles fixent ou, à défaut, le vingtième jour suivant leur publication.

2. Les règlements européens et les décisions européennes, lorsqu'elles n'indiquent pas de destinataire, sont signés par le président de l'institution qui les a adoptés.

Les règlements européens et les décisions européennes, lorsqu'elles n'indiquent pas de destinataire, sont publiés au Journal officiel de l'Union européenne et entrent en vigueur à la date qu'ils fixent ou, à défaut, le vingtième jour suivant leur publication.

3. Les décisions européennes autres que celles visées au paragraphe 2 sont notifiées à leurs destinataires et prennent effet par cette notification.

Chapitre II

Dispositions particulières

Article I-40

Dispositions particulières relatives à la politique étrangère et de sécurité commune

1. L'Union européenne conduit une politique étrangère et de sécurité commune fondée sur un développement de la solidarité politique mutuelle des États membres, sur l'identification des questions présentant un intérêt général et sur la réalisation d'un degré toujours croissant de convergence des actions des États membres.

2. Le Conseil européen identifie les intérêts stratégiques de l'Union et fixe les objectifs de sa politique étrangère et de sécurité commune. Le Conseil élabore cette politique dans le cadre des lignes stratégiques établies par le Conseil européen et conformément à la partie III.

3. Le Conseil européen et le Conseil adoptent les décisions européennes nécessaires.

4. La politique étrangère et de sécurité commune est exécutée par le ministre des Affaires étrangères de l'Union et par les États membres, en utilisant les moyens nationaux et ceux de l'Union.

5. Les États membres se concertent au sein du Conseil européen et du Conseil sur toute question de politique étrangère et de sécurité présentant un intérêt général en vue de définir une approche commune. Avant d'entreprendre toute action sur la scène internationale ou de prendre tout engagement qui pourrait affecter les intérêts de l'Union, chaque État membre consulte les autres au sein du Conseil européen ou du Conseil. Les États membres assurent, par la convergence de leurs actions, que l'Union puisse faire valoir ses intérêts et ses valeurs sur la scène internationale. Les États membres sont solidaires entre eux.

6. En matière de politique étrangère et de sécurité commune, le Conseil européen et le Conseil adoptent des décisions européennes à l'unanimité, sauf dans les cas visés à la partie III. Ils se prononcent sur initiative d'un État membre, sur proposition du ministre des Affaires étrangères de l'Union ou sur proposition de ce ministre avec le soutien de la Commission. Les lois et lois-cadres européennes sont exclues.

7. Le Conseil européen peut, à l'unanimité, adopter une décision européenne autorisant le Conseil à statuer à la majorité qualifiée dans les cas autres que ceux visés à la partie III.

8. Le Parlement européen est consulté régulièrement sur les principaux aspects et les choix fondamentaux de la politique étrangère et de sécurité commune. Il est tenu informé de son évolution.

Article I-41

Dispositions particulières relatives à la politique de sécurité et de défense commune

1. La politique de sécurité et de défense commune fait partie intégrante de la politique étrangère et de sécurité commune. Elle assure à l'Union une capacité opérationnelle s'appuyant sur des moyens civils et militaires. L'Union peut y avoir recours dans des missions en dehors de l'Union afin d'assurer le maintien de la paix, la prévention des conflits et le renforcement de la sécurité internationale conformément aux principes de la charte des Nations unies. L'exécution de ces tâches repose sur les capacités fournies par les États membres.

2. La politique de sécurité et de défense commune inclut la définition progressive d'une politique de défense commune de l'Union. Elle conduira à une défense commune, dès lors que le Conseil européen, statuant à l'unanimité, en aura décidé ainsi. Il recommande, dans ce cas, aux États membres d'adopter une décision dans ce sens conformément à leurs règles constitutionnelles respectives.

La politique de l'Union au sens du présent article n'affecte pas le caractère spécifique de la politique de sécurité et de défense de certains États membres, elle respecte les obligations découlant du traité de l'Atlantique Nord pour certains États membres qui considèrent que leur défense commune est réalisée dans le cadre de l'Organisation du traité de l'Atlantique Nord et elle est compatible avec la politique commune de sécurité et de défense arrêtée dans ce cadre.

3. Les États membres mettent à la disposition de l'Union, pour la mise en œuvre de la politique de sécurité et de défense commune, des capacités civiles et militaires pour contribuer aux objectifs définis par le Conseil. Les États membres qui constituent entre eux des forces multinationales peuvent aussi les mettre à la disposition de la politique de sécurité et de défense commune.

Les États membres s'engagent à améliorer progressivement leurs capacités militaires. Il est institué une Agence dans le domaine du développement des capacités de défense, de la recherche, des acquisitions et de l'armement (l'Agence européenne de défense) pour identifier les besoins opérationnels, promouvoir des mesures pour les satisfaire, contribuer à identifier et, le cas échéant, mettre en œuvre toute mesure utile pour renforcer la base industrielle et technologique du secteur de la défense, participer à la définition d'une politique européenne des capacités et de l'armement, ainsi que pour assister le Conseil dans l'évaluation de l'amélioration des capacités militaires.

4. Les décisions européennes relatives à la politique de sécurité et de défense commune, y compris celles portant sur le lancement d'une mission visée au présent article, sont adoptées par le Conseil statuant à l'unanimité, sur proposition du ministre des Affaires étrangères de l'Union ou sur initiative d'un État membre. Le ministre des Affaires étrangères de l'Union peut proposer de recourir aux moyens nationaux ainsi qu'aux instruments de l'Union, le cas échéant conjointement avec la Commission.

5. Le Conseil peut confier la réalisation d'une mission, dans le cadre de l'Union, à un groupe d'États membres afin de préserver les valeurs de l'Union et de servir ses intérêts. La réalisation d'une telle mission est régie par l'article III-310.

6. Les États membres qui remplissent des critères plus élevés de capacités militaires et qui ont souscrit des engagements plus contraignants en la matière, en vue des missions les plus exigeantes, établissent une coopération structurée permanente dans le cadre de l'Union. Cette coopération est régie par l'article III-312. Elle n'affecte pas les dispositions de l'article III-309.

7. Au cas où un État membre serait l'objet d'une agression armée sur son territoire, les autres États membres lui doivent

aide et assistance par tous les moyens en leur pouvoir, conformément à l'article 51 de la charte des Nations unies. Cela n'affecte pas le caractère spécifique de la politique de sécurité et de défense de certains États membres.

Les engagements et la coopération dans ce domaine demeurent conformes aux engagements souscrits au sein de l'Organisation du traité de l'Atlantique Nord, qui reste, pour les États qui en sont membres, le fondement de leur défense collective et l'instance de sa mise en œuvre.

8. Le Parlement européen est consulté régulièrement sur les principaux aspects et les choix fondamentaux de la politique de sécurité et de défense commune. Il est tenu informé de son évolution.

Article I-42

Dispositions particulières relatives à l'espace de liberté, de sécurité et de justice

1. L'Union constitue un espace de liberté, de sécurité et de justice :

a) par l'adoption de lois et lois-cadres européennes visant, si nécessaire, à rapprocher les dispositions législatives et réglementaires des États membres dans les domaines visés à la partie III ;
b) en favorisant la confiance mutuelle entre les autorités compétentes des États membres, en particulier sur la base de la reconnaissance mutuelle des décisions judiciaires et extrajudiciaires ;
c) par une coopération opérationnelle des autorités compétentes des États membres, y compris les services de police, les services des douanes et autres services spécialisés dans le domaine de la prévention et de la détection des infractions pénales.

2. Les parlements nationaux peuvent, dans le cadre de l'espace de liberté, de sécurité et de justice, participer aux mécanismes d'évaluation prévus à l'article III-260. Ils sont associés au contrôle politique d'Europol et à l'évaluation des activités d'Eurojust, conformément aux articles III-276 et III-273.

3. Les États membres disposent d'un droit d'initiative dans le domaine de la coopération policière et judiciaire en matière pénale, conformément à l'article III-264.

Article I-43

Clause de solidarité

1. L'Union et ses États membres agissent conjointement dans un esprit de solidarité si un État membre est l'objet d'une attaque terroriste ou la victime d'une catastrophe naturelle ou d'origine humaine. L'Union mobilise tous les instruments à sa disposition, y compris les moyens militaires mis à sa disposition par les États membres, pour :

a) — prévenir la menace terroriste sur le territoire des États membres ;
— protéger les institutions démocratiques et la population civile d'une éventuelle attaque terroriste ;
— porter assistance à un État membre sur son territoire, à la demande de ses autorités politiques, dans le cas d'une attaque terroriste ;
b) porter assistance à un État membre sur son territoire, à la demande de ses autorités politiques, en cas de catastrophe naturelle ou d'origine humaine.

2. Les modalités de mise en œuvre du présent article sont prévues à l'article III-329.

Chapitre III

Les coopérations renforcées

Article I-44

Les coopérations renforcées

1. Les États membres qui souhaitent instaurer entre eux une coopération renforcée dans le cadre des compétences non exclusives de l'Union peuvent recourir aux institutions de celle-ci et exercer ces compétences en appliquant les dispositions appropriées de la Constitution, dans les limites et selon les modalités prévues au présent article, ainsi qu'aux articles III-416 à III-423.

Les coopérations renforcées visent à favoriser la réalisation des objectifs de l'Union, à préserver ses intérêts et à renforcer son processus d'intégration. Elles sont ouvertes à tout moment à tous les États membres, conformément à l'article III-418.

2. La décision européenne autorisant une coopération renforcée est adoptée par le Conseil en dernier ressort, lorsqu'il établit que les objectifs recherchés par cette coopération ne peuvent être atteints dans un délai raisonnable par l'Union dans son ensemble, et à condition qu'au moins un tiers des États membres y participent. Le Conseil statue conformément à la procédure prévue à l'article III-419.

3. Tous les membres du Conseil peuvent participer à ses délibérations, mais seuls les membres du Conseil représentant les États membres participant à une coopération renforcée prennent part au vote.

L'unanimité est constituée par les voix des seuls représentants des États membres participants.

La majorité qualifiée se définit comme étant égale à au moins 55 % des membres du Conseil représentant les États membres participants, réunissant au moins 65 % de la population de ces États.

Une minorité de blocage doit inclure au moins le nombre minimum de membres du Conseil représentant plus de 35 % de la population des États membres participants, plus un membre, faute de quoi la majorité qualifiée est réputée acquise.

Par dérogation aux troisième et quatrième alinéas, lorsque le Conseil ne statue pas sur proposition de la Commission ou du ministre des Affaires étrangères de l'Union, la majorité qualifiée requise se définit comme étant égale à au moins 72 % des membres du Conseil représentant les États membres participants, réunissant au moins 65 % de la population de ces États.

4. Les actes adoptés dans le cadre d'une coopération renforcée ne lient que les États membres participants. Ils ne sont pas considérés comme un acquis devant être accepté par les États candidats à l'adhésion à l'Union.

TITRE VI

LA VIE DÉMOCRATIQUE DE L'UNION

ARTICLE I-45

Principe d'égalité démocratique

Dans toutes ses activités, l'Union respecte le principe de l'égalité de ses citoyens, qui bénéficient d'une égale attention de ses institutions, organes et organismes.

Article I-46

Principe de la démocratie représentative

1. Le fonctionnement de l'Union est fondé sur la démocratie représentative.

2. Les citoyens sont directement représentés, au niveau de l'Union, au Parlement européen.

Les États membres sont représentés au Conseil européen par leur chef d'État ou de gouvernement et au Conseil par leurs gouvernements, eux-mêmes démocratiquement responsables, soit devant leurs parlements nationaux, soit devant leurs citoyens.

3. Tout citoyen a le droit de participer à la vie démocratique de l'Union. Les décisions sont prises aussi ouvertement et aussi près que possible des citoyens.

4. Les partis politiques au niveau européen contribuent à la formation de la conscience politique européenne et à l'expression de la volonté des citoyens de l'Union.

Article I-47

Principe de la démocratie participative

1. Les institutions donnent, par les voies appropriées, aux citoyens et aux associations représentatives la possibilité de faire connaître et d'échanger publiquement leurs opinions dans tous les domaines d'action de l'Union.

2. Les institutions entretiennent un dialogue ouvert, transparent et régulier avec les associations représentatives et la société civile.

3. En vue d'assurer la cohérence et la transparence des actions de l'Union, la Commission procède à de larges consultations des parties concernées.

4. Des citoyens de l'Union, au nombre d'un million au moins, ressortissants d'un nombre significatif d'États membres, peuvent prendre l'initiative d'inviter la Commission, dans le cadre de ses attributions, à soumettre une proposition appropriée sur des questions pour lesquelles ces citoyens considèrent qu'un acte juridique de l'Union est nécessaire aux fins de l'application de la Constitution. La loi européenne arrête les dispositions relatives aux procédures et conditions requises pour la présentation d'une telle initiative citoyenne, y compris le nombre minimum d'États membres dont les citoyens qui la présentent doivent provenir.

ARTICLE I-48

Les partenaires sociaux et le dialogue social autonome

L'Union reconnaît et promeut le rôle des partenaires sociaux à son niveau, en prenant en compte la diversité des systèmes nationaux. Elle facilite le dialogue entre eux, dans le respect de leur autonomie.

Le sommet social tripartite pour la croissance et l'emploi contribue au dialogue social.

ARTICLE I-49

Le médiateur européen

Un médiateur européen, élu par le Parlement européen, reçoit les plaintes relatives à des cas de mauvaise administration dans l'action des institutions, organes ou organismes de l'Union, dans les conditions prévues par la Constitution. Il instruit ces plaintes et fait rapport à leur sujet. Le médiateur européen exerce ses fonctions en toute indépendance.

ARTICLE I-50

Transparence des travaux des institutions, organes et organismes de l'Union

1. Afin de promouvoir une bonne gouvernance, et d'assurer la participation de la société civile, les institutions, organes et organismes de l'Union œuvrent dans le plus grand respect possible du principe d'ouverture.

2. Le Parlement européen siège en public, ainsi que le Conseil lorsqu'il délibère et vote sur un projet d'acte législatif.

3. Tout citoyen de l'Union ou toute personne physique ou morale résidant ou ayant son siège statutaire dans un État membre dispose, dans les conditions prévues par la partie III, d'un droit d'accès aux documents des institutions, organes et organismes de l'Union, quel que soit leur support.

La loi européenne fixe les principes généraux et limites qui, pour des raisons d'intérêt public ou privé, régissent l'exercice du droit d'accès à de tels documents.

4. Chaque institution, organe ou organisme arrête dans son règlement intérieur des dispositions particulières concernant l'accès à ses documents, en conformité avec la loi européenne visée au paragraphe 3.

ARTICLE I-51

Protection des données à caractère personnel

1. Toute personne a droit à la protection des données à caractère personnel la concernant.

2. La loi ou loi-cadre européenne fixe les règles relatives à la protection des personnes physiques s'agissant du traitement des données à caractère personnel par les institutions, organes

et organismes de l'Union, ainsi que par les États membres dans l'exercice d'activités qui relèvent du champ d'application du droit de l'Union, et à la libre circulation de ces données. Le respect de ces règles est soumis au contrôle d'autorités indépendantes.

ARTICLE I-52

Statut des églises et des organisations non confessionnelles

1. L'Union respecte et ne préjuge pas du statut dont bénéficient, en vertu du droit national, les églises et les associations ou communautés religieuses dans les États membres.

2. L'Union respecte également le statut dont bénéficient, en vertu du droit national, les organisations philosophiques et non confessionnelles.

3. Reconnaissant leur identité et leur contribution spécifique, l'Union maintient un dialogue ouvert, transparent et régulier avec ces églises et organisations.

TITRE VII

LES FINANCES DE L'UNION

ARTICLE I-53

Les principes budgétaires et financiers

1. Toutes les recettes et les dépenses de l'Union doivent faire l'objet de prévisions pour chaque exercice budgétaire et être inscrites au budget de l'Union, conformément à la partie III.

2. Le budget doit être équilibré en recettes et en dépenses.

3. Les dépenses inscrites au budget sont autorisées pour la durée de l'exercice budgétaire annuel en conformité avec la loi européenne visée à l'article III-412.

4. L'exécution de dépenses inscrites au budget requiert l'adoption préalable d'un acte juridiquement contraignant de l'Union qui donne un fondement juridique à son action et à l'exécution de la dépense correspondante en conformité avec la loi européenne visée à l'article III-412, sauf exceptions prévues par celle-ci.

5. En vue d'assurer la discipline budgétaire, l'Union n'adopte pas d'actes susceptibles d'avoir des incidences notables sur le budget sans donner l'assurance que les dépenses découlant de ces actes peuvent être financées dans la limite des ressources propres de l'Union et dans le respect du cadre financier pluriannuel visé à l'article I-55.

6. Le budget est exécuté conformément au principe de la bonne gestion financière. Les États membres et l'Union coopèrent pour que les crédits inscrits au budget soient utilisés conformément à ce principe.

7. L'Union et les États membres, conformément à l'article III-415, combattent la fraude et toute autre activité illégale portant atteinte aux intérêts financiers de l'Union.

Article I-54

Les ressources propres de l'Union

1. L'Union se dote des moyens nécessaires pour atteindre ses objectifs et pour mener à bien ses politiques.

2. Le budget de l'Union est intégralement financé par des ressources propres, sans préjudice des autres recettes.

3. Une loi européenne du Conseil fixe les dispositions applicables au système de ressources propres de l'Union. Il est possible, dans ce cadre, d'établir de nouvelles catégories de ressources propres ou d'abroger une catégorie existante. Le Conseil statue à l'unanimité, après consultation du Parlement

européen. Cette loi n'entre en vigueur qu'après son approbation par les États membres conformément à leurs règles constitutionnelles respectives.

4. Une loi européenne du Conseil fixe les mesures d'exécution du système de ressources propres de l'Union dans la mesure où la loi européenne adoptée sur la base du paragraphe 3 le prévoit. Le Conseil statue après approbation du Parlement européen.

ARTICLE I-55

Le cadre financier pluriannuel

1. Le cadre financier pluriannuel vise à assurer l'évolution ordonnée des dépenses de l'Union dans la limite de ses ressources propres. Il fixe les montants des plafonds annuels des crédits pour engagements par catégorie de dépenses conformément à l'article III-402.

2. Une loi européenne du Conseil fixe le cadre financier pluriannuel. Il statue à l'unanimité, après approbation du Parlement européen, qui se prononce à la majorité des membres qui le composent.

3. Le budget annuel de l'Union respecte le cadre financier pluriannuel.

4. Le Conseil européen peut, à l'unanimité, adopter une décision européenne autorisant le Conseil à statuer à la majorité qualifiée lors de l'adoption de la loi européenne du Conseil visée au paragraphe 2.

ARTICLE I-56

Le budget de l'Union

La loi européenne établit le budget annuel de l'Union conformément à l'article III-404.

TITRE VIII

L'UNION ET SON ENVIRONNEMENT PROCHE

ARTICLE I-57

L'Union et son environnement proche

1. L'Union développe avec les pays de son voisinage des relations privilégiées, en vue d'établir un espace de prospérité et de bon voisinage, fondé sur les valeurs de l'Union et caractérisé par des relations étroites et pacifiques reposant sur la coopération.

2. Aux fins du paragraphe 1, l'Union peut conclure des accords spécifiques avec les pays concernés. Ces accords peuvent comporter des droits et obligations réciproques ainsi que la possibilité de conduire des actions en commun. Leur mise en œuvre fait l'objet d'une concertation périodique.

TITRE IX

L'APPARTENANCE À L'UNION

ARTICLE I-58

Critères d'éligibilité et procédure d'adhésion à l'Union

1. L'Union est ouverte à tous les États européens qui respectent les valeurs visées à l'article I-2 et s'engagent à les promouvoir en commun.

2. Tout État européen qui souhaite devenir membre de l'Union adresse sa demande au Conseil. Le Parlement européen et les parlements nationaux sont informés de cette demande. Le Conseil statue à l'unanimité après avoir consulté la Commission et après approbation du Parlement européen, qui se prononce à la majorité des membres qui le composent.

Les conditions et les modalités de l'admission font l'objet d'un accord entre les États membres et l'État candidat. Cet accord est soumis par tous les États contractants à ratification, conformément à leurs règles constitutionnelles respectives.

ARTICLE I-59

La suspension de certains droits résultant de l'appartenance à l'Union

1. Le Conseil, sur initiative motivée d'un tiers des États membres, sur initiative motivée du Parlement européen ou sur proposition de la Commission, peut adopter une décision européenne constatant qu'il existe un risque clair de violation grave par un État membre des valeurs visées à l'article I-2. Le Conseil statue à la majorité des quatre cinquièmes de ses membres après approbation du Parlement européen.

Avant de procéder à cette constatation, le Conseil entend l'État membre en cause et peut lui adresser des recommandations, en statuant selon la même procédure.

Le Conseil vérifie régulièrement si les motifs qui ont conduit à une telle constatation restent valables.

2. Le Conseil européen, sur initiative d'un tiers des États membres ou sur proposition de la Commission, peut adopter une décision européenne constatant l'existence d'une violation grave et persistante par un État membre des valeurs énoncées à l'article I-2, après avoir invité cet État à présenter ses observations en la matière. Le Conseil européen statue à l'unanimité, après approbation du Parlement européen.

3. Lorsque la constatation visée au paragraphe 2 a été faite, le Conseil, statuant à la majorité qualifiée, peut adopter une décision européenne qui suspend certains des droits découlant de l'application de la Constitution à l'État membre en cause, y compris les droits de vote du membre du Conseil représen-

tant cet État. Le Conseil tient compte des conséquences éventuelles d'une telle suspension sur les droits et obligations des personnes physiques et morales.

En tout état de cause, cet État reste lié par les obligations qui lui incombent au titre de la Constitution.

4. Le Conseil, statuant à la majorité qualifiée, peut adopter une décision européenne modifiant ou abrogeant les mesures qu'il a adoptées au titre du paragraphe 3, pour répondre à des changements de la situation qui l'a conduit à imposer ces mesures.

5. Aux fins du présent article, le membre du Conseil européen ou du Conseil représentant l'État membre en cause ne prend pas part au vote et l'État membre en cause n'est pas pris en compte dans le calcul du tiers ou des quatre cinquièmes des États membres prévu aux paragraphes 1 et 2. L'abstention de membres présents ou représentés ne fait pas obstacle à l'adoption des décisions européennes visées au paragraphe 2.

Pour l'adoption des décisions européennes visées aux paragraphes 3 et 4, la majorité qualifiée se définit comme étant égale à au moins 72 % des membres du Conseil représentant les États membres participants, réunissant au moins 65 % de la population de ces États.

Lorsque, à la suite d'une décision de suspension des droits de vote adoptée conformément au paragraphe 3, le Conseil statue, à la majorité qualifiée, sur la base d'une des dispositions de la Constitution, cette majorité qualifiée se définit de la même manière qu'au deuxième alinéa ou, si le Conseil agit sur proposition de la Commission ou du ministre des Affaires étrangères de l'Union, comme étant égale à au moins 55 % des membres du Conseil représentant les États membres participants, réunissant au moins 65 % de la population de ces États. Dans ce dernier cas, une minorité de blocage doit inclure au moins le nombre minimum de membres du Conseil représentant plus de 35 % de la population des États membres participants, plus un membre, faute de quoi la majorité qualifiée est réputée acquise.

6. Aux fins du présent article, le Parlement européen statue à la majorité des deux tiers des suffrages exprimés, représentant la majorité des membres qui le composent.

ARTICLE I-60

Le retrait volontaire de l'Union

1. Tout État membre peut décider, conformément à ses règles constitutionnelles, de se retirer de l'Union.

2. L'État membre qui décide de se retirer notifie son intention au Conseil européen. À la lumière des orientations du Conseil européen, l'Union négocie et conclut avec cet État un accord fixant les modalités de son retrait, en tenant compte du cadre de ses relations futures avec l'Union. Cet accord est négocié conformément à l'article III-325, paragraphe 3. Il est conclu au nom de l'Union par le Conseil, statuant à la majorité qualifiée, après approbation du Parlement européen.

3. La Constitution cesse d'être applicable à l'État concerné à partir de la date d'entrée en vigueur de l'accord de retrait ou, à défaut, deux ans après la notification visée au paragraphe 2, sauf si le Conseil européen, en accord avec l'État membre concerné, décide à l'unanimité de proroger ce délai.

4. Aux fins des paragraphes 2 et 3, le membre du Conseil européen et du Conseil représentant l'État membre qui se retire ne participe ni aux délibérations ni aux décisions européennes du Conseil européen et du Conseil qui le concernent.

La majorité qualifiée se définit comme étant égale à au moins 72 % des membres du Conseil représentant les États membres participants, réunissant au moins 65 % de la population de ces États.

5. Si l'État qui s'est retiré de l'Union demande à adhérer à nouveau, sa demande est soumise à la procédure visée à l'article I-58.

Partie II

La Charte des droits fondamentaux de l'Union

Préambule

Les peuples d'Europe, en établissant entre eux une union sans cesse plus étroite, ont décidé de partager un avenir pacifique fondé sur des valeurs communes.

Consciente de son patrimoine spirituel et moral, l'Union se fonde sur les valeurs indivisibles et universelles de dignité humaine, de liberté, d'égalité et de solidarité ; elle repose sur le principe de la démocratie et le principe de l'État de droit. Elle place la personne au cœur de son action en instituant la citoyenneté de l'Union et en créant un espace de liberté, de sécurité et de justice.

L'Union contribue à la préservation et au développement de ces valeurs communes dans le respect de la diversité des cultures et des traditions des peuples d'Europe, ainsi que de l'identité nationale des États membres et de l'organisation de leurs pouvoirs publics aux niveaux national, régional et local ; elle cherche à promouvoir un développement équilibré et durable et assure la libre circulation des personnes, des services, des marchandises et des capitaux, ainsi que la liberté d'établissement.

À cette fin, il est nécessaire, en les rendant plus visibles dans une Charte, de renforcer la protection des droits fondamentaux à la lumière de l'évolution de la société, du progrès social et des développements scientifiques et technologiques.

La présente Charte réaffirme, dans le respect des compétences et des tâches de l'Union, ainsi que du principe de subsidiarité, les droits qui résultent notamment des traditions constitutionnelles et des obligations internationales communes aux États membres, de la Convention européenne de sauvegarde des droits de l'homme et des libertés fondamentales, des Chartes sociales adoptées par l'Union et par le Conseil de l'Europe, ainsi que de la jurisprudence de la Cour de justice de l'Union européenne et de la Cour européenne des droits de l'homme. Dans ce contexte, la Charte sera interprétée par les juridictions de l'Union et des États membres en prenant dûment en considération les explications établies sous l'autorité du praesidium de la Convention qui a élaboré la Charte et mises à jour sous la responsabilité du praesidium de la Convention européenne.

La jouissance de ces droits entraîne des responsabilités et des devoirs tant à l'égard d'autrui qu'à l'égard de la communauté humaine et des générations futures.

En conséquence, l'Union reconnaît les droits, les libertés et les principes énoncés ci-après.

TITRE I

DIGNITÉ

ARTICLE II-61

Dignité humaine

La dignité humaine est inviolable. Elle doit être respectée et protégée.

ARTICLE II-62

Droit à la vie

1. Toute personne a droit à la vie.

2. Nul ne peut être condamné à la peine de mort, ni exécuté.

ARTICLE II-63

Droit à l'intégrité de la personne

1. Toute personne a droit à son intégrité physique et mentale.

2. Dans le cadre de la médecine et de la biologie, doivent notamment être respectés :

a) le consentement libre et éclairé de la personne concernée, selon les modalités définies par la loi ;
b) l'interdiction des pratiques eugéniques, notamment celles qui ont pour but la sélection des personnes ;
c) l'interdiction de faire du corps humain et de ses parties, en tant que tels, une source de profit ;
d) l'interdiction du clonage reproductif des êtres humains.

ARTICLE II-64

Interdiction de la torture et des peines ou traitements inhumains ou dégradants

Nul ne peut être soumis à la torture, ni à des peines ou traitements inhumains ou dégradants.

ARTICLE II-65

Interdiction de l'esclavage et du travail forcé

1. Nul ne peut être tenu en esclavage ni en servitude.

2. Nul ne peut être astreint à accomplir un travail forcé ou obligatoire.

3. La traite des êtres humains est interdite.

TITRE II

LIBERTÉS

ARTICLE II-66

Droit à la liberté et à la sûreté

Toute personne a droit à la liberté et à la sûreté.

ARTICLE II-67

Respect de la vie privée et familiale

Toute personne a droit au respect de sa vie privée et familiale, de son domicile et de ses communications.

ARTICLE II-68

Protection des données à caractère personnel

1. Toute personne a droit à la protection des données à caractère personnel la concernant.

2. Ces données doivent être traitées loyalement, à des fins déterminées et sur la base du consentement de la personne concernée ou en vertu d'un autre fondement légitime prévu par la loi. Toute personne a le droit d'accéder aux données collectées la concernant et d'en obtenir la rectification.

3. Le respect de ces règles est soumis au contrôle d'une autorité indépendante.

ARTICLE II-69

Droit de se marier et droit de fonder une famille

Le droit de se marier et le droit de fonder une famille sont garantis selon les lois nationales qui en régissent l'exercice.

ARTICLE II-70

Liberté de pensée, de conscience et de religion

1. Toute personne a droit à la liberté de pensée, de conscience et de religion. Ce droit implique la liberté de changer de religion ou de conviction, ainsi que la liberté de manifester sa religion ou sa conviction individuellement ou collectivement, en public ou en privé, par le culte, l'enseignement, les pratiques et l'accomplissement des rites.

2. Le droit à l'objection de conscience est reconnu selon les lois nationales qui en régissent l'exercice.

ARTICLE II-71

Liberté d'expression et d'information

1. Toute personne a droit à la liberté d'expression. Ce droit comprend la liberté d'opinion et la liberté de recevoir ou de communiquer des informations ou des idées sans qu'il puisse y avoir ingérence d'autorités publiques et sans considération de frontières.

2. La liberté des médias et leur pluralisme sont respectés.

ARTICLE II-72

Liberté de réunion et d'association

1. Toute personne a droit à la liberté de réunion pacifique et à la liberté d'association à tous les niveaux, notamment dans les domaines politique, syndical et civique, ce qui implique le droit de toute personne de fonder avec d'autres des syndicats et de s'y affilier pour la défense de ses intérêts.

2. Les partis politiques au niveau de l'Union contribuent à l'expression de la volonté politique des citoyens de l'Union.

ARTICLE II-73

Liberté des arts et des sciences

Les arts et la recherche scientifique sont libres. La liberté académique est respectée.

ARTICLE II-74

Droit à l'éducation

1. Toute personne a droit à l'éducation, ainsi qu'à l'accès à la formation professionnelle et continue.

2. Ce droit comporte la faculté de suivre gratuitement l'enseignement obligatoire.

3. La liberté de créer des établissements d'enseignement dans le respect des principes démocratiques, ainsi que le droit des parents d'assurer l'éducation et l'enseignement de leurs enfants conformément à leurs convictions religieuses, philosophiques et pédagogiques, sont respectés selon les lois nationales qui en régissent l'exercice.

ARTICLE II-75

Liberté professionnelle et droit de travailler

1. Toute personne a le droit de travailler et d'exercer une profession librement choisie ou acceptée.

2. Tout citoyen de l'Union a la liberté de chercher un emploi, de travailler, de s'établir ou de fournir des services dans tout État membre.

3. Les ressortissants des pays tiers qui sont autorisés à travailler sur le territoire des États membres ont droit à des conditions de travail équivalentes à celles dont bénéficient les citoyens de l'Union.

ARTICLE II-76

Liberté d'entreprise

La liberté d'entreprise est reconnue conformément au droit de l'Union et aux législations et pratiques nationales.

ARTICLE II-77

Droit de propriété

1. Toute personne a le droit de jouir de la propriété des biens qu'elle a acquis légalement, de les utiliser, d'en disposer et de

les léguer. Nul ne peut être privé de sa propriété, si ce n'est pour cause d'utilité publique, dans des cas et conditions prévus par une loi et moyennant en temps utile une juste indemnité pour sa perte. L'usage des biens peut être réglementé par la loi dans la mesure nécessaire à l'intérêt général.

2. La propriété intellectuelle est protégée.

Article II-78

Droit d'asile

Le droit d'asile est garanti dans le respect des règles de la convention de Genève du 28 juillet 1951 et du protocole du 31 janvier 1967 relatifs au statut des réfugiés et conformément à la Constitution.

Article II-79

Protection en cas d'éloignement, d'expulsion et d'extradition

1. Les expulsions collectives sont interdites.

2. Nul ne peut être éloigné, expulsé ou extradé vers un État où il existe un risque sérieux qu'il soit soumis à la peine de mort, à la torture ou à d'autres peines ou traitements inhumains ou dégradants.

TITRE III

ÉGALITÉ

ARTICLE II-80

Égalité en droit

Toutes les personnes sont égales en droit.

ARTICLE II-81

Non-discrimination

1. Est interdite toute discrimination fondée notamment sur le sexe, la race, la couleur, les origines ethniques ou sociales, les caractéristiques génétiques, la langue, la religion ou les convictions, les opinions politiques ou toute autre opinion, l'appartenance à une minorité nationale, la fortune, la naissance, un handicap, l'âge ou l'orientation sexuelle.

2. Dans le domaine d'application de la Constitution et sans préjudice de ses dispositions particulières, toute discrimination exercée en raison de la nationalité est interdite.

ARTICLE II-82

Diversité culturelle, religieuse et linguistique

L'Union respecte la diversité culturelle, religieuse et linguistique.

ARTICLE II-83

Égalité entre femmes et hommes

L'égalité entre les femmes et les hommes doit être assurée dans tous les domaines, y compris en matière d'emploi, de travail et de rémunération.

Le principe de l'égalité n'empêche pas le maintien ou l'adoption de mesures prévoyant des avantages spécifiques en faveur du sexe sous-représenté.

Article II-84

Droits de l'enfant

1. Les enfants ont droit à la protection et aux soins nécessaires à leur bien-être. Ils peuvent exprimer leur opinion librement. Celle-ci est prise en considération pour les sujets qui les concernent, en fonction de leur âge et de leur maturité.

2. Dans tous les actes relatifs aux enfants, qu'ils soient accomplis par des autorités publiques ou des institutions privées, l'intérêt supérieur de l'enfant doit être une considération primordiale.

3. Tout enfant a le droit d'entretenir régulièrement des relations personnelles et des contacts directs avec ses deux parents, sauf si cela est contraire à son intérêt.

Article II-85

Droits des personnes âgées

L'Union reconnaît et respecte le droit des personnes âgées à mener une vie digne et indépendante et à participer à la vie sociale et culturelle.

Article II-86

Intégration des personnes handicapées

L'Union reconnaît et respecte le droit des personnes handicapées à bénéficier de mesures visant à assurer leur autonomie, leur intégration sociale et professionnelle et leur participation à la vie de la communauté.

TITRE IV

SOLIDARITÉ

ARTICLE II-87

Droit à l'information et à la consultation des travailleurs au sein de l'entreprise

Les travailleurs ou leurs représentants doivent se voir garantir, aux niveaux appropriés, une information et une consultation en temps utile, dans les cas et conditions prévus par le droit de l'Union et les législations et pratiques nationales.

ARTICLE II-88

Droit de négociation et d'actions collectives

Les travailleurs et les employeurs, ou leurs organisations respectives, ont, conformément au droit de l'Union et aux législations et pratiques nationales, le droit de négocier et de conclure des conventions collectives aux niveaux appropriés et de recourir, en cas de conflits d'intérêts, à des actions collectives pour la défense de leurs intérêts, y compris la grève.

ARTICLE II-89

Droit d'accès aux services de placement

Toute personne a le droit d'accéder à un service gratuit de placement.

ARTICLE II-90

Protection en cas de licenciement injustifié

Tout travailleur a droit à une protection contre tout licenciement injustifié, conformément au droit de l'Union et aux législations et pratiques nationales.

Article II-91

Conditions de travail justes et équitables

1. Tout travailleur a droit à des conditions de travail qui respectent sa santé, sa sécurité et sa dignité.

2. Tout travailleur a droit à une limitation de la durée maximale du travail et à des périodes de repos journalier et hebdomadaire, ainsi qu'à une période annuelle de congés payés.

Article II-92

Interdiction du travail des enfants et protection des jeunes au travail

Le travail des enfants est interdit. L'âge minimal d'admission au travail ne peut être inférieur à l'âge auquel cesse la période de scolarité obligatoire, sans préjudice des règles plus favorables aux jeunes et sauf dérogations limitées.

Les jeunes admis au travail doivent bénéficier de conditions de travail adaptées à leur âge et être protégés contre l'exploitation économique ou contre tout travail susceptible de nuire à leur sécurité, à leur santé, à leur développement physique, mental, moral ou social ou de compromettre leur éducation.

Article II-93

Vie familiale et vie professionnelle

1. La protection de la famille est assurée sur le plan juridique, économique et social.

2. Afin de pouvoir concilier vie familiale et vie professionnelle, toute personne a le droit d'être protégée contre tout licenciement pour un motif lié à la maternité, ainsi que le droit

à un congé de maternité payé et à un congé parental à la suite de la naissance ou de l'adoption d'un enfant.

ARTICLE II-94

Sécurité sociale et aide sociale

1. L'Union reconnaît et respecte le droit d'accès aux prestations de sécurité sociale et aux services sociaux assurant une protection dans des cas tels que la maternité, la maladie, les accidents du travail, la dépendance ou la vieillesse, ainsi qu'en cas de perte d'emploi, selon les règles établies par le droit de l'Union et les législations et pratiques nationales.

2. Toute personne qui réside et se déplace légalement à l'intérieur de l'Union a droit aux prestations de sécurité sociale et aux avantages sociaux, conformément au droit de l'Union et aux législations et pratiques nationales.

3. Afin de lutter contre l'exclusion sociale et la pauvreté, l'Union reconnaît et respecte le droit à une aide sociale et à une aide au logement destinées à assurer une existence digne à tous ceux qui ne disposent pas de ressources suffisantes, selon les règles établies par le droit de l'Union et les législations et pratiques nationales.

ARTICLE II-95

Protection de la santé

Toute personne a le droit d'accéder à la prévention en matière de santé et de bénéficier de soins médicaux dans les conditions établies par les législations et pratiques nationales. Un niveau élevé de protection de la santé humaine est assuré dans la définition et la mise en œuvre de toutes les politiques et actions de l'Union.

Article II-96

Accès aux services d'intérêt économique général

L'Union reconnaît et respecte l'accès aux services d'intérêt économique général tel qu'il est prévu par les législations et pratiques nationales, conformément à la Constitution, afin de promouvoir la cohésion sociale et territoriale de l'Union.

Article II-97

Protection de l'environnement

Un niveau élevé de protection de l'environnement et l'amélioration de sa qualité doivent être intégrés dans les politiques de l'Union et assurés conformément au principe du développement durable.

Article II-98

Protection des consommateurs

Un niveau élevé de protection des consommateurs est assuré dans les politiques de l'Union.

Titre V

Citoyenneté

Article II-99

Droit de vote et d'éligibilité aux élections au Parlement européen

1. Tout citoyen de l'Union a le droit de vote et d'éligibilité aux élections au Parlement européen dans l'État membre où il réside, dans les mêmes conditions que les ressortissants de cet État.

2. Les membres du Parlement européen sont élus au suffrage universel direct, libre et secret.

ARTICLE II-100

Droit de vote et d'éligibilité aux élections municipales

Tout citoyen de l'Union a le droit de vote et d'éligibilité aux élections municipales dans l'État membre où il réside, dans les mêmes conditions que les ressortissants de cet État.

ARTICLE II-101

Droit à une bonne administration

1. Toute personne a le droit de voir ses affaires traitées impartialement, équitablement et dans un délai raisonnable par les institutions, organes et organismes de l'Union.

2. Ce droit comporte notamment :

a) le droit de toute personne d'être entendue avant qu'une mesure individuelle qui l'affecterait défavorablement ne soit prise à son encontre ;
b) le droit d'accès de toute personne au dossier qui la concerne, dans le respect des intérêts légitimes de la confidentialité et du secret professionnel et des affaires ;
c) l'obligation pour l'administration de motiver ses décisions.

3. Toute personne a droit à la réparation par l'Union des dommages causés par les institutions, ou par ses agents dans l'exercice de leurs fonctions, conformément aux principes généraux communs aux droits des États membres.

4. Toute personne peut s'adresser aux institutions de l'Union dans une des langues de la Constitution et doit recevoir une réponse dans la même langue.

Article II-102

Droit d'accès aux documents

Tout citoyen de l'Union ainsi que toute personne physique ou morale résidant ou ayant son siège statutaire dans un État membre ont un droit d'accès aux documents des institutions, organes et organismes de l'Union, quel que soit leur support.

Article II-103

Médiateur européen

Tout citoyen de l'Union ainsi que toute personne physique ou morale résidant ou ayant son siège statutaire dans un État membre ont le droit de saisir le médiateur européen en cas de mauvaise administration dans l'action des institutions, organes ou organismes de l'Union, à l'exclusion de la Cour de justice de l'Union européenne dans l'exercice de ses fonctions juridictionnelles.

Article II-104

Droit de pétition

Tout citoyen de l'Union ainsi que toute personne physique ou morale résidant ou ayant son siège statutaire dans un État membre ont le droit de pétition devant le Parlement européen.

Article II-105

Liberté de circulation et de séjour

1. Tout citoyen de l'Union a le droit de circuler et de séjourner librement sur le territoire des États membres.

2. La liberté de circulation et de séjour peut être accordée, conformément à la Constitution, aux ressortissants de pays tiers résidant légalement sur le territoire d'un État membre.

ARTICLE II-106

Protection diplomatique et consulaire

Tout citoyen de l'Union bénéficie, sur le territoire d'un pays tiers où l'État membre dont il est ressortissant n'est pas représenté, de la protection des autorités diplomatiques et consulaires de tout État membre dans les mêmes conditions que les ressortissants de cet État.

TITRE VI

JUSTICE

ARTICLE II-107

Droit à un recours effectif et à accéder à un tribunal impartial

Toute personne dont les droits et libertés garantis par le droit de l'Union ont été violés a droit à un recours effectif devant un tribunal dans le respect des conditions prévues au présent article.

Toute personne a droit à ce que sa cause soit entendue équitablement, publiquement et dans un délai raisonnable par un tribunal indépendant et impartial, établi préalablement par la loi. Toute personne a la possibilité de se faire conseiller, défendre et représenter.

Une aide juridictionnelle est accordée à ceux qui ne disposent pas de ressources suffisantes, dans la mesure où cette aide serait nécessaire pour assurer l'effectivité de l'accès à la justice.

ARTICLE II-108

Présomption d'innocence et droits de la défense

1. Tout accusé est présumé innocent jusqu'à ce que sa culpabilité ait été légalement établie.

2. Le respect des droits de la défense est garanti à tout accusé.

ARTICLE II-109

Principes de légalité et de proportionnalité des délits et des peines

1. Nul ne peut être condamné pour une action ou une omission qui, au moment où elle a été commise, ne constituait pas une infraction d'après le droit national ou le droit international. De même, il n'est infligé aucune peine plus forte que celle qui était applicable au moment où l'infraction a été commise. Si, postérieurement à cette infraction, la loi prévoit une peine plus légère, celle-ci doit être appliquée.

2. Le présent article ne porte pas atteinte au jugement et à la punition d'une personne coupable d'une action ou d'une omission qui, au moment où elle a été commise, était criminelle d'après les principes généraux reconnus par l'ensemble des nations.

3. L'intensité des peines ne doit pas être disproportionnée par rapport à l'infraction.

ARTICLE II-110

Droit à ne pas être jugé ou puni pénalement deux fois pour une même infraction

Nul ne peut être poursuivi ou puni pénalement en raison d'une infraction pour laquelle il a déjà été acquitté ou condamné dans l'Union par un jugement pénal définitif conformément à la loi.

TITRE VII

DISPOSITIONS GÉNÉRALES RÉGISSANT L'INTERPRÉTATION ET L'APPLICATION DE LA CHARTE

ARTICLE II-111

Champ d'application

1. Les dispositions de la présente Charte s'adressent aux institutions, organes et organismes de l'Union dans le respect du principe de subsidiarité, ainsi qu'aux États membres uniquement lorsqu'ils mettent en œuvre le droit de l'Union. En conséquence, ils respectent les droits, observent les principes et en promeuvent l'application, conformément à leurs compétences respectives et dans le respect des limites des compétences de l'Union telles qu'elles lui sont conférées dans les autres parties de la Constitution.

2. La présente Charte n'étend pas le champ d'application du droit de l'Union au-delà des compétences de l'Union, ni ne crée aucune compétence ni aucune tâche nouvelles pour l'Union et ne modifie pas les compétences et tâches définies dans les autres parties de la Constitution.

ARTICLE II-112

Portée et interprétation des droits et des principes

1. Toute limitation de l'exercice des droits et libertés reconnus par la présente Charte doit être prévue par la loi et respecter le contenu essentiel desdits droits et libertés. Dans le respect du principe de proportionnalité, des limitations ne peuvent être apportées que si elles sont nécessaires et répondent effectivement à des objectifs d'intérêt général reconnus par

l'Union ou au besoin de protection des droits et libertés d'autrui.

2. Les droits reconnus par la présente Charte qui font l'objet de dispositions dans d'autres parties de la Constitution s'exercent dans les conditions et limites y définies.

3. Dans la mesure où la présente Charte contient des droits correspondant à des droits garantis par la Convention européenne de sauvegarde des droits de l'homme et des libertés fondamentales, leur sens et leur portée sont les mêmes que ceux que leur confère ladite convention. Cette disposition ne fait pas obstacle à ce que le droit de l'Union accorde une protection plus étendue.

4. Dans la mesure où la présente Charte reconnaît des droits fondamentaux tels qu'ils résultent des traditions constitutionnelles communes aux États membres, ces droits doivent être interprétés en harmonie avec lesdites traditions.

5. Les dispositions de la présente Charte qui contiennent des principes peuvent être mises en œuvre par des actes législatifs et exécutifs pris par les institutions, organes et organismes de l'Union, et par des actes des États membres lorsqu'ils mettent en œuvre le droit de l'Union, dans l'exercice de leurs compétences respectives. Leur invocation devant le juge n'est admise que pour l'interprétation et le contrôle de la légalité de tels actes.

6. Les législations et pratiques nationales doivent être pleinement prises en compte comme précisé dans la présente Charte.

7. Les explications élaborées en vue de guider l'interprétation de la Charte des droits fondamentaux sont dûment prises en considération par les juridictions de l'Union et des États membres.

ARTICLE II-113

Niveau de protection

Aucune disposition de la présente Charte ne doit être interprétée comme limitant ou portant atteinte aux droits de l'homme et libertés fondamentales reconnus, dans leur champ d'application respectif, par le droit de l'Union, le droit international et les conventions internationales auxquelles sont parties l'Union, ou tous les États membres, et notamment la Convention européenne de sauvegarde des droits de l'homme et des libertés fondamentales, ainsi que par les constitutions des États membres.

ARTICLE II-114

Interdiction de l'abus de droit

Aucune des dispositions de la présente Charte ne doit être interprétée comme impliquant un droit quelconque de se livrer à une activité ou d'accomplir un acte visant à la destruction des droits ou libertés reconnus dans la présente Charte ou à des limitations plus amples des droits et libertés que celles qui sont prévues par la présente Charte.

Partie III

Les politiques et le fonctionnement de l'Union

Titre I

Dispositions d'application générale

Article III-115

L'Union veille à la cohérence entre les différentes politiques et actions visées à la présente partie, en tenant compte de l'ensemble de ses objectifs et en se conformant au principe d'attribution des compétences.

Article III-116

Pour toutes les actions visées à la présente partie, l'Union cherche à éliminer les inégalités, et à promouvoir l'égalité, entre les femmes et les hommes.

Article III-117

Dans la définition et la mise en œuvre des politiques et actions visées à la présente partie, l'Union prend en compte les exigences liées à la promotion d'un niveau d'emploi élevé, à la garantie d'une protection sociale adéquate, à la lutte contre l'exclusion sociale ainsi qu'à un niveau élevé d'éducation, de formation et de protection de la santé humaine.

ARTICLE III-118

Dans la définition et la mise en œuvre des politiques et actions visées à la présente partie, l'Union cherche à combattre toute discrimination fondée sur le sexe, la race ou l'origine ethnique, la religion ou les convictions, un handicap, l'âge ou l'orientation sexuelle.

ARTICLE III-119

Les exigences de la protection de l'environnement doivent être intégrées dans la définition et la mise en œuvre des politiques et actions visées à la présente partie afin, en particulier, de promouvoir le développement durable.

ARTICLE III-120

Les exigences de la protection des consommateurs sont prises en considération dans la définition et la mise en œuvre des autres politiques et actions de l'Union.

ARTICLE III-121

Lorsqu'ils formulent et mettent en œuvre la politique de l'Union dans les domaines de l'agriculture, de la pêche, des transports, du marché intérieur, de la recherche et développement technologique et de l'espace, l'Union et les États membres tiennent pleinement compte des exigences du bien-être des animaux en tant qu'êtres sensibles, tout en respectant les dispositions législatives ou administratives et les usages des États membres, notamment en matière de rites religieux, de traditions culturelles et de patrimoines régionaux.

Article III-122

Sans préjudice des articles I-5, III-166, III-167 et III-238, et eu égard à la place qu'occupent les services d'intérêt économique général en tant que services auxquels tous dans l'Union attribuent une valeur ainsi qu'au rôle qu'ils jouent dans la promotion de sa cohésion sociale et territoriale, l'Union et les États membres, chacun dans les limites de leurs compétences respectives et dans les limites du champ d'application de la Constitution, veillent à ce que ces services fonctionnent sur la base de principes et dans des conditions, notamment économiques et financières, qui leur permettent d'accomplir leurs missions. La loi européenne établit ces principes et fixe ces conditions, sans préjudice de la compétence qu'ont les États membres, dans le respect de la Constitution, de fournir, de faire exécuter et de financer ces services.

Titre II

Non-discrimination et citoyenneté

Article III-123

La loi ou loi-cadre européenne peut régler l'interdiction des discriminations exercées en raison de la nationalité, visée à l'article I-4, paragraphe 2.

Article III-124

1. Sans préjudice des autres dispositions de la Constitution et dans les limites des compétences que celle-ci attribue à l'Union, une loi ou loi-cadre européenne du Conseil peut établir les mesures nécessaires pour combattre toute discrimination fondée sur le sexe, la race ou l'origine ethnique, la religion ou les convictions, un handicap, l'âge ou l'orientation sexuelle. Le Conseil statue à l'unanimité, après approbation du Parlement européen.

2. Par dérogation au paragraphe 1, la loi ou loi-cadre européenne peut établir les principes de base des mesures d'encouragement de l'Union et définir de telles mesures pour appuyer les actions des États membres entreprises pour contribuer à la réalisation des objectifs visés au paragraphe 1, à l'exclusion de toute harmonisation de leurs dispositions législatives et réglementaires.

ARTICLE III-125

1. Si une action de l'Union apparaît nécessaire pour faciliter l'exercice du droit, visé à l'article I-10, paragraphe 2, point a), de libre circulation et de libre séjour pour tout citoyen de l'Union, et sauf si la Constitution a prévu des pouvoirs d'action à cet effet, la loi ou loi-cadre européenne peut établir des mesures à cette fin.

2. Aux mêmes fins que celles visées au paragraphe 1, et sauf si la Constitution a prévu des pouvoirs d'action à cet effet, une loi ou loi-cadre européenne du Conseil peut établir des mesures concernant les passeports, les cartes d'identité, les titres de séjour ou tout autre document assimilé, ainsi que des mesures concernant la sécurité sociale ou la protection sociale. Le Conseil statue à l'unanimité, après consultation du Parlement européen.

ARTICLE III-126

Une loi ou loi-cadre européenne du Conseil établit les modalités d'exercice du droit, visé à l'article I-10, paragraphe 2, point b), pour tout citoyen de l'Union, de vote et d'éligibilité aux élections municipales et aux élections au Parlement européen dans l'État membre où il réside sans être ressortissant de cet État. Le Conseil statue à l'unanimité, après consultation du Parlement européen. Ces modalités peuvent prévoir des dispositions dérogatoires lorsque des problèmes propres à un État membre le justifient.

Le droit de vote et d'éligibilité aux élections au Parlement européen s'exerce sans préjudice de l'article III-330, paragraphe 1, et des mesures adoptées pour son application.

ARTICLE III-127

Les États membres prennent les dispositions nécessaires pour assurer la protection diplomatique et consulaire des citoyens de l'Union dans les pays tiers, telle que visée à l'article I-10, paragraphe 2, point c).

Les États membres engagent les négociations internationales requises pour assurer cette protection.

Une loi européenne du Conseil peut établir les mesures nécessaires pour faciliter cette protection. Le Conseil statue après consultation du Parlement européen.

ARTICLE III-128

Les langues dans lesquelles tout citoyen de l'Union a le droit de s'adresser aux institutions ou organes en vertu de l'article I-10, paragraphe 2, point d), et de recevoir une réponse, sont celles énumérées à l'article IV-448, paragraphe 1. Les institutions et organes visés à l'article I-10, paragraphe 2, point d), sont ceux énumérés à l'article I-19, paragraphe 1, second alinéa, et aux articles I-30, I-31 et I-32, ainsi que le médiateur européen.

ARTICLE III-129

La Commission fait rapport au Parlement européen, au Conseil et au Comité économique et social tous les trois ans sur l'application de l'article I-10 et du présent titre. Ce rapport tient compte du développement de l'Union.

Sur la base de ce rapport, et sans préjudice des autres dispositions de la Constitution, une loi ou loi-cadre européenne du

Conseil peut compléter les droits prévus à l'article I-10. Le Conseil statue à l'unanimité, après approbation du Parlement européen. Cette loi ou loi-cadre n'entre en vigueur qu'après son approbation par les États membres conformément à leurs règles constitutionnelles respectives.

Titre III

Politiques et actions internes

Chapitre I

Marché intérieur

Section 1

Établissement et fonctionnement du marche intérieur

Article III-130

1. L'Union adopte les mesures destinées à établir ou assurer le fonctionnement du marché intérieur, conformément aux dispositions pertinentes de la Constitution.

2. Le marché intérieur comporte un espace sans frontières intérieures dans lequel la libre circulation des personnes, des services, des marchandises et des capitaux est assurée conformément à la Constitution.

3. Le Conseil, sur proposition de la Commission, adopte les règlements ou décisions européens qui définissent les orientations et conditions nécessaires pour assurer un progrès équilibré dans l'ensemble des secteurs concernés.

4. Lors de la formulation de ses propositions pour la réalisation des objectifs visés aux paragraphes 1 et 2, la Commission tient compte de l'ampleur de l'effort que certaines économies présentant des différences de développement devront suppor-

ter pour l'établissement du marché intérieur et elle peut proposer les mesures appropriées.

Si ces mesures prennent la forme de dérogations, elles doivent avoir un caractère temporaire et apporter le moins de perturbations possible au fonctionnement du marché intérieur.

ARTICLE III-131

Les États membres se consultent en vue de prendre en commun les dispositions nécessaires pour éviter que le fonctionnement du marché intérieur ne soit affecté par les mesures qu'un État membre peut être appelé à prendre en cas de troubles intérieurs graves affectant l'ordre public, en cas de guerre ou de tension internationale grave constituant une menace de guerre, ou pour faire face aux engagements contractés par lui en vue du maintien de la paix et de la sécurité internationale.

ARTICLE III-132

Si des mesures prises dans les cas prévus aux articles III-131 et III-436 ont pour effet de fausser les conditions de la concurrence dans le marché intérieur, la Commission examine avec l'État membre intéressé les conditions dans lesquelles ces mesures peuvent être adaptées aux règles établies par la Constitution.

Par dérogation à la procédure prévue aux articles III-360 et III-361, la Commission ou tout État membre peut saisir directement la Cour de justice, si la Commission ou l'État membre estime qu'un autre État membre fait un usage abusif des pouvoirs prévus aux articles III-131 et III-436. La Cour de justice statue à huis clos.

SECTION 2

LIBRE CIRCULATION DES PERSONNES ET DES SERVICES

Sous-section 1

Travailleurs

ARTICLE III-133

1. Les travailleurs ont le droit de circuler librement à l'intérieur de l'Union.

2. Toute discrimination, fondée sur la nationalité, entre les travailleurs des États membres, en ce qui concerne l'emploi, la rémunération et les autres conditions de travail est interdite.

3. Les travailleurs ont le droit, sous réserve des limitations justifiées par des raisons d'ordre public, de sécurité publique et de santé publique :

a) de répondre à des emplois effectivement offerts ;
b) de se déplacer à cet effet librement sur le territoire des États membres ;
c) de séjourner dans un des États membres afin d'y exercer un emploi conformément aux dispositions législatives, réglementaires et administratives régissant l'emploi des travailleurs nationaux ;
d) de demeurer, dans des conditions qui font l'objet de règlements européens adoptés par la Commission, sur le territoire d'un État membre, après y avoir occupé un emploi.

4. Le présent article n'est pas applicable aux emplois dans l'administration publique.

ARTICLE III-134

La loi ou loi-cadre européenne établit les mesures nécessaires pour réaliser la libre circulation des travailleurs, telle qu'elle est définie à l'article III-133. Elle est adoptée après consultation du Comité économique et social.

La loi ou loi-cadre européenne vise notamment :

a) à assurer une collaboration étroite entre les administrations nationales du travail ;
b) à éliminer les procédures et pratiques administratives, ainsi que les délais d'accès aux emplois disponibles découlant soit de la législation interne, soit d'accords antérieurement conclus entre les États membres, dont le maintien ferait obstacle à la libéralisation des mouvements des travailleurs ;
c) à éliminer tous les délais et autres restrictions, prévus soit par les législations internes, soit par des accords antérieurement conclus entre les États membres, qui imposent aux travailleurs des autres États membres d'autres conditions qu'aux travailleurs nationaux pour le libre choix d'un emploi ;
d) à établir des mécanismes propres à mettre en contact les offres et les demandes d'emploi et à en faciliter l'équilibre dans des conditions qui écartent des risques graves pour le niveau de vie et d'emploi dans les diverses régions et industries.

ARTICLE III-135

Les États membres favorisent, dans le cadre d'un programme commun, l'échange de jeunes travailleurs.

ARTICLE III-136

1. Dans le domaine de la sécurité sociale, la loi ou loi-cadre européenne établit les mesures nécessaires pour réaliser la libre circulation des travailleurs, en instituant notamment un système permettant d'assurer aux travailleurs migrants salariés et non salariés et à leurs ayants droit :

a) la totalisation, pour l'ouverture et le maintien du droit aux prestations, ainsi que pour le calcul de celles-ci, de toutes périodes prises en considération par les différentes législations nationales ;
b) le paiement des prestations aux personnes résidant sur les territoires des États membres.

2. Lorsqu'un membre du Conseil estime qu'un projet de loi ou loi-cadre européenne visée au paragraphe 1 porterait atteinte à des aspects fondamentaux de son système de sécurité sociale, notamment pour ce qui est du champ d'application, du coût ou de la structure financière, ou en affecterait l'équilibre financier, il peut demander que le Conseil européen soit saisi. Dans ce cas, la procédure visée à l'article III-396 est suspendue. Après discussion et dans un délai de quatre mois à compter de cette suspension, le Conseil européen :

a) renvoie le projet au Conseil, ce qui met fin à la suspension de la procédure visée à l'article III-396, ou
b) demande à la Commission de présenter une nouvelle proposition ; dans ce cas, l'acte initialement proposé est réputé non adopté.

Sous-section 2

Liberté d'établissement

Article III-137

Dans le cadre de la présente sous-section, les restrictions à la liberté d'établissement des ressortissants d'un État membre sur le territoire d'un autre État membre sont interdites. Cette interdiction s'étend également aux restrictions à la création d'agences, de succursales ou de filiales, par les ressortissants d'un État membre établis sur le territoire d'un État membre.

Les ressortissants d'un État membre ont le droit, sur le territoire d'un autre État membre, d'accéder aux activités non salariées et de les exercer, ainsi que de constituer et de gérer des entreprises, et notamment des sociétés au sens de l'article III-142, deuxième alinéa, dans les conditions prévues par la législation de l'État membre d'établissement pour ses propres ressortissants, sous réserve de la section 4 relative aux capitaux et aux paiements.

ARTICLE III-138

1. La loi-cadre européenne établit les mesures pour réaliser la liberté d'établissement dans une activité déterminée. Elle est adoptée après consultation du Comité économique et social.

2. Le Parlement européen, le Conseil et la Commission exercent les fonctions qui leur sont dévolues par le paragraphe 1, notamment :

a) en traitant, en général, par priorité des activités où la liberté d'établissement constitue une contribution particulièrement utile au développement de la production et des échanges ;
b) en assurant une collaboration étroite entre les administrations nationales compétentes en vue de connaître les situations particulières, à l'intérieur de l'Union, des diverses activités intéressées ;
c) en éliminant celles des procédures et pratiques administratives découlant soit de la législation interne, soit d'accords antérieurement conclus entre les États membres, dont le maintien ferait obstacle à la liberté d'établissement ;
d) en veillant à ce que les travailleurs salariés d'un des États membres, employés sur le territoire d'un autre État membre, puissent demeurer sur ce territoire pour y entreprendre une activité non salariée lorsqu'ils satisfont aux conditions auxquelles ils devraient satisfaire s'ils venaient dans cet État au moment où ils veulent accéder à cette activité ;
e) en rendant possibles l'acquisition et l'exploitation de propriétés foncières situées sur le territoire d'un État membre par un ressortissant d'un autre État membre, dans la mesure où il n'est pas porté atteinte aux principes visés à l'article III-227, paragraphe 2 ;

f) en appliquant la suppression progressive des restrictions à la liberté d'établissement, dans chaque branche d'activité considérée, d'une part, aux conditions de création, sur le territoire d'un État membre, d'agences, de succursales ou de filiales et, d'autre part, aux conditions d'entrée du personnel du principal établissement dans les organes de gestion ou de surveillance de celles-ci ;
g) en coordonnant, dans la mesure nécessaire et en vue de les rendre équivalentes, les garanties qui sont exigées, dans les États membres, des sociétés au sens de l'article III-142, deuxième alinéa, pour protéger les intérêts tant des associés que des tiers ;
h) en s'assurant que les conditions d'établissement ne sont pas faussées par des aides accordées par les États membres.

ARTICLE III-139

La présente sous-section ne s'applique pas, en ce qui concerne l'État membre intéressé, aux activités participant dans cet État, même à titre occasionnel, à l'exercice de l'autorité publique.

La loi ou loi-cadre européenne peut exclure certaines activités de l'application des dispositions de la présente sous-section.

ARTICLE III-140

1. La présente sous-section et les mesures adoptées en vertu de celle-ci ne préjugent pas l'applicabilité des dispositions législatives, réglementaires et administratives des États membres prévoyant un régime spécial pour les ressortissants étrangers, et justifiées par des raisons d'ordre public, de sécurité publique et de santé publique.

2. La loi-cadre européenne coordonne les dispositions nationales visées au paragraphe 1.

Article III-141

1. La loi-cadre européenne facilite l'accès aux activités non salariées et leur exercice. Elle vise à :

a) la reconnaissance mutuelle des diplômes, certificats et autres titres ;
b) la coordination des dispositions législatives, réglementaires et administratives des États membres concernant l'accès aux activités non salariées et à l'exercice de celles-ci.

2. En ce qui concerne les professions médicales, paramédicales et pharmaceutiques, la suppression progressive des restrictions est subordonnée à la coordination des conditions d'exercice de ces professions dans les différents États membres.

Article III-142

Les sociétés constituées conformément à la législation d'un État membre et ayant leur siège statutaire, leur administration centrale ou leur principal établissement à l'intérieur de l'Union sont assimilées, pour l'application de la présente sous-section, aux personnes physiques ressortissantes des États membres.

Par « sociétés », on entend les sociétés de droit civil ou commercial, y compris les sociétés coopératives, et les autres personnes morales relevant du droit public ou privé, à l'exception des sociétés qui ne poursuivent pas de but lucratif.

Article III-143

Les États membres accordent le traitement national en ce qui concerne la participation financière des ressortissants des autres États membres au capital des sociétés au sens de l'article III-142, second alinéa, sans préjudice de l'application des autres dispositions de la Constitution.

Sous-section 3

Liberté de prestation de services

ARTICLE III-144

Dans le cadre de la présente sous-section, les restrictions à la libre prestation des services à l'intérieur de l'Union sont interdites à l'égard des ressortissants des États membres établis dans un État membre autre que celui du destinataire de la prestation.

La loi ou loi-cadre européenne peut étendre le bénéfice de la présente sous-section aux prestataires de services ressortissants d'un État tiers et établis à l'intérieur de l'Union.

ARTICLE III-145

Aux fins de la Constitution, sont considérées comme services les prestations fournies normalement contre rémunération, dans la mesure où elles ne sont pas régies par les dispositions relatives à la libre circulation des personnes, des marchandises et des capitaux.

Les services comprennent notamment :

a) des activités à caractère industriel ;
b) des activités à caractère commercial ;
c) des activités artisanales ;
d) les activités des professions libérales.

Sans préjudice de la sous-section 2 relative à la liberté d'établissement, le prestataire peut, pour l'exécution de sa prestation, exercer, à titre temporaire, son activité dans l'État membre où la prestation est fournie, dans les mêmes conditions que celles que cet État impose à ses propres ressortissants.

ARTICLE III-146

1. La libre circulation des services, en matière de transports, est régie par le chapitre III, section 7, relative aux transports.

2. La libéralisation des services des banques et des assurances qui sont liés à des mouvements de capitaux doit être réalisée en harmonie avec la libéralisation de la circulation des capitaux.

ARTICLE III-147

1. La loi-cadre européenne établit les mesures pour réaliser la libéralisation d'un service déterminé. Elle est adoptée après consultation du Comité économique et social.

2. La loi-cadre européenne visée au paragraphe 1 porte, en général, par priorité sur les services qui interviennent d'une façon directe dans les coûts de production ou dont la libéralisation contribue à faciliter les échanges des marchandises.

ARTICLE III-148

Les États membres s'efforcent de procéder à la libéralisation des services au-delà de la mesure qui est obligatoire en vertu de la loi-cadre européenne adoptée en application de l'article III-147, paragraphe 1, si leur situation économique générale et la situation du secteur intéressé le leur permettent.

La Commission adresse aux États membres intéressés des recommandations à cet effet.

ARTICLE III-149

Aussi longtemps que les restrictions à la libre prestation des services ne sont pas supprimées, les États membres les appliquent sans distinction de nationalité ou de résidence à tous les prestataires de services visés à l'article III-144, premier alinéa.

ARTICLE III-150

Les articles III-139 à III-142 sont applicables à la matière régie par la présente sous-section.

SECTION 3

LIBRE CIRCULATION DES MARCHANDISES

Sous-section 1

Union douanière

ARTICLE III-151

1. L'Union comprend une union douanière qui s'étend à l'ensemble des échanges de marchandises et qui comporte l'interdiction, entre les États membres, des droits de douane à l'importation et à l'exportation et de toutes taxes d'effet équivalent, ainsi que l'adoption d'un tarif douanier commun dans leurs relations avec les pays tiers.

2. Le paragraphe 4 et la sous-section 3 relative à l'interdiction de restrictions quantitatives s'appliquent aux produits qui sont originaires des États membres, ainsi qu'aux produits en provenance de pays tiers qui se trouvent en libre pratique dans les États membres.

3. Sont considérés comme étant en libre pratique dans un État membre les produits en provenance de pays tiers pour lesquels les formalités d'importation ont été accomplies et les droits de douane et taxes d'effet équivalent exigibles ont été perçus dans cet État membre, et qui n'ont pas bénéficié d'une ristourne totale ou partielle de ces droits et taxes.

4. Les droits de douane à l'importation et à l'exportation ou taxes d'effet équivalent sont interdits entre les États membres. Cette interdiction s'applique également aux droits de douane à caractère fiscal.

5. Le Conseil, sur proposition de la Commission, adopte les règlements ou décisions européens qui fixent les droits du tarif douanier commun.

6. Dans l'exercice des missions qui lui sont confiées au titre du présent article, la Commission s'inspire :

a) de la nécessité de promouvoir les échanges commerciaux entre les États membres et les pays tiers ;
b) de l'évolution des conditions de concurrence à l'intérieur de l'Union, dans la mesure où cette évolution aura pour effet d'accroître la compétitivité des entreprises ;
c) des nécessités d'approvisionnement de l'Union en matières premières et demi-produits, tout en veillant à ne pas fausser entre les États membres les conditions de concurrence en ce qui concerne les produits finis ;
d) de la nécessité d'éviter des troubles sérieux dans la vie économique des États membres et d'assurer un développement rationnel de la production et une expansion de la consommation dans l'Union.

Sous-section 2

Coopération douanière

ARTICLE III-152

Dans les limites du champ d'application de la Constitution, la loi ou loi-cadre européenne établit des mesures pour renforcer la coopération douanière entre les États membres et entre ceux-ci et la Commission.

Sous-section 3

Interdiction de restrictions quantitatives

Article III-153

Les restrictions quantitatives tant à l'importation qu'à l'exportation, ainsi que toutes mesures d'effet équivalent, sont interdites entre les États membres.

Article III-154

L'article III-153 ne fait pas obstacle aux interdictions ou restrictions d'importation, d'exportation ou de transit, justifiées par des raisons de moralité publique, d'ordre public, de sécurité publique, de protection de la santé et de la vie des personnes et des animaux ou de préservation des végétaux, de protection des trésors nationaux ayant une valeur artistique, historique ou archéologique, ou de protection de la propriété industrielle et commerciale. Toutefois, ces interdictions ou restrictions ne doivent constituer ni un moyen de discrimination arbitraire ni une restriction déguisée dans le commerce entre les États membres.

Article III-155

1. Les États membres aménagent les monopoles nationaux présentant un caractère commercial, de telle façon que soit assurée, dans les conditions d'approvisionnement et de débouchés, l'exclusion de toute discrimination entre les ressortissants des États membres.

Le présent article s'applique à tout organisme par lequel un État membre, *de jure* ou *de facto*, contrôle, dirige ou influence sensiblement, directement ou indirectement, les importations ou les exportations entre les États membres. Il s'applique également aux monopoles d'État délégués.

2. Les États membres s'abstiennent de toute mesure nouvelle contraire aux principes visés au paragraphe 1 ou qui restreint la portée des articles relatifs à l'interdiction des droits de douane et des restrictions quantitatives entre les États membres.

3. Dans le cas d'un monopole à caractère commercial comportant une réglementation destinée à faciliter l'écoulement ou la valorisation de produits agricoles, il convient d'assurer, dans l'application du présent article, des garanties équivalentes pour l'emploi et le niveau de vie des producteurs intéressés.

SECTION 4

CAPITAUX ET PAIEMENTS

ARTICLE III-156

Dans le cadre de la présente section, les restrictions tant aux mouvements de capitaux qu'aux paiements entre les États membres et entre les États membres et les pays tiers sont interdites.

ARTICLE III-157

1. L'article III-156 ne porte pas atteinte à l'application, aux pays tiers, des restrictions existant le 31 décembre 1993 en vertu du droit national ou du droit de l'Union en ce qui concerne les mouvements de capitaux à destination ou en provenance de pays tiers lorsqu'ils impliquent des investissements directs, y compris les investissements immobiliers, l'établissement, la prestation de services financiers ou l'admission de titres sur les marchés des capitaux. En ce qui concerne les restrictions existant en vertu des lois nationales en Estonie et en Hongrie, la date en question est le 31 décembre 1999.

2. La loi ou loi-cadre européenne établit les mesures relatives aux mouvements de capitaux à destination ou en provenance de pays tiers, lorsqu'ils impliquent des investissements directs, y compris les investissements immobiliers, l'établissement, la prestation de services financiers ou l'admission de titres sur les marchés des capitaux.

Le Parlement européen et le Conseil s'efforcent de réaliser l'objectif de libre circulation des capitaux entre États membres et pays tiers, dans la plus large mesure possible et sans préjudice d'autres dispositions de la Constitution.

3. Par dérogation au paragraphe 2, seule une loi ou loi-cadre européenne du Conseil peut établir des mesures qui constituent un recul dans le droit de l'Union en ce qui concerne la libéralisation des mouvements de capitaux à destination ou en provenance de pays tiers. Le Conseil statue à l'unanimité, après consultation du Parlement européen.

ARTICLE III-158

1. L'article III-156 ne porte pas atteinte au droit qu'ont les États membres :

a) d'appliquer les dispositions pertinentes de leur législation fiscale qui établissent une distinction entre les contribuables qui ne se trouvent pas dans la même situation en ce qui concerne leur résidence ou le lieu où leurs capitaux sont investis ;
b) de prendre toutes les mesures indispensables pour faire échec aux infractions à leurs dispositions législatives et réglementaires, notamment en matière fiscale ou en matière de contrôle prudentiel des établissements financiers, de prévoir des procédures de déclaration des mouvements de capitaux à des fins d'information administrative ou statistique, ou de prendre des mesures justifiées par des motifs liés à l'ordre public ou à la sécurité publique.

2. La présente section ne préjuge pas la possibilité d'appliquer des restrictions en matière de droit d'établissement qui sont compatibles avec la Constitution.

3. Les mesures et procédures visées aux paragraphes 1 et 2 ne doivent constituer ni un moyen de discrimination arbitraire ni une restriction déguisée à la libre circulation des capitaux et des paiements telle que définie à l'article III-156.

4. En l'absence d'une loi ou loi-cadre européenne prévue à l'article III-157, paragraphe 3, la Commission, ou, en l'absence d'une décision européenne de la Commission dans un délai de trois mois à compter de la demande de l'État membre concerné, le Conseil peut adopter une décision européenne disposant que les mesures fiscales restrictives prises par un État membre à l'égard d'un ou de plusieurs pays tiers sont réputées conformes à la Constitution, pour autant qu'elles soient justifiées au regard de l'un des objectifs de l'Union et compatibles avec le bon fonctionnement du marché intérieur. Le Conseil statue à l'unanimité, sur demande d'un État membre.

ARTICLE III-159

Lorsque, dans des circonstances exceptionnelles, les mouvements de capitaux en provenance ou à destination de pays tiers causent ou menacent de causer des difficultés graves pour le fonctionnement de l'union économique et monétaire, le Conseil, sur proposition de la Commission, peut adopter des règlements ou décisions européens qui instituent des mesures de sauvegarde à l'égard de pays tiers pour une période ne dépassant pas six mois, pour autant que ces mesures soient strictement nécessaires. Il statue après consultation de la Banque centrale européenne.

ARTICLE III-160

Lorsque la réalisation des objectifs visés à l'article III-257 l'exige, en ce qui concerne la prévention du terrorisme et des activités connexes, ainsi que la lutte contre ces phénomènes, la loi européenne définit un cadre de mesures administratives concernant les mouvements de capitaux et les paiements, telles que le gel des fonds, des avoirs financiers ou des bénéfices économiques qui appartiennent à des personnes physiques ou morales, à des groupes ou à des entités non étatiques, sont en leur possession ou sont détenus par eux.

Le Conseil, sur proposition de la Commission, adopte des règlements ou décisions européens afin de mettre en œuvre la loi européenne visée au premier alinéa.

Les actes visés au présent article contiennent les dispositions nécessaires en matière de garanties juridiques.

SECTION 5

RÈGLES DE CONCURRENCE

Sous-section 1

Les règles applicables aux entreprises

ARTICLE III-161

1. Sont incompatibles avec le marché intérieur et interdits tous accords entre entreprises, toutes décisions d'associations d'entreprises et toutes pratiques concertées, qui sont susceptibles d'affecter le commerce entre États membres et qui ont pour objet ou pour effet d'empêcher, de restreindre ou de fausser le jeu de la concurrence au sein du marché intérieur, et notamment ceux qui consistent à :

a) fixer de façon directe ou indirecte les prix d'achat ou de vente, ou d'autres conditions de transaction ;
b) limiter ou contrôler la production, les débouchés, le développement technique ou les investissements ;
c) répartir les marchés ou les sources d'approvisionnement ;
d) appliquer, à l'égard de partenaires commerciaux, des conditions inégales à des prestations équivalentes en leur infligeant de ce fait un désavantage dans la concurrence ;
e) subordonner la conclusion de contrats à l'acceptation, par les partenaires, de prestations supplémentaires qui, par leur nature ou selon les usages commerciaux, n'ont pas de lien avec l'objet de ces contrats.

2. Les accords ou décisions interdits en vertu du présent article sont nuls de plein droit.

3. Toutefois, le paragraphe 1 peut être déclaré inapplicable :

— à tout accord ou catégorie d'accords entre entreprises,

— à toute décision ou catégorie de décisions d'associations d'entreprises, et

— à toute pratique concertée ou catégorie de pratiques concertées

qui contribuent à améliorer la production ou la distribution des produits ou à promouvoir le progrès technique ou économique, tout en réservant aux utilisateurs une partie équitable du profit qui en résulte, et sans :

a) imposer aux entreprises intéressées des restrictions qui ne sont pas indispensables pour atteindre ces objectifs ;
b) donner à des entreprises la possibilité, pour une partie substantielle des produits en cause, d'éliminer la concurrence.

ARTICLE III-162

Est incompatible avec le marché intérieur et interdit, dans la mesure où le commerce entre États membres est susceptible d'en être affecté, le fait pour une ou plusieurs entreprises d'exploiter de façon abusive une position dominante sur le marché intérieur ou dans une partie substantielle de celui-ci.

Ces pratiques abusives peuvent notamment consister à :

a) imposer de façon directe ou indirecte des prix d'achat ou de vente, ou d'autres conditions de transaction non équitables ;
b) limiter la production, les débouchés ou le développement technique au préjudice des consommateurs ;
c) appliquer à l'égard de partenaires commerciaux des condi-

tions inégales à des prestations équivalentes en leur infligeant de ce fait un désavantage dans la concurrence ;
d) subordonner la conclusion de contrats à l'acceptation, par les partenaires, de prestations supplémentaires qui, par leur nature ou selon les usages commerciaux, n'ont pas de lien avec l'objet de ces contrats.

ARTICLE III-163

Le Conseil, sur proposition de la Commission, adopte les règlements européens pour l'application des principes fixés aux articles III-161 et III-162. Il statue après consultation du Parlement européen.

Ces règlements ont pour but notamment :

a) d'assurer le respect des interdictions visées à l'article III-161, paragraphe 1, et à l'article III-162 par l'institution d'amendes et d'astreintes ;
b) de déterminer les modalités d'application de l'article III-161, paragraphe 3, en tenant compte de la nécessité, d'une part, d'assurer une surveillance efficace et, d'autre part, de simplifier dans toute la mesure du possible le contrôle administratif ;
c) de préciser, le cas échéant, dans les diverses branches économiques, le champ d'application des articles III-161 et III-162 ;
d) de définir le rôle respectif de la Commission et de la Cour de justice de l'Union européenne dans l'application des dispositions visées au présent alinéa ;
e) de définir les rapports entre les législations des États membres, d'une part, et la présente sous-section ainsi que les règlements européens adoptés en application du présent article, d'autre part.

ARTICLE III-164

Jusqu'à l'entrée en vigueur des règlements européens adoptés en application de l'article III-163, les autorités des États membres statuent sur l'admissibilité d'ententes et sur l'exploitation abusive d'une position dominante sur le marché intérieur, en conformité avec leur droit national et l'article III-161, notamment son paragraphe 3, et l'article III-162.

ARTICLE III-165

1. Sans préjudice de l'article III-164, la Commission veille à l'application des principes fixés aux articles III-161 et III-162. Elle instruit, sur demande d'un État membre ou d'office, et en liaison avec les autorités compétentes des États membres qui lui prêtent leur assistance, les cas d'infraction présumée auxdits principes. Si elle constate qu'il y a eu infraction, elle propose les moyens propres à y mettre fin.

2. S'il n'est pas mis fin aux infractions visées au paragraphe 1, la Commission adopte une décision européenne motivée constatant l'infraction aux principes. Elle peut publier sa décision et autoriser les États membres à prendre les mesures nécessaires, dont elle définit les conditions et les modalités, pour remédier à la situation.

3. La Commission peut adopter des règlements européens concernant les catégories d'accords à l'égard desquelles le Conseil a adopté un règlement européen conformément à l'article III-163, second alinéa, point b).

ARTICLE III-166

1. Les États membres, en ce qui concerne les entreprises publiques et les entreprises auxquelles ils accordent des droits spéciaux ou exclusifs, n'édictent ni ne maintiennent aucune mesure contraire à la Constitution, notamment à l'article I-4, paragraphe 2, et aux articles III-161 à III-169.

2. Les entreprises chargées de la gestion de services d'intérêt économique général ou présentant le caractère d'un monopole fiscal sont soumises aux dispositions de la Constitution, notamment aux règles de concurrence, dans la mesure où l'application de ces dispositions ne fait pas échec à l'accomplissement en droit ou en fait de la mission particulière qui leur a été impartie. Le développement des échanges ne doit pas être affecté dans une mesure contraire à l'intérêt de l'Union.

3. La Commission veille à l'application du présent article et adopte, en tant que de besoin, les règlements ou décisions européens appropriés.

Sous-section 2

Les aides accordées par les États membres

Article III-167

1. Sauf dérogations prévues par la Constitution, sont incompatibles avec le marché intérieur, dans la mesure où elles affectent les échanges entre États membres, les aides accordées par les États membres ou au moyen de ressources d'État sous quelque forme que ce soit qui faussent ou qui menacent de fausser la concurrence en favorisant certaines entreprises ou certaines productions.

2. Sont compatibles avec le marché intérieur :

a) les aides à caractère social octroyées aux consommateurs individuels, à condition qu'elles soient accordées sans discrimination liée à l'origine des produits ;
b) les aides destinées à remédier aux dommages causés par les calamités naturelles ou par d'autres événements extraordinaires ;
c) les aides octroyées à l'économie de certaines régions de la République fédérale d'Allemagne affectées par la division de l'Allemagne, dans la mesure où elles sont nécessaires pour

compenser les désavantages économiques causés par cette division. Cinq ans après l'entrée en vigueur du traité établissant une Constitution pour l'Europe, le Conseil, sur proposition de la Commission, peut adopter une décision européenne abrogeant le présent point.

3. Peuvent être considérées comme compatibles avec le marché intérieur :

a) les aides destinées à favoriser le développement économique de régions dans lesquelles le niveau de vie est anormalement bas ou dans lesquelles sévit un grave sous-emploi, ainsi que celui des régions visées à l'article III-424, compte tenu de leur situation structurelle, économique et sociale ;
b) les aides destinées à promouvoir la réalisation d'un projet important d'intérêt européen commun ou à remédier à une perturbation grave de l'économie d'un État membre ;
c) les aides destinées à faciliter le développement de certaines activités ou de certaines régions économiques, quand elles n'altèrent pas les conditions des échanges dans une mesure contraire à l'intérêt commun ;
d) les aides destinées à promouvoir la culture et la conservation du patrimoine, quand elles n'altèrent pas les conditions des échanges et de la concurrence dans l'Union dans une mesure contraire à l'intérêt commun ;
e) les autres catégories d'aides déterminées par des règlements ou décisions européens adoptés par le Conseil sur proposition de la Commission.

ARTICLE III-168

1. La Commission procède avec les États membres à l'examen permanent des régimes d'aides existant dans ces États. Elle leur propose les mesures utiles exigées par le développement progressif ou le fonctionnement du marché intérieur.

2. Si, après avoir mis les intéressés en demeure de présenter leurs observations, la Commission constate qu'une aide accor-

dée par un État membre ou au moyen de ressources d'État n'est pas compatible avec le marché intérieur aux termes de l'article III-167, ou que cette aide est appliquée de façon abusive, elle adopte une décision européenne visant à ce que l'État membre intéressé la supprime ou la modifie dans le délai qu'elle détermine.

Si l'État membre en cause ne se conforme pas à cette décision européenne dans le délai imparti, la Commission ou tout autre État membre intéressé peut saisir directement la Cour de justice de l'Union européenne, par dérogation aux articles III-360 et III-361.

Sur demande d'un État membre, le Conseil peut adopter à l'unanimité une décision européenne selon laquelle une aide, instituée ou à instituer par cet État, doit être considérée comme compatible avec le marché intérieur, par dérogation à l'article III-167 ou aux règlements européens prévus à l'article III-169, si des circonstances exceptionnelles justifient une telle décision. Si, à l'égard de cette aide, la Commission a ouvert la procédure prévue au présent paragraphe, premier alinéa, la demande de l'État membre intéressé adressée au Conseil a pour effet de suspendre ladite procédure jusqu'à la prise de position du Conseil.

Toutefois, si le Conseil n'a pas pris position dans un délai de trois mois à compter de la demande, la Commission statue.

3. La Commission est informée par les États membres, en temps utile pour présenter ses observations, des projets tendant à instituer ou à modifier des aides. Si elle estime qu'un projet n'est pas compatible avec le marché intérieur, aux termes de l'article III-167, elle ouvre sans délai la procédure prévue au paragraphe 2 du présent article. L'État membre intéressé ne peut mettre à exécution les mesures projetées avant que cette procédure n'ait abouti à une décision finale.

4. La Commission peut adopter des règlements européens concernant les catégories d'aides d'État que le Conseil a déterminées, conformément à l'article III-169, comme pouvant être dispensées de la procédure prévue au paragraphe 3 du présent article.

Article III-169

Le Conseil, sur proposition de la Commission, peut adopter des règlements européens pour l'application des articles III-167 et III-168 et pour fixer notamment les conditions d'application de l'article III-168, paragraphe 3, et les catégories d'aides qui sont dispensées de la procédure prévue audit paragraphe. Il statue après consultation du Parlement européen.

Section 6

Dispositions fiscales

Article III-170

1. Aucun État membre ne frappe directement ou indirectement les produits des autres États membres d'impositions intérieures, de quelque nature qu'elles soient, supérieures à celles qui frappent directement ou indirectement les produits nationaux similaires.

En outre, aucun État membre ne frappe les produits des autres États membres d'impositions intérieures de nature à protéger indirectement d'autres productions.

2. Les produits exportés d'un État membre vers le territoire d'un autre État membre ne peuvent bénéficier d'aucune ristourne d'impositions intérieures supérieure aux impositions dont ils ont été frappés directement ou indirectement.

3. En ce qui concerne les impositions autres que les taxes sur le chiffre d'affaires, les droits d'accises et les autres impôts

indirects, des exonérations et des remboursements à l'exportation vers les autres États membres ne peuvent être opérés, et des taxes de compensation à l'importation en provenance des États membres ne peuvent être établies, que pour autant que les dispositions envisagées ont été préalablement approuvées pour une période limitée par une décision européenne adoptée par le Conseil sur proposition de la Commission.

ARTICLE III-171

Une loi ou loi-cadre européenne du Conseil établit les mesures concernant l'harmonisation des législations relatives aux taxes sur le chiffre d'affaires, aux droits d'accises et autres impôts indirects, pour autant que cette harmonisation soit nécessaire pour assurer l'établissement ou le fonctionnement du marché intérieur et éviter les distorsions de concurrence. Le Conseil statue à l'unanimité, après consultation du Parlement européen et du Comité économique et social.

SECTION 7

DISPOSITIONS COMMUNES

ARTICLE III-172

1. Sauf si la Constitution en dispose autrement, le présent article s'applique pour la réalisation des objectifs visés à l'article III-130. La loi ou loi-cadre européenne établit les mesures relatives au rapprochement des dispositions législatives, réglementaires et administratives des États membres qui ont pour objet l'établissement ou le fonctionnement du marché intérieur. Elle est adoptée après consultation du Comité économique et social.

2. Le paragraphe 1 ne s'applique pas aux dispositions fiscales, aux dispositions relatives à la libre circulation des personnes et à celles relatives aux droits et intérêts des travailleurs salariés.

3. La Commission, dans ses propositions présentées au titre du paragraphe 1 en matière de santé, de sécurité, de protection de l'environnement et de protection des consommateurs, prend pour base un niveau de protection élevé en tenant compte notamment de toute nouvelle évolution fondée sur des faits scientifiques. Dans le cadre de leurs attributions respectives, le Parlement européen et le Conseil s'efforcent également d'atteindre cet objectif.

4. Si, après l'adoption d'une mesure d'harmonisation par une loi ou loi-cadre européenne, ou par un règlement européen de la Commission, un État membre estime nécessaire de maintenir des dispositions nationales justifiées par des exigences importantes visées à l'article III-154 ou relatives à la protection de l'environnement ou du milieu de travail, il les notifie à la Commission, en indiquant les raisons de leur maintien.

5. En outre, sans préjudice du paragraphe 4, si, après l'adoption d'une mesure d'harmonisation par une loi ou loi-cadre européennes ou un règlement européen de la Commission, un État membre estime nécessaire d'introduire des dispositions nationales fondées sur des preuves scientifiques nouvelles relatives à la protection de l'environnement ou du milieu de travail en raison d'un problème spécifique de cet État membre, qui surgit après l'adoption de la mesure d'harmonisation, il notifie à la Commission les dispositions envisagées ainsi que leur motivation.

6. Dans un délai de six mois après les notifications visées aux paragraphes 4 et 5, la Commission adopte une décision européenne approuvant ou rejetant les dispositions nationales en cause après avoir vérifié si elles sont ou non un moyen de discrimination arbitraire ou une restriction déguisée dans le commerce entre États membres et si elles constituent ou non une entrave au fonctionnement du marché intérieur.

En l'absence de décision de la Commission dans ce délai, les dispositions nationales visées aux paragraphes 4 et 5 sont réputées approuvées.

Lorsque cela est justifié par la complexité de la question et en l'absence de danger pour la santé humaine, la Commission peut notifier à l'État membre en question que la période visée au présent paragraphe est prorogée d'une nouvelle période pouvant aller jusqu'à six mois.

7. Lorsque, en application du paragraphe 6, un État membre est autorisé à maintenir ou à introduire des dispositions nationales dérogeant à une mesure d'harmonisation, la Commission examine immédiatement s'il est opportun de proposer une adaptation de cette mesure.

8. Lorsqu'un État membre soulève un problème particulier de santé publique dans un domaine qui a fait préalablement l'objet de mesures d'harmonisation, il en informe la Commission, qui examine immédiatement s'il y a lieu de proposer des mesures appropriées.

9. Par dérogation à la procédure prévue aux articles III-360 et III-361, la Commission et tout État membre peuvent saisir directement la Cour de justice de l'Union européenne s'ils estiment qu'un autre État membre fait un usage abusif des pouvoirs prévus par le présent article.

10. Les mesures d'harmonisation visées au présent article comportent, dans les cas appropriés, une clause de sauvegarde autorisant les États membres à prendre, pour une ou plusieurs des raisons non économiques visées à l'article III-154, des mesures provisoires soumises à une procédure de contrôle par l'Union.

ARTICLE III-173

Sans préjudice de l'article III-172, une loi-cadre européenne du Conseil établit les mesures pour le rapprochement des dispositions législatives, réglementaires et administratives des États membres qui ont une incidence directe sur l'établissement ou le fonctionnement du marché intérieur. Le Conseil statue à l'unanimité, après consultation du Parlement européen et du Comité économique et social.

Article III-174

Au cas où la Commission constate qu'une disparité entre les dispositions législatives, réglementaires ou administratives des États membres fausse les conditions de concurrence sur le marché intérieur et provoque une distorsion qui doit être éliminée, elle consulte les États membres intéressés.

Si cette consultation n'aboutit pas à un accord, la loi-cadre européenne établit les mesures nécessaires pour éliminer la distorsion en cause. Toutes autres mesures utiles prévues par la Constitution peuvent être adoptées.

Article III-175

1. Lorsqu'il y a lieu de craindre que l'adoption ou la modification d'une disposition législative, réglementaire ou administrative d'un État membre ne provoque une distorsion au sens de l'article III-174, l'État membre qui veut y procéder consulte la Commission. Après avoir consulté les États membres, la Commission adresse aux États membres intéressés une recommandation sur les mesures appropriées pour éviter la distorsion en cause.

2. Si l'État membre qui veut établir ou modifier des dispositions nationales ne se conforme pas à la recommandation que la Commission lui a adressée, il ne pourra être demandé aux autres États membres, en application de l'article III-174, de modifier leurs dispositions nationales en vue d'éliminer cette distorsion. Si l'État membre qui a passé outre à la recommandation de la Commission provoque une distorsion à son seul détriment, l'article III-174 n'est pas applicable.

Article III-176

Dans le cadre de l'établissement ou du fonctionnement du marché intérieur, la loi ou loi-cadre européenne établit les mesures relatives à la création de titres européens pour assurer une protection uniforme des droits de propriété intellectuelle dans l'Union, et à la mise en place de régimes d'autorisation, de coordination et de contrôle centralisés au niveau de l'Union.

Une loi européenne du Conseil établit les régimes linguistiques des titres européens. Le Conseil statue à l'unanimité, après consultation du Parlement européen.

Chapitre II

Politique économique et monétaire

Article III-177

Aux fins de l'article I-3, l'action des États membres et de l'Union comporte, dans les conditions prévues par la Constitution, l'instauration d'une politique économique fondée sur l'étroite coordination des politiques économiques des États membres, le marché intérieur et la définition d'objectifs communs, et conduite conformément au respect du principe d'une économie de marché ouverte où la concurrence est libre.

Parallèlement, dans les conditions et selon les procédures prévues par la Constitution, cette action comporte une monnaie unique, l'euro, ainsi que la définition et la conduite d'une politique monétaire et d'une politique de change uniques dont l'objectif principal est de maintenir la stabilité des prix et, sans préjudice de cet objectif, de soutenir les politiques économiques générales dans l'Union, conformément au principe d'une économie de marché ouverte où la concurrence est libre.

Cette action des États membres et de l'Union implique le respect des principes directeurs suivants : prix stables, finances publiques et conditions monétaires saines et balance des paiements stable.

SECTION 1

LA POLITIQUE ÉCONOMIQUE

ARTICLE III-178

Les États membres conduisent leurs politiques économiques pour contribuer à la réalisation des objectifs de l'Union, tels que définis à l'article I-3, et dans le contexte des grandes orientations visées à l'article III-179, paragraphe 2. Les États membres et l'Union agissent dans le respect du principe d'une économie de marché ouverte où la concurrence est libre, favorisant une allocation efficace des ressources, conformément aux principes prévus à l'article III-177.

ARTICLE III-179

1. Les États membres considèrent leurs politiques économiques comme une question d'intérêt commun et les coordonnent au sein du Conseil, conformément à l'article III-178.

2. Le Conseil, sur recommandation de la Commission, élabore un projet pour les grandes orientations des politiques économiques des États membres et de l'Union et en fait rapport au Conseil européen.

Le Conseil européen, sur la base du rapport du Conseil, débat d'une conclusion sur les grandes orientations des politiques économiques des États membres et de l'Union. Le Conseil, sur la base de cette conclusion, adopte une recommandation fixant ces grandes orientations. Il en informe le Parlement européen.

3. Afin d'assurer une coordination plus étroite des politiques économiques et une convergence soutenue des performances économiques des États membres, le Conseil, sur la base de rapports présentés par la Commission, surveille l'évolution économique dans chacun des États membres et dans l'Union, ainsi que la conformité des politiques économiques avec les grandes orientations visées au paragraphe 2, et procède régulièrement à une évaluation d'ensemble.

Pour les besoins de cette surveillance multilatérale, les États membres transmettent à la Commission des informations sur les mesures importantes qu'ils ont prises dans le domaine de leur politique économique et toute autre information qu'ils jugent nécessaire.

4. Lorsqu'il est constaté, dans le cadre de la procédure visée au paragraphe 3, que les politiques économiques d'un État membre ne sont pas conformes aux grandes orientations visées au paragraphe 2 ou qu'elles risquent de compromettre le bon fonctionnement de l'union économique et monétaire, la Commission peut adresser un avertissement à l'État membre concerné. Le Conseil, sur recommandation de la Commission, peut adresser les recommandations nécessaires à l'État membre concerné. Le Conseil peut décider, sur proposition de la Commission, de rendre publiques ses recommandations.

Dans le cadre du présent paragraphe, le Conseil statue sans tenir compte du vote du membre du Conseil représentant l'État membre concerné.

La majorité qualifiée se définit comme étant égale à au moins 55 % des autres membres du Conseil, représentant des États membres réunissant au moins 65 % de la population des États membres participants.

Une minorité de blocage doit inclure au moins le nombre minimum de ces autres membres du Conseil représentant plus de 35 % de la population des États membres participants, plus un membre, faute de quoi la majorité qualifiée est réputée acquise.

5. Le président du Conseil et la Commission font rapport au Parlement européen sur les résultats de la surveillance multilatérale. Le président du Conseil peut être invité à se présenter devant la commission compétente du Parlement européen si le Conseil a rendu publiques ses recommandations.

6. La loi européenne peut établir les modalités de la procédure de surveillance multilatérale visée aux paragraphes 3 et 4.

Article III-180

1. Sans préjudice des autres procédures prévues par la Constitution, le Conseil, sur proposition de la Commission, peut adopter une décision européenne établissant des mesures appropriées à la situation économique, notamment si de graves difficultés surviennent dans l'approvisionnement en certains produits.

2. Lorsqu'un État membre connaît des difficultés ou une menace sérieuse de graves difficultés, en raison de catastrophes naturelles ou d'événements exceptionnels échappant à son contrôle, le Conseil, sur proposition de la Commission, peut adopter une décision européenne accordant, sous certaines conditions, une assistance financière de l'Union à l'État membre concerné. Le président du Conseil en informe le Parlement européen.

Article III-181

1. Il est interdit à la Banque centrale européenne et aux banques centrales des États membres, ci-après dénommées « banques centrales nationales », d'accorder des découverts ou tout autre type de crédit aux institutions, organes ou organismes de l'Union, aux administrations centrales, aux autorités régionales ou locales, aux autres autorités publiques, aux

autres organismes ou entreprises publics des États membres. L'acquisition directe, auprès d'eux, par la Banque centrale européenne ou les banques centrales nationales, des instruments de leur dette est également interdite.

2. Le paragraphe 1 ne s'applique pas aux établissements publics de crédit qui, dans le cadre de la mise à disposition de liquidités par les banques centrales, bénéficient, de la part des banques centrales nationales et de la Banque centrale européenne, du même traitement que les établissements privés de crédit.

ARTICLE III-182

Sont interdites toutes mesures et dispositions, ne reposant pas sur des considérations d'ordre prudentiel, qui établissent un accès privilégié des institutions, organes ou organismes de l'Union, des administrations centrales, des autorités régionales ou locales, des autres autorités publiques ou d'autres organismes ou entreprises publics des États membres aux institutions financières.

ARTICLE III-183

1. L'Union ne répond pas des engagements des administrations centrales, des autorités régionales ou locales, des autres autorités publiques ou d'autres organismes ou entreprises publics d'un État membre, ni ne les prend à sa charge, sans préjudice des garanties financières mutuelles pour la réalisation en commun d'un projet spécifique. Un État membre ne répond pas des engagements des administrations centrales, des autorités régionales ou locales, des autres autorités publiques ou d'autres organismes ou entreprises publics d'un autre État membre, ni ne les prend à sa charge, sans préjudice des garanties financières mutuelles pour la réalisation en commun d'un projet spécifique.

2. Le Conseil, sur proposition de la Commission, peut adopter les règlements ou décisions européens qui précisent les définitions pour l'application des interdictions prévues aux articles III-181 et III-182 ainsi qu'au présent article. Il statue après consultation du Parlement européen.

Article III-184

1. Les États membres évitent les déficits publics excessifs.

2. La Commission surveille l'évolution de la situation budgétaire et du montant de la dette publique dans les États membres pour déceler les erreurs manifestes. Elle examine notamment si la discipline budgétaire a été respectée, et ce sur la base des deux critères suivants :

a) si le rapport entre le déficit public prévu ou effectif et le produit intérieur brut dépasse une valeur de référence, à moins :

i) que le rapport n'ait diminué de manière substantielle et constante et atteint un niveau proche de la valeur de référence, ou

ii) que le dépassement de la valeur de référence ne soit qu'exceptionnel et temporaire, et que ledit rapport ne reste proche de la valeur de référence ;

b) si le rapport entre la dette publique et le produit intérieur brut dépasse une valeur de référence, à moins que ce rapport ne diminue suffisamment et ne s'approche de la valeur de référence à un rythme satisfaisant.

Les valeurs de référence sont précisées dans le protocole sur la procédure concernant les déficits excessifs.

3. Si un État membre ne satisfait pas aux exigences de ces critères ou de l'un d'eux, la Commission élabore un rapport. Le rapport de la Commission examine également si le déficit public excède les dépenses publiques d'investissement et tient compte de tous les autres facteurs pertinents, y compris la

position économique et budgétaire à moyen terme de l'État membre.

La Commission peut également élaborer un rapport si, en dépit du respect des exigences découlant des critères, elle estime qu'il y a un risque de déficit excessif dans un État membre.

4. Le comité économique et financier institué conformément à l'article III-192 rend un avis sur le rapport de la Commission.

5. Si la Commission estime qu'il y a un déficit excessif dans un État membre ou qu'un tel déficit risque de se produire, elle adresse un avis à l'État membre concerné et elle en informe le Conseil.

6. Le Conseil, sur proposition de la Commission, compte tenu des observations éventuelles de l'État membre concerné et après une évaluation globale, décide s'il y a un déficit excessif. Dans ce cas, il adopte, sans délai injustifié, sur recommandation de la Commission, les recommandations qu'il adresse à l'État membre concerné afin que celui-ci mette un terme à cette situation dans un délai donné. Sous réserve du paragraphe 8, ces recommandations ne sont pas rendues publiques.

Dans le cadre du présent paragraphe, le Conseil statue sans tenir compte du vote du membre du Conseil représentant l'État membre concerné.

La majorité qualifiée se définit comme étant égale à au moins 55 % des autres membres du Conseil, représentant des États membres réunissant au moins 65 % de la population des États membres participants.

Une minorité de blocage doit inclure au moins le nombre minimum de ces autres membres du Conseil représentant plus de 35 % de la population des États membres participants, plus un membre, faute de quoi la majorité qualifiée est réputée acquise.

7. Le Conseil, sur recommandation de la Commission, adopte les décisions européennes et recommandations visées aux paragraphes 8 à 11.

Il statue sans tenir compte du vote du membre du Conseil représentant l'État membre concerné.

La majorité qualifiée se définit comme étant égale à au moins 55 % des autres membres du Conseil, représentant des États membres réunissant au moins 65 % de la population des États membres participants.

Une minorité de blocage doit inclure au moins le nombre minimum de ces autres membres du Conseil représentant plus de 35 % de la population des États membres participants, plus un membre, faute de quoi la majorité qualifiée est réputée acquise.

8. Lorsque le Conseil adopte une décision européenne constatant qu'aucune action suivie d'effets n'a été prise en réponse à ses recommandations dans le délai prescrit, il peut rendre publiques ses recommandations.

9. Si un État membre persiste à ne pas donner suite aux recommandations du Conseil, celui-ci peut adopter une décision européenne mettant l'État membre concerné en demeure de prendre, dans un délai déterminé, des mesures visant à la réduction du déficit jugée nécessaire par le Conseil pour remédier à la situation.

En pareil cas, le Conseil peut demander à l'État membre concerné de présenter des rapports selon un calendrier précis, afin de pouvoir examiner les efforts d'ajustement consentis par cet État membre.

10. Aussi longtemps qu'un État membre ne se conforme pas à une décision européenne adoptée en vertu du paragraphe 9, le Conseil peut décider d'appliquer ou, le cas échéant, de renforcer une ou plusieurs des mesures suivantes :

a) exiger de l'État membre concerné qu'il publie des informations supplémentaires, à préciser par le Conseil, avant d'émettre des obligations et des titres ;
b) inviter la Banque européenne d'investissement à revoir sa politique de prêts à l'égard de l'État membre concerné ;
c) exiger que l'État membre concerné fasse, auprès de l'Union, un dépôt ne portant pas intérêt, d'un montant approprié, jusqu'à ce que le Conseil estime que le déficit excessif a été corrigé ;
d) imposer des amendes d'un montant approprié.
Le président du Conseil informe le Parlement européen des mesures adoptées.

11. Le Conseil abroge toutes ou certaines des mesures visées aux paragraphes 6, 8, 9 et 10 pour autant qu'il estime que le déficit excessif dans l'État membre concerné a été corrigé. Si le Conseil a précédemment rendu publiques ses recommandations, il déclare publiquement, dès l'abrogation de la décision européenne visée au paragraphe 8, qu'il n'y a plus de déficit excessif dans cet État membre.

12. Les droits de recours prévus aux articles III-360 et III-361 ne peuvent pas être exercés dans le cadre des paragraphes 1 à 6, 8 et 9.

13. Des dispositions complémentaires relatives à la mise en œuvre de la procédure prévue au présent article figurent dans le protocole sur la procédure concernant les déficits excessifs.

Une loi européenne du Conseil établit les mesures appropriées remplaçant ledit protocole. Le Conseil statue à l'unanimité, après consultation du Parlement européen et de la Banque centrale européenne.

Sous réserve des autres dispositions du présent paragraphe, le Conseil, sur proposition de la Commission, adopte les règlements ou décisions européens qui établissent les modalités et les définitions pour l'application dudit protocole. Il statue après consultation du Parlement européen.

Section 2

La politique monétaire

Article III-185

1. L'objectif principal du Système européen de banques centrales est de maintenir la stabilité des prix. Sans préjudice de cet objectif, le Système européen de banques centrales apporte son soutien aux politiques économiques générales dans l'Union, pour contribuer à la réalisation des objectifs de celle-ci, tels que définis à l'article I-3. Le Système européen de banques centrales agit conformément au principe d'une économie de marché ouverte où la concurrence est libre, en favorisant une allocation efficace des ressources et en respectant les principes prévus à l'article III-177.

2. Les missions fondamentales relevant du Système européen de banques centrales consistent à :

a) définir et mettre en œuvre la politique monétaire de l'Union ;
b) conduire les opérations de change conformément à l'article III-326 ;
c) détenir et gérer les réserves officielles de change des États membres ;
d) promouvoir le bon fonctionnement des systèmes de paiement.

3. Le paragraphe 2, point c), s'applique sans préjudice de la détention et de la gestion, par les gouvernements des États membres, de fonds de roulement en devises.

4. La Banque centrale européenne est consultée :

a) sur tout acte de l'Union proposé dans les domaines relevant de ses attributions ;
b) par les autorités nationales, sur tout projet de réglementa-

tion dans les domaines relevant de ses attributions, mais dans les limites et selon les conditions fixées par le Conseil conformément à la procédure prévue à l'article III-187, paragraphe 4.

La Banque centrale européenne peut, dans les domaines relevant de ses attributions, soumettre des avis aux institutions, organes ou organismes de l'Union ou aux autorités nationales.

5. Le Système européen de banques centrales contribue à la bonne conduite des politiques menées par les autorités compétentes en ce qui concerne le contrôle prudentiel des établissements de crédit et la stabilité du système financier.

6. Une loi européenne du Conseil peut confier à la Banque centrale européenne des missions spécifiques ayant trait aux politiques en matière de contrôle prudentiel des établissements de crédit et autres établissements financiers, à l'exception des entreprises d'assurances. Le Conseil statue à l'unanimité, après consultation du Parlement européen et de la Banque centrale européenne.

Article III-186

1. La Banque centrale européenne est seule habilitée à autoriser l'émission de billets de banque en euros dans l'Union. La Banque centrale européenne et les banques centrales nationales peuvent émettre de tels billets. Les billets de banque émis par la Banque centrale européenne et les banques centrales nationales sont les seuls à avoir cours légal dans l'Union.

2. Les États membres peuvent émettre des pièces en euros, sous réserve de l'approbation, par la Banque centrale européenne, du volume de l'émission.

Le Conseil, sur proposition de la Commission, peut adopter les règlements européens établissant des mesures pour harmoniser les valeurs unitaires et les spécifications techniques des pièces destinées à la circulation, dans la mesure où cela est nécessaire pour assurer la bonne circulation de celles-ci dans l'Union. Le Conseil statue après consultation du Parlement européen et de la Banque centrale européenne.

ARTICLE III-187

1. Le Système européen de banques centrales est dirigé par les organes de décision de la Banque centrale européenne, qui sont le conseil des gouverneurs et le directoire.

2. Le statut du Système européen de banques centrales est défini dans le protocole fixant le statut du Système européen de banques centrales et de la Banque centrale européenne.

3. L'article 5, paragraphes 1, 2 et 3, les articles 17 et 18, l'article 19, paragraphe 1, les articles 22, 23, 24 et 26, l'article 32, paragraphes 2, 3, 4 et 6, l'article 33, paragraphe 1, point a), et l'article 36 du statut du Système européen de banques centrales et de la Banque centrale européenne peuvent être modifiés par la loi européenne :

a) soit sur proposition de la Commission et après consultation de la Banque centrale européenne ;
b) soit sur recommandation de la Banque centrale européenne et après consultation de la Commission.

4. Le Conseil adopte les règlements et décisions européens établissant les mesures visées à l'article 4, à l'article 5, paragraphe 4, à l'article 19, paragraphe 2, à l'article 20, à l'article 28, paragraphe 1, à l'article 29, paragraphe 2, à l'article 30, paragraphe 4, et à l'article 34, paragraphe 3, du statut du Système européen de banques centrales et de la Banque centrale européenne. Il statue après consultation du Parlement européen :

a) soit sur proposition de la Commission et après consultation de la Banque centrale européenne ;

b) soit sur recommandation de la Banque centrale européenne et après consultation de la Commission.

ARTICLE III-188

Dans l'exercice des pouvoirs et dans l'accomplissement des missions et des devoirs qui leur ont été conférés par la Constitution et le statut du Système européen de banques centrales et de la Banque centrale européenne, ni la Banque centrale européenne, ni une banque centrale nationale, ni un membre quelconque de leurs organes de décision ne peuvent solliciter ni accepter des instructions des institutions, organes ou organismes de l'Union, des gouvernements des États membres ou de tout autre organisme. Les institutions, organes ou organismes de l'Union ainsi que les gouvernements des États membres s'engagent à respecter ce principe et à ne pas chercher à influencer les membres des organes de décision de la Banque centrale européenne ou des banques centrales nationales dans l'accomplissement de leurs missions.

ARTICLE III-189

Chaque État membre veille à la compatibilité de sa législation nationale, y compris le statut de sa banque centrale nationale, avec la Constitution et le statut du Système européen de banques centrales et de la Banque centrale européenne.

ARTICLE III-190

1. Pour l'accomplissement des missions qui sont confiées au Système européen de banques centrales, la Banque centrale européenne, conformément à la Constitution et selon les conditions prévues par le statut du Système européen de banques centrales et de la Banque centrale européenne adopte :

a) des règlements européens dans la mesure nécessaire à l'accomplissement des missions définies à l'article 3, para-

graphe 1, point a), à l'article 19, paragraphe 1, à l'article 22 ou à l'article 25, paragraphe 2, du statut du Système européen de banques centrales et de la Banque centrale européenne, ainsi que dans les cas prévus par les règlements et décisions européens visés à l'article III-187, paragraphe 4 ;
b) les décisions européennes nécessaires à l'accomplissement des missions confiées au Système européen de banques centrales en vertu de la Constitution et du statut du Système européen de banques centrales et de la Banque centrale européenne ;
c) des recommandations et des avis.

2. La Banque centrale européenne peut décider de publier ses décisions européennes, recommandations et avis.

3. Le Conseil adopte, conformément à la procédure prévue à l'article III-187, paragraphe 4, les règlements européens fixant les limites et les conditions dans lesquels la Banque centrale européenne est habilitée à infliger aux entreprises des amendes et des astreintes en cas de non-respect de ses règlements et décisions européens.

Article III-191

Sans préjudice des attributions de la Banque centrale européenne, la loi ou loi-cadre européenne établit les mesures nécessaires à l'usage de l'euro en tant que monnaie unique. Elle est adoptée après consultation de la Banque centrale européenne.

Section 3

Dispositions institutionnelles

Article III-192

1. En vue de promouvoir la coordination des politiques des États membres dans toute la mesure nécessaire au fonctionne-

ment du marché intérieur, il est institué un comité économique et financier.

2. Le comité a pour mission :

a) de formuler des avis, soit à la requête du Conseil ou de la Commission, soit de sa propre initiative, à l'intention de ces institutions ;
b) de suivre la situation économique et financière des États membres et de l'Union et de faire rapport régulièrement au Conseil et à la Commission à ce sujet, notamment sur les relations financières avec des pays tiers et des institutions internationales ;
c) sans préjudice de l'article III-344, de contribuer à la préparation des travaux du Conseil visés à l'article III-159, à l'article III-179, paragraphes 2, 3, 4 et 6, aux articles III-180, III-183, III-184, à l'article III-185, paragraphe 6, à l'article III-186, paragraphe 2, à l'article III-187, paragraphes 3 et 4, aux articles III-191, III-196, à l'article III-198, paragraphes 2 et 3, à l'article III-201, à l'article III-202, paragraphes 2 et 3, et aux articles III-322 et III-326, et d'exécuter les autres missions consultatives et préparatoires qui lui sont confiées par le Conseil ;
d) de procéder, au moins une fois par an, à l'examen de la situation en matière de mouvements de capitaux et de liberté des paiements, tels qu'ils résultent de l'application de la Constitution et des actes de l'Union ; cet examen porte sur toutes les mesures relatives aux mouvements de capitaux et aux paiements ; le comité fait rapport à la Commission et au Conseil sur les résultats de cet examen.

Les États membres, la Commission et la Banque centrale européenne nomment chacun au maximum deux membres du comité.

3. Le Conseil, sur proposition de la Commission, adopte une décision européenne fixant les modalités relatives à la composition du comité économique et financier. Il statue après consultation de la Banque centrale européenne et de ce comité. Le président du Conseil informe le Parlement européen de cette décision.

4. Outre les missions visées au paragraphe 2, si et tant que des États membres font l'objet d'une dérogation au sens de l'article III-197, le comité suit la situation monétaire et financière ainsi que le régime général des paiements de ces États membres et fait rapport régulièrement au Conseil et à la Commission à ce sujet.

Article III-193

Pour les questions relevant du champ d'application de l'article III-179, paragraphe 4, de l'article III-184, à l'exception du paragraphe 13, des articles III-191 et III-196, de l'article III-198, paragraphe 3, et de l'article III-326, le Conseil ou un État membre peut demander à la Commission de formuler, selon le cas, une recommandation ou une proposition. La Commission examine cette demande et présente ses conclusions au Conseil sans délai.

Section 4

Dispositions propres aux États membres dont la monnaie est l'euro

Article III-194

1. Afin de contribuer au bon fonctionnement de l'union économique et monétaire et conformément aux dispositions pertinentes de la Constitution, le Conseil adopte, conformément à la procédure pertinente parmi celles visées aux articles III-179 et III-184, à l'exception de la procédure prévue à l'article III-184, paragraphe 13, des mesures concernant les États membres dont la monnaie est l'euro pour :

a) renforcer la coordination et la surveillance de leur discipline budgétaire ;
b) élaborer, pour ce qui les concerne, les orientations de politique économique, en veillant à ce qu'elles soient compatibles avec celles qui sont adoptées pour l'ensemble de l'Union, et en assurer la surveillance.

2. Seuls les membres du Conseil représentant les États membres dont la monnaie est l'euro prennent part au vote sur les mesures visées au paragraphe 1.

La majorité qualifiée se définit comme étant égale à au moins 55 % de ces membres du Conseil, représentant des États membres réunissant au moins 65 % de la population des États membres participants.

Une minorité de blocage doit inclure au moins le nombre minimum de ces membres du Conseil représentant plus de 35 % de la population des États membres participants, plus un membre, faute de quoi la majorité qualifiée est réputée acquise.

ARTICLE III-195

Les modalités des réunions entre ministres des États membres dont la monnaie est l'euro sont fixées par le protocole sur l'Eurogroupe.

ARTICLE III-196

1. Afin d'assurer la place de l'euro dans le système monétaire international, le Conseil, sur proposition de la Commission, adopte une décision européenne établissant les positions communes concernant les questions qui revêtent un intérêt particulier pour l'union économique et monétaire au sein des institutions et des conférences financières internationales compétentes. Le Conseil statue après consultation de la Banque centrale européenne.

2. Le Conseil, sur proposition de la Commission, peut adopter les mesures appropriées pour assurer une représentation unifiée au sein des institutions et conférences financières internationales. Le Conseil statue après consultation de la Banque centrale européenne.

3. Seuls les membres du Conseil représentant les États membres dont la monnaie est l'euro prennent part au vote sur les mesures visées aux paragraphes 1 et 2.

La majorité qualifiée se définit comme étant égale à au moins 55 % de ces membres du Conseil, représentant des États membres réunissant au moins 65 % de la population des États membres participants.

Une minorité de blocage doit inclure au moins le nombre minimum de ces membres du Conseil représentant plus de 35 % de la population des États membres participants, plus un membre, faute de quoi la majorité qualifiée est réputée acquise.

Section 5

Dispositions transitoires

Article III-197

1. Les États membres au sujet desquels le Conseil n'a pas décidé qu'ils remplissent les conditions nécessaires pour l'adoption de l'euro sont ci-après dénommés « États membres faisant l'objet d'une dérogation ».
2. Les dispositions ci-après de la Constitution ne s'appliquent pas aux États membres faisant l'objet d'une dérogation :

a) adoption des parties des grandes orientations des politiques économiques qui concernent la zone euro d'une façon générale (article III-179, paragraphe 2) ;
b) moyens contraignants de remédier aux déficits excessifs (article III-184, paragraphes 9 et 10) ;
c) objectifs et missions du Système européen de banques centrales (article III-185, paragraphes 1, 2, 3 et 5) ;
d) émission de l'euro (article III-186) ;
e) actes de la Banque centrale européenne (article III-190) ;
f) mesures relatives à l'usage de l'euro (article III-191) ;

g) accords monétaires et autres mesures relatives à la politique de change (article III-326) ;
h) désignation des membres du directoire de la Banque centrale européenne (article III-382, paragraphe 2) ;
i) décisions européennes établissant les positions communes concernant les questions qui revêtent un intérêt particulier pour l'union économique et monétaire au sein des institutions et des conférences financières internationales compétentes (article III-196, paragraphe 1) ;
j) mesures pour assurer une représentation unifiée au sein des institutions et des conférences financières internationales (article III-196, paragraphe 2).

Par conséquent, aux articles visés aux points a) à j), on entend par « États membres », les États membres dont la monnaie est l'euro.

3. Les États membres faisant l'objet d'une dérogation et leurs banques centrales nationales sont exclus des droits et obligations dans le cadre du Système européen de banques centrales conformément au chapitre IX du statut du Système européen de banques centrales et de la Banque centrale européenne.

4. Les droits de vote des membres du Conseil représentant les États membres faisant l'objet d'une dérogation sont suspendus lors de l'adoption par le Conseil des mesures visées aux articles énumérés au paragraphe 2, ainsi que dans les cas suivants :

a) recommandations adressées aux États membres dont la monnaie est l'euro dans le cadre de la surveillance multilatérale, y compris sur les programmes de stabilité et les avertissements (article III-179, paragraphe 4) ;
b) mesures relatives aux déficits excessifs concernant les États membres dont la monnaie est l'euro (article III-184, paragraphes 6, 7, 8 et 11).

La majorité qualifiée se définit comme étant égale à au moins 55 % des autres membres du Conseil, représentant des États membres réunissant au moins 65 % de la population des États membres participants.

Une minorité de blocage doit inclure au moins le nombre minimum de ces autres membres du Conseil représentant plus de 35 % de la population des États membres participants, plus un membre, faute de quoi la majorité qualifiée est réputée acquise.

Article III-198

1. Tous les deux ans au moins, ou à la demande d'un État membre faisant l'objet d'une dérogation, la Commission et la Banque centrale européenne font rapport au Conseil sur les progrès réalisés par les États membres faisant l'objet d'une dérogation dans l'accomplissement de leurs obligations pour la réalisation de l'union économique et monétaire. Ces rapports examinent notamment si la législation nationale de chacun de ces États membres, y compris le statut de sa banque centrale nationale, est compatible avec les articles III-188 et III-189 et avec le statut du Système européen de banques centrales et de la Banque centrale européenne. Les rapports examinent également si un degré élevé de convergence durable a été réalisé, en analysant dans quelle mesure chacun de ces États membres a satisfait aux critères suivants :

a) la réalisation d'un degré élevé de stabilité des prix ; cela ressort d'un taux d'inflation proche de celui des trois États membres, au plus, présentant les meilleurs résultats en matière de stabilité des prix ;
b) le caractère soutenable de la situation des finances publiques ; cela ressort d'une situation budgétaire qui n'accuse pas de déficit public excessif au sens de l'article III-184, paragraphe 6 ;
c) le respect des marges normales de fluctuation prévues par le mécanisme de taux de change du système monétaire euro-

péen pendant deux ans au moins, sans dévaluation de la monnaie par rapport à l'euro ;
d) le caractère durable de la convergence atteinte par l'État membre faisant l'objet d'une dérogation et de sa participation au mécanisme de taux de change, qui se reflète dans les niveaux des taux d'intérêt à long terme.

Les quatre critères prévus au présent paragraphe et les périodes pertinentes durant lesquelles chacun doit être respecté sont précisés dans le protocole sur les critères de convergence. Les rapports de la Commission et de la Banque centrale européenne tiennent également compte des résultats de l'intégration des marchés, de la situation et de l'évolution des balances des paiements courants, et d'un examen de l'évolution des coûts salariaux unitaires et d'autres indices de prix.

2. Après consultation du Parlement européen et discussion au sein du Conseil européen, le Conseil, sur proposition de la Commission, adopte une décision européenne qui établit quels États membres faisant l'objet d'une dérogation remplissent les conditions nécessaires sur la base des critères visés au paragraphe 1 et met fin aux dérogations des États membres concernés.

Le Conseil statue après avoir reçu une recommandation émanant d'une majorité qualifiée de ses membres représentant les États membres dont la monnaie est l'euro. Ces membres statuent dans un délai de six mois à compter de la réception de la proposition de la Commission par le Conseil.

La majorité qualifiée visée au deuxième alinéa se définit comme étant égale à au moins 55 % de ces membres du Conseil, représentant des États membres réunissant au moins 65 % de la population des États membres participants. Une minorité de blocage doit inclure au moins le nombre minimum de ces membres du Conseil représentant plus de 35 % de la population des États membres participants, plus un membre, faute de quoi la majorité qualifiée est réputée acquise.

3. S'il est décidé, conformément à la procédure prévue au paragraphe 2, de mettre fin à une dérogation, le Conseil, sur proposition de la Commission, adopte des règlements ou décisions européens fixant irrévocablement le taux auquel l'euro remplace la monnaie de l'État membre concerné et établissant les autres mesures nécessaires à l'introduction de l'euro en tant que monnaie unique dans cet État membre. Le Conseil statue à l'unanimité des membres représentant les États membres dont la monnaie est l'euro et l'État membre concerné, après consultation de la Banque centrale européenne.

ARTICLE III-199

1. Si et tant qu'il existe des États membres faisant l'objet d'une dérogation, et sans préjudice de l'article III-187, paragraphe 1, le conseil général de la Banque centrale européenne visé à l'article 45 du statut du Système européen de banques centrales et de la Banque centrale européenne est constitué comme troisième organe de décision de la Banque centrale européenne.

2. Si et tant qu'il existe des États membres faisant l'objet d'une dérogation, la Banque centrale européenne, en ce qui concerne ces États membres :

a) renforce la coopération entre les banques centrales nationales ;
b) renforce la coordination des politiques monétaires des États membres en vue d'assurer la stabilité des prix ;
c) supervise le fonctionnement du mécanisme de taux de change ;
d) procède à des consultations sur des questions qui relèvent de la compétence des banques centrales nationales et affectent la stabilité des établissements et marchés financiers ;
e) exerce les anciennes fonctions du Fonds européen de coopération monétaire, qui avaient été précédemment reprises par l'Institut monétaire européen.

ARTICLE III-200

Chaque État membre faisant l'objet d'une dérogation traite sa politique de change comme un problème d'intérêt commun. Il tient compte, ce faisant, des expériences acquises grâce à la coopération dans le cadre du mécanisme de taux de change.

ARTICLE III-201

1. En cas de difficultés ou de menace grave de difficultés dans la balance des paiements d'un État membre faisant l'objet d'une dérogation, provenant soit d'un déséquilibre global de la balance, soit de la nature des devises dont il dispose, et susceptibles notamment de compromettre le fonctionnement du marché intérieur ou la réalisation de la politique commerciale commune, la Commission procède sans délai à un examen de la situation de cet État, ainsi que de l'action qu'il a entreprise ou qu'il peut entreprendre conformément à la Constitution, en faisant appel à tous les moyens dont il dispose. La Commission indique les mesures dont elle recommande l'adoption par l'État membre intéressé.

Si l'action entreprise par un État membre faisant l'objet d'une dérogation et les mesures suggérées par la Commission ne paraissent pas suffisantes pour aplanir les difficultés ou menaces de difficultés rencontrées, la Commission recommande au Conseil, après consultation du comité économique et financier, le concours mutuel et les méthodes appropriées.

La Commission tient le Conseil régulièrement informé de l'état de la situation et de son évolution.

2. Le Conseil adopte les règlements ou décisions européens accordant le concours mutuel et fixant les conditions et modalités de celui-ci. Le concours mutuel peut prendre notamment la forme :

a) d'une action concertée auprès d'autres organisations internationales, auxquelles les États membres faisant l'objet d'une dérogation peuvent avoir recours ;
b) de mesures nécessaires pour éviter des détournements de trafic lorsque l'État membre faisant l'objet d'une dérogation, qui est en difficulté, maintient ou rétablit des restrictions quantitatives à l'égard des pays tiers ;
c) d'octroi de crédits limités de la part d'autres États membres, sous réserve de leur accord.

3. Si le concours mutuel recommandé par la Commission n'a pas été accordé par le Conseil ou si le concours mutuel accordé et les mesures prises sont insuffisants, la Commission autorise l'État membre faisant l'objet d'une dérogation, qui est en difficulté, à prendre les mesures de sauvegarde dont elle définit les conditions et modalités.

Cette autorisation peut être révoquée et ces conditions et modalités modifiées par le Conseil.

ARTICLE III-202

1. En cas de crise soudaine dans la balance des paiements et si une décision européenne visée à l'article III-201, paragraphe 2, n'intervient pas immédiatement, un État membre faisant l'objet d'une dérogation peut prendre, à titre conservatoire, les mesures de sauvegarde nécessaires. Ces mesures doivent causer le minimum de perturbations dans le fonctionnement du marché intérieur et ne pas excéder la portée strictement indispensable pour remédier aux difficultés soudaines qui se sont manifestées.

2. La Commission et les autres États membres doivent être informés des mesures de sauvegarde visées au paragraphe 1 au plus tard au moment où elles entrent en vigueur. La Commission peut recommander au Conseil le concours mutuel conformément à l'article III-201.

3. Le Conseil, sur recommandation de la Commission et après consultation du comité économique et financier, peut adopter une décision européenne établissant que l'État membre intéressé doit modifier, suspendre ou supprimer les mesures de sauvegarde visées au paragraphe 1.

CHAPITRE III

POLITIQUES DANS D'AUTRES DOMAINES

SECTION 1

EMPLOI

ARTICLE III-203

L'Union et les États membres s'attachent, conformément à la présente section, à élaborer une stratégie coordonnée pour l'emploi et en particulier à promouvoir une main-d'œuvre qualifiée, formée et susceptible de s'adapter ainsi que des marchés du travail aptes à réagir rapidement à l'évolution de l'économie, en vue d'atteindre les objectifs visés à l'article I-3.

ARTICLE III-204

1. Les États membres, au moyen de leurs politiques de l'emploi, contribuent à la réalisation des objectifs visés à l'article III-203 d'une manière compatible avec les grandes orientations des politiques économiques des États membres et de l'Union, adoptées en application de l'article III-179, paragraphe 2.

2. Les États membres, compte tenu des pratiques nationales liées aux responsabilités des partenaires sociaux, considèrent la promotion de l'emploi comme une question d'intérêt commun et coordonnent leur action à cet égard au sein du Conseil, conformément à l'article III-206.

ARTICLE III-205

1. L'Union contribue à la réalisation d'un niveau d'emploi élevé en encourageant la coopération entre les États membres et en soutenant et, au besoin, en complétant leur action. Ce faisant, elle respecte pleinement les compétences des États membres en la matière.

2. L'objectif consistant à atteindre un niveau d'emploi élevé est pris en compte dans la définition et la mise en œuvre des politiques et des actions de l'Union.

ARTICLE III-206

1. Le Conseil européen examine, chaque année, la situation de l'emploi dans l'Union et adopte des conclusions à ce sujet, sur la base d'un rapport annuel conjoint du Conseil et de la Commission.

2. Sur la base des conclusions du Conseil européen, le Conseil, sur proposition de la Commission, adopte chaque année des lignes directrices, dont les États membres tiennent compte dans leurs politiques de l'emploi. Il statue après consultation du Parlement européen, du Comité des régions, du Comité économique et social et du comité de l'emploi.

Ces lignes directrices sont compatibles avec les grandes orientations adoptées en application de l'article III-179, paragraphe 2.

3. Chaque État membre transmet au Conseil et à la Commission un rapport annuel sur les principales mesures qu'il a prises pour mettre en œuvre sa politique de l'emploi, à la lumière des lignes directrices pour l'emploi visées au paragraphe 2.

4. Sur la base des rapports visés au paragraphe 3 et après avoir obtenu l'avis du comité de l'emploi, le Conseil procède

annuellement, à la lumière des lignes directrices pour l'emploi, à un examen de la mise en œuvre des politiques de l'emploi des États membres. Le Conseil, sur recommandation de la Commission, peut adopter des recommandations qu'il adresse aux États membres.

5. Sur la base des résultats de cet examen, le Conseil et la Commission adressent un rapport annuel conjoint au Conseil européen concernant la situation de l'emploi dans l'Union et la mise en œuvre des lignes directrices pour l'emploi.

ARTICLE III-207

La loi ou loi-cadre européenne peut établir des actions d'encouragement destinées à favoriser la coopération entre les États membres et à soutenir leur action dans le domaine de l'emploi par des initiatives visant à développer les échanges d'informations et de meilleures pratiques, en fournissant des analyses comparatives et des conseils ainsi qu'en promouvant les approches novatrices et en évaluant les expériences, notamment en ayant recours aux projets pilotes. Elle est adoptée après consultation du Comité des régions et du Comité économique et social.

La loi ou loi-cadre européenne ne comporte pas d'harmonisation des dispositions législatives et réglementaires des États membres.

ARTICLE III-208

Le Conseil adopte, à la majorité simple, une décision européenne instituant un comité de l'emploi à caractère consultatif afin de promouvoir la coordination, entre les États membres, des politiques en matière d'emploi et de marché du travail. Il statue après consultation du Parlement européen.

Le comité a pour mission :

a) de suivre l'évolution de la situation de l'emploi et des politiques de l'emploi dans l'Union et dans les États membres ;
b) sans préjudice de l'article III-344, de formuler des avis, soit à la demande du Conseil ou de la Commission, soit de sa propre initiative, et de contribuer à la préparation des délibérations du Conseil visées à l'article III-206.

Dans l'accomplissement de son mandat, le comité consulte les partenaires sociaux.

Chaque État membre et la Commission nomment deux membres du comité.

SECTION 2

POLITIQUE SOCIALE

ARTICLE III-209

L'Union et les États membres, conscients des droits sociaux fondamentaux, tels que ceux énoncés dans la Charte sociale européenne signée à Turin le 18 octobre 1961 et dans la Charte communautaire des droits sociaux fondamentaux des travailleurs de 1989, ont pour objectifs la promotion de l'emploi, l'amélioration des conditions de vie et de travail, permettant leur égalisation dans le progrès, une protection sociale adéquate, le dialogue social, le développement des ressources humaines permettant un niveau d'emploi élevé et durable, et la lutte contre les exclusions.

À cette fin, l'Union et les États membres agissent en tenant compte de la diversité des pratiques nationales, en particulier dans le domaine des relations conventionnelles, ainsi que de la nécessité de maintenir la compétitivité de l'économie de l'Union.

Ils estiment qu'une telle évolution résultera tant du fonctionnement du marché intérieur, qui favorisera l'harmonisation des systèmes sociaux, que des procédures prévues par la Constitution et du rapprochement des dispositions législatives, réglementaires et administratives des États membres.

ARTICLE III-210

1. En vue de réaliser les objectifs visés à l'article III-209, l'Union soutient et complète l'action des États membres dans les domaines suivants :

a) l'amélioration, en particulier, du milieu de travail pour protéger la santé et la sécurité des travailleurs ;
b) les conditions de travail ;
c) la sécurité sociale et la protection sociale des travailleurs ;
d) la protection des travailleurs en cas de résiliation du contrat de travail ;
e) l'information et la consultation des travailleurs ;
f) la représentation et la défense collective des intérêts des travailleurs et des employeurs, y compris la cogestion, sous réserve du paragraphe 6 ;
g) les conditions d'emploi des ressortissants des pays tiers se trouvant en séjour régulier sur le territoire de l'Union ;
h) l'intégration des personnes exclues du marché du travail, sans préjudice de l'article III-283 ;
i) l'égalité entre femmes et hommes en ce qui concerne leurs chances sur le marché du travail et le traitement dans le travail ;
j) la lutte contre l'exclusion sociale ;
k) la modernisation des systèmes de protection sociale, sans préjudice du point c).

2. Aux fins du paragraphe 1 :

a) la loi ou loi-cadre européenne peut établir des mesures destinées à encourager la coopération entre États membres par des initiatives visant à améliorer les connaissances, à développer les échanges d'informations et de meilleures pratiques, à

promouvoir des approches novatrices et à évaluer les expériences, à l'exclusion de toute harmonisation des dispositions législatives et réglementaires des États membres ;
b) dans les domaines visés au paragraphe 1, points a) à i), la loi-cadre européenne peut établir des prescriptions minimales applicables progressivement, compte tenu des conditions et des réglementations techniques existant dans chacun des États membres. Elle évite d'imposer des contraintes administratives, financières et juridiques telles qu'elles contrarieraient la création et le développement de petites et moyennes entreprises.

Dans tous les cas, la loi ou loi-cadre européenne est adoptée après consultation du Comité des régions et du Comité économique et social.

3. Par dérogation au paragraphe 2, dans les domaines visés au paragraphe 1, points c), d), f) et g), la loi ou loi-cadre européenne est adoptée par le Conseil statuant à l'unanimité, après consultation du Parlement européen, du Comité des régions et du Comité économique et social.

Le Conseil peut, sur proposition de la Commission, adopter une décision européenne pour rendre la procédure législative ordinaire applicable au paragraphe 1, points d), f) et g). Il statue à l'unanimité, après consultation du Parlement européen.

4. Un État membre peut confier aux partenaires sociaux, à leur demande conjointe, la mise en œuvre des lois-cadres européennes adoptées en application des paragraphes 2 et 3, ou, le cas échéant, la mise en œuvre des règlements ou décisions européens adoptés conformément à l'article III-212.

Dans ce cas, il s'assure que, au plus tard à la date à laquelle une loi-cadre européenne doit être transposée et à la date à laquelle un règlement européen ou une décision européenne doit être mis en œuvre, les partenaires sociaux ont mis en place les dispositions nécessaires par voie d'accord, l'État membre concerné devant prendre toute disposition nécessaire lui permettant d'être à tout moment en mesure de garantir les résultats imposés par ces loi-cadre, règlement ou décision.

5. Les lois et lois-cadres européennes adoptées en vertu du présent article :

a) ne portent pas atteinte à la faculté reconnue aux États membres de définir les principes fondamentaux de leur système de sécurité sociale et ne doivent pas en affecter sensiblement l'équilibre financier ;
b) ne peuvent empêcher un État membre de maintenir ou d'établir des mesures de protection plus strictes compatibles avec la Constitution.

6. Le présent article ne s'applique ni aux rémunérations, ni au droit d'association, ni au droit de grève, ni au droit de lock-out.

ARTICLE III-211

1. La Commission promeut la consultation des partenaires sociaux au niveau de l'Union et adopte toute mesure utile pour faciliter leur dialogue en veillant à un soutien équilibré des parties.

2. Aux fins du paragraphe 1, la Commission, avant de présenter des propositions dans le domaine de la politique sociale, consulte les partenaires sociaux sur l'orientation possible d'une action de l'Union.

3. Si la Commission, après la consultation visée au paragraphe 2, estime qu'une action de l'Union est souhaitable, elle consulte les partenaires sociaux sur le contenu de la proposition envisagée. Les partenaires sociaux remettent à la Commission un avis ou, le cas échéant, une recommandation.

4. À l'occasion des consultations visées aux paragraphes 2 et 3, les partenaires sociaux peuvent informer la Commission de leur volonté d'engager le processus prévu à l'article III-212, paragraphe 1. La durée de ce processus ne peut pas dépasser neuf mois, sauf prolongation décidée en commun par les partenaires sociaux concernés et la Commission.

ARTICLE III-212

1. Le dialogue entre partenaires sociaux au niveau de l'Union peut conduire, si ceux-ci le souhaitent, à des relations conventionnelles, y compris des accords.

2. La mise en œuvre des accords conclus au niveau de l'Union intervient soit selon les procédures et pratiques propres aux partenaires sociaux et aux États membres, soit, dans les matières relevant de l'article III-210, à la demande conjointe des parties signataires, par des règlements ou décisions européens adoptés par le Conseil sur proposition de la Commission. Le Parlement européen est informé.

Lorsque l'accord en question contient une ou plusieurs dispositions relatives à l'un des domaines pour lesquels l'unanimité est requise en vertu de l'article III-210, paragraphe 3, le Conseil statue à l'unanimité.

ARTICLE III-213

En vue de réaliser les objectifs visés à l'article III-209 et sans préjudice des autres dispositions de la Constitution, la Commission encourage la coopération entre les États membres et facilite la coordination de leur action dans tous les domaines de la politique sociale relevant de la présente section, notamment dans les matières relatives :

a) à l'emploi ;
b) au droit du travail et aux conditions de travail ;
c) à la formation et au perfectionnement professionnels ;

d) à la sécurité sociale ;
e) à la protection contre les accidents et les maladies professionnels ;
f) à l'hygiène du travail ;
g) au droit syndical et aux négociations collectives entre employeurs et travailleurs.

À cet effet, la Commission agit en contact étroit avec les États membres, par des études, des avis et par l'organisation de consultations, tant en ce qui concerne les problèmes qui se posent sur le plan national que ceux qui intéressent les organisations internationales, notamment par des initiatives en vue d'établir des orientations et des indicateurs, d'organiser l'échange des meilleures pratiques et de préparer les éléments nécessaires à la surveillance et à l'évaluation périodiques. Le Parlement européen est pleinement informé.

Avant d'émettre les avis prévus par le présent article, la Commission consulte le Comité économique et social.

ARTICLE III-214

1. Chaque État membre assure l'application du principe de l'égalité des rémunérations entre travailleurs féminins et masculins pour un même travail ou un travail de même valeur.

2. Aux fins du présent article, on entend par « rémunération », le salaire ou traitement ordinaire de base ou minimum, et tous autres avantages payés directement ou indirectement, en espèces ou en nature, par l'employeur au travailleur en raison de l'emploi de ce dernier.

L'égalité de rémunération, sans discrimination fondée sur le sexe, implique :

a) que la rémunération accordée pour un même travail payé à la tâche soit établie sur la base d'une même unité de mesure ;
b) que la rémunération accordée pour un travail payé au temps soit la même pour un même poste de travail.

3. La loi ou loi-cadre européenne établit les mesures visant à assurer l'application du principe de l'égalité des chances et de l'égalité de traitement entre les femmes et les hommes en matière d'emploi et de travail, y compris le principe de l'égalité des rémunérations pour un même travail ou un travail de même valeur. Elle est adoptée après consultation du Comité économique et social.

4. Pour assurer concrètement une pleine égalité entre femmes et hommes dans la vie professionnelle, le principe de l'égalité de traitement n'empêche pas un État membre de maintenir ou d'adopter des mesures prévoyant des avantages spécifiques destinés à faciliter l'exercice d'une activité professionnelle par le sexe sous-représenté ou à prévenir ou à compenser des désavantages dans la carrière professionnelle.

ARTICLE III-215

Les États membres s'attachent à maintenir l'équivalence existante des régimes de congés payés.

ARTICLE III-216

La Commission établit, chaque année, un rapport sur l'évolution de la réalisation des objectifs visés à l'article III-209, y compris la situation démographique dans l'Union. Elle transmet ce rapport au Parlement européen, au Conseil et au Comité économique et social.

ARTICLE III-217

Le Conseil adopte, à la majorité simple, une décision européenne instituant un comité de la protection sociale à caractère consultatif afin de promouvoir la coopération en matière de protection sociale entre les États membres et avec la Commission. Le Conseil statue après consultation du Parlement européen.

Le comité a pour mission :

a) de suivre la situation sociale et l'évolution des politiques de protection sociale dans les États membres et dans l'Union ;
b) de faciliter les échanges d'informations, d'expériences et de bonnes pratiques entre les États membres et avec la Commission ;
c) sans préjudice de l'article III-344, de préparer des rapports, de formuler des avis ou d'entreprendre d'autres activités dans les domaines relevant de ses attributions, soit à la demande du Conseil ou de la Commission, soit de sa propre initiative.

Dans l'accomplissement de son mandat, le comité établit des contacts appropriés avec les partenaires sociaux.

Chaque État membre et la Commission nomment deux membres du comité.

Article III-218

La Commission consacre, dans son rapport annuel au Parlement européen, un chapitre spécial à l'évolution de la situation sociale dans l'Union.

Le Parlement européen peut inviter la Commission à établir des rapports sur des problèmes particuliers concernant la situation sociale.

Article III-219

1. Afin d'améliorer les possibilités d'emploi des travailleurs dans le marché intérieur et de contribuer ainsi au relèvement du niveau de vie, il est institué un Fonds social européen, qui vise à promouvoir à l'intérieur de l'Union les facilités d'emploi et la mobilité géographique et professionnelle des travailleurs, ainsi qu'à faciliter l'adaptation aux mutations industrielles et à l'évolution des systèmes de production, notamment par la formation et la reconversion professionnelles.

2. La Commission administre le Fonds. Elle est assistée dans cette tâche par un comité présidé par un membre de la Commission et composé de représentants des États membres et des organisations syndicales de travailleurs et d'employeurs.

3. La loi européenne établit les mesures d'application relatives au Fonds. Elle est adoptée après consultation du Comité des régions et du Comité économique et social.

SECTION 3

COHÉSION ÉCONOMIQUE, SOCIALE ET TERRITORIALE

ARTICLE III-220

Afin de promouvoir un développement harmonieux de l'ensemble de l'Union, celle-ci développe et poursuit son action tendant au renforcement de sa cohésion économique, sociale et territoriale.

En particulier, l'Union vise à réduire l'écart entre les niveaux de développement des diverses régions et le retard des régions les moins favorisées.

Parmi les régions concernées, une attention particulière est accordée aux zones rurales, aux zones où s'opère une transition industrielle et aux régions qui souffrent de handicaps naturels ou démographiques graves et permanents telles que les régions les plus septentrionales à très faible densité de population et les régions insulaires, transfrontalières et de montagne.

ARTICLE III-221

Les États membres conduisent leur politique économique et la coordonnent en vue également d'atteindre les objectifs visés à l'article III-220. La formulation et la mise en œuvre des politiques et actions de l'Union ainsi que la mise en œuvre du marché intérieur prennent en compte ces objectifs et participent à leur réalisation. L'Union soutient aussi cette réalisation par l'action qu'elle mène au travers des fonds à finalité structurelle (Fonds européen d'orientation et de garantie agricole, section « orientation » ; Fonds social européen ; Fonds européen de développement régional), de la Banque européenne d'investissement et des autres instruments financiers existants.

La Commission présente au Parlement européen, au Conseil, au Comité des régions et au Comité économique et social, tous les trois ans, un rapport sur les progrès accomplis dans la réalisation de la cohésion économique, sociale et territoriale et sur la façon dont les divers moyens prévus au présent article y ont contribué. Ce rapport est, le cas échéant, assorti des propositions appropriées.

La loi ou loi-cadre européenne peut établir toute mesure spécifique en dehors des fonds, sans préjudice des mesures adoptées dans le cadre des autres politiques de l'Union. Elle est adoptée après consultation du Comité des régions et du Comité économique et social.

ARTICLE III-222

Le Fonds européen de développement régional est destiné à contribuer à la correction des principaux déséquilibres régionaux dans l'Union par une participation au développement et à l'ajustement structurel des régions en retard de développement et à la reconversion des régions industrielles en déclin.

ARTICLE III-223

1. Sans préjudice de l'article III-224, la loi européenne définit les missions, les objectifs prioritaires et l'organisation des fonds à finalité structurelle, ce qui peut comporter le regroupement des fonds, les règles générales applicables aux fonds, ainsi que les dispositions nécessaires pour assurer leur efficacité et la coordination des fonds entre eux et avec les autres instruments financiers existants.

Un Fonds de cohésion, créé par la loi européenne, contribue financièrement à la réalisation de projets dans le domaine de l'environnement et dans celui des réseaux transeuropéens en matière d'infrastructure des transports.

Dans tous les cas, la loi européenne est adoptée après consultation du Comité des régions et du Comité économique et social.

2. Les premières dispositions relatives aux fonds à finalité structurelle et au Fonds de cohésion adoptées à la suite de celles en vigueur à la date de la signature du traité établissant une Constitution pour l'Europe sont établies par une loi européenne du Conseil. Le Conseil statue à l'unanimité, après approbation du Parlement européen.

Article III-224

La loi européenne établit les mesures d'application relatives au Fonds européen de développement régional. Elle est adoptée après consultation du Comité des régions et du Comité économique et social.

En ce qui concerne le Fonds européen d'orientation et de garantie agricole, section « orientation », et le Fonds social européen, l'article III-231 et l'article III-219, paragraphe 3, sont respectivement d'application.

Section 4

Agriculture et pêche

Article III-225

L'Union définit et met en œuvre une politique commune de l'agriculture et de la pêche.

Par « produits agricoles », on entend les produits du sol, de l'élevage et de la pêcherie, ainsi que les produits de première transformation qui sont en rapport direct avec ces produits. Les références à la politique agricole commune ou à l'agriculture et l'utilisation du terme « agricole » s'entendent comme visant aussi la pêche, eu égard aux caractéristiques particulières de ce secteur.

ARTICLE III-226

1. Le marché intérieur s'étend à l'agriculture et au commerce des produits agricoles.

2. Sauf dispositions contraires des articles III-227 à III-232, les règles prévues pour l'établissement ou le fonctionnement du marché intérieur sont applicables aux produits agricoles.

3. Les produits énumérés à l'annexe I relèvent des articles III-227 à III-232.

4. Le fonctionnement et le développement du marché intérieur pour les produits agricoles doivent s'accompagner d'une politique agricole commune.

ARTICLE III-227

1. La politique agricole commune a pour but :

a) d'accroître la productivité de l'agriculture en développant le progrès technique et en assurant le développement rationnel de la production agricole ainsi qu'un emploi optimum des facteurs de production, notamment de la main-d'œuvre ;
b) d'assurer ainsi un niveau de vie équitable à la population agricole, notamment par le relèvement du revenu individuel de ceux qui travaillent dans l'agriculture ;
c) de stabiliser les marchés ;
d) de garantir la sécurité des approvisionnements ;
e) d'assurer des prix raisonnables dans les livraisons aux consommateurs.

2. Dans l'élaboration de la politique agricole commune et des méthodes spéciales qu'elle peut impliquer, il est tenu compte :

a) du caractère particulier de l'activité agricole, découlant de la structure sociale de l'agriculture et des disparités structurelles et naturelles entre les diverses régions agricoles ;
b) de la nécessité d'opérer graduellement les ajustements opportuns ;
c) du fait que, dans les États membres, l'agriculture constitue un secteur intimement lié à l'ensemble de l'économie.

ARTICLE III-228

1. En vue d'atteindre les objectifs visés à l'article III-227, il est établi une organisation commune des marchés agricoles.

Suivant les produits, cette organisation prend l'une des formes ci-après :

a) des règles communes en matière de concurrence ;
b) une coordination obligatoire des diverses organisations nationales de marché ;
c) une organisation européenne du marché.

2. L'organisation commune sous une des formes prévues au paragraphe 1 peut comporter toutes les mesures nécessaires pour atteindre les objectifs visés à l'article III-227, notamment des réglementations des prix, des subventions tant à la production qu'à la commercialisation des différents produits, des systèmes de stockage et de report et des mécanismes communs de stabilisation à l'importation ou à l'exportation.

Elle doit se limiter à poursuivre les objectifs visés à l'article III-227 et doit exclure toute discrimination entre producteurs ou consommateurs de l'Union.

Une politique commune éventuelle des prix doit être fondée sur des critères communs et sur des méthodes de calcul uniformes.

3. Afin de permettre à l'organisation commune visée au paragraphe 1 d'atteindre ses objectifs, il peut être créé un ou plusieurs Fonds d'orientation et de garantie agricole.

Article III-229

Pour permettre d'atteindre les objectifs visés à l'article III-227, il peut notamment être prévu dans le cadre de la politique agricole commune :

a) une coordination efficace des efforts entrepris dans les domaines de la formation professionnelle, de la recherche et de la vulgarisation agronomique, pouvant comporter des projets ou institutions financés en commun ;
b) des actions communes pour le développement de la consommation de certains produits.

Article III-230

1. La section relative aux règles de concurrence n'est applicable à la production et au commerce des produits agricoles que dans la mesure déterminée par la loi ou loi-cadre européenne conformément à l'article III-231, paragraphe 2, compte tenu des objectifs visés à l'article III-227.

2. Le Conseil, sur proposition de la Commission, peut adopter un règlement européen ou une décision européenne autorisant l'octroi d'aides :

a) pour la protection des exploitations défavorisées par des conditions structurelles ou naturelles ;
b) dans le cadre de programmes de développement économique.

Article III-231

1. La Commission présente des propositions en ce qui concerne l'élaboration et la mise en œuvre de la politique agri-

cole commune, y compris la substitution aux organisations nationales de l'une des formes d'organisation commune prévues à l'article III-228, paragraphe 1, ainsi que la mise en œuvre des mesures visées à la présente section.

Ces propositions tiennent compte de l'interdépendance des questions agricoles visées à la présente section.

2. La loi ou loi-cadre européenne établit l'organisation commune des marchés agricoles prévue à l'article III-228, paragraphe 1, ainsi que les autres dispositions nécessaires à la poursuite des objectifs de la politique commune de l'agriculture et de la pêche. Elle est adoptée après consultation du Comité économique et social.

3. Le Conseil, sur proposition de la Commission, adopte les règlements ou décisions européens relatifs à la fixation des prix, des prélèvements, des aides et des limitations quantitatives, ainsi qu'à la fixation et à la répartition des possibilités de pêche.

4. L'organisation commune prévue à l'article III-228, paragraphe 1, peut être substituée aux organisations nationales du marché, dans les conditions prévues au paragraphe 2 :

a) si l'organisation commune offre aux États membres opposés à cette mesure et disposant eux-mêmes d'une organisation nationale pour la production en cause des garanties équivalentes pour l'emploi et le niveau de vie des producteurs intéressés, compte tenu du rythme des adaptations possibles et des spécialisations nécessaires, et
b) si cette organisation assure aux échanges à l'intérieur de l'Union des conditions analogues à celles qui existent dans un marché national.

5. S'il est créé une organisation commune pour certaines matières premières, sans qu'il existe encore une organisation commune pour les produits de transformation correspondants,

les matières premières en cause utilisées pour les produits de transformation destinés à l'exportation vers les pays tiers peuvent être importées de l'extérieur de l'Union.

Article III-232

Lorsque, dans un État membre, un produit fait l'objet d'une organisation nationale du marché ou de toute réglementation interne d'effet équivalent affectant la position concurrentielle d'une production similaire dans un autre État membre, une taxe compensatoire à l'entrée est appliquée par les États membres à ce produit en provenance de l'État membre où l'organisation ou la réglementation existe, à moins que cet État n'applique une taxe compensatoire à la sortie.

La Commission adopte des règlements ou décisions européens fixant le montant de ces taxes dans la mesure nécessaire pour rétablir l'équilibre Elle peut également autoriser le recours à d'autres mesures dont elle définit les conditions et modalités.

Section 5

Environnement

Article III-233

1. La politique de l'Union dans le domaine de l'environnement contribue à la poursuite des objectifs suivants :

a) la préservation, la protection et l'amélioration de la qualité de l'environnement ;
b) la protection de la santé des personnes ;
c) l'utilisation prudente et rationnelle des ressources naturelles ;
d) la promotion, sur le plan international, de mesures destinées à faire face aux problèmes régionaux ou planétaires de l'environnement.

2. La politique de l'Union dans le domaine de l'environnement vise un niveau de protection élevé, en tenant compte de la diversité des situations dans les différentes régions de l'Union. Elle est fondée sur les principes de précaution et d'action préventive, sur le principe de la correction, par priorité à la source, des atteintes à l'environnement et sur le principe du pollueur-payeur.

Dans ce contexte, les mesures d'harmonisation répondant aux exigences en matière de protection de l'environnement comportent, dans les cas appropriés, une clause de sauvegarde autorisant les États membres à prendre, pour des motifs environnementaux non économiques, des dispositions provisoires soumises à une procédure de contrôle par l'Union.

3. Dans l'élaboration de sa politique dans le domaine de l'environnement, l'Union tient compte :

a) des données scientifiques et techniques disponibles :
b) des conditions de l'environnement dans les diverses régions de l'Union :
c) des avantages et des charges qui peuvent résulter de l'action ou de l'absence d'action :
d) du développement économique et social de l'Union dans son ensemble et du développement équilibré de ses régions.

4. Dans le cadre de leurs compétences respectives, l'Union et les États membres coopèrent avec les pays tiers et les organisations internationales compétentes. Les modalités de la coopération de l'Union peuvent faire l'objet d'accords entre celle-ci et les tierces parties concernées.

Le premier alinéa ne préjuge pas la compétence des États membres pour négocier dans les instances internationales et conclure des accords internationaux.

Article III-234

1. La loi ou loi-cadre européenne établit les actions à entreprendre pour réaliser les objectifs visés à l'article III-233. Elle est adoptée après consultation du Comité des régions et du Comité économique et social.

2. Par dérogation au paragraphe 1 et sans préjudice de l'article III-172, le Conseil adopte à l'unanimité des lois ou lois-cadres européennes établissant :

a) des dispositions essentiellement de nature fiscale ;
b) les mesures affectant :
 i) l'aménagement du territoire ;
 ii) la gestion quantitative des ressources hydriques ou touchant directement ou indirectement la disponibilité desdites ressources ;
 iii) l'affectation des sols, à l'exception de la gestion des déchets ;
c) les mesures affectant sensiblement le choix d'un État membre entre différentes sources d'énergie et la structure générale de son approvisionnement énergétique.

Le Conseil, sur proposition de la Commission, peut adopter à l'unanimité une décision européenne pour rendre la procédure législative ordinaire applicable aux domaines visés au premier alinéa.

Dans tous les cas, le Conseil statue après consultation du Parlement européen, du Comité des régions et du Comité économique et social.

3. La loi européenne établit des programmes d'action à caractère général qui fixent les objectifs prioritaires à atteindre. Elle est adoptée après consultation du Comité des régions et du Comité économique et social.

Les mesures nécessaires à la mise en œuvre de ces programmes sont adoptées conformément aux conditions prévues au paragraphe 1 ou 2, selon le cas.

4. Sans préjudice de certaines mesures adoptées par l'Union, les États membres assurent le financement et l'exécution de la politique en matière d'environnement.

5. Sans préjudice du principe du pollueur-payeur, lorsqu'une mesure fondée sur le paragraphe 1 implique des coûts jugés disproportionnés pour les pouvoirs publics d'un État membre, cette mesure prévoit sous une forme appropriée :

a) des dérogations temporaires, et/ou
b) un soutien financier du Fonds de cohésion.

6. Les mesures de protection adoptées en vertu du présent article ne font pas obstacle au maintien et à l'établissement, par chaque État membre, de mesures de protection renforcées. Ces mesures doivent être compatibles avec la Constitution. Elles sont notifiées à la Commission.

SECTION 6

PROTECTION DES CONSOMMATEURS

ARTICLE III-235

1. Afin de promouvoir les intérêts des consommateurs et d'assurer un niveau élevé de protection des consommateurs, l'Union contribue à la protection de la santé, de la sécurité et des intérêts économiques des consommateurs, ainsi qu'à la promotion de leur droit à l'information, à l'éducation et à s'organiser afin de préserver leurs intérêts.

2. L'Union contribue à la réalisation des objectifs visés au paragraphe 1 par :

a) des mesures adoptées en application de l'article III-172 dans le cadre de l'établissement ou du fonctionnement du marché intérieur ;
b) des mesures qui appuient et complètent la politique menée par les États membres, et en assurent le suivi.

3. La loi ou loi-cadre européenne établit les mesures visées au paragraphe 2, point b). Elle est adoptée après consultation du Comité économique et social.

4. Les actes adoptés en application du paragraphe 3 ne peuvent empêcher un État membre de maintenir ou d'établir des dispositions de protection plus strictes. Ces dispositions doivent être compatibles avec la Constitution. Elles sont notifiées à la Commission.

SECTION 7

TRANSPORTS

ARTICLE III-236

1. Les objectifs de la Constitution sont poursuivis, en ce qui concerne la matière régie par la présente section, dans le cadre d'une politique commune des transports.

2. La loi ou loi-cadre européenne met en œuvre le paragraphe 1, en tenant compte des aspects spéciaux des transports. Elle est adoptée après consultation du Comité des régions et du Comité économique et social.

La loi ou loi-cadre européenne établit :

a) des règles communes applicables aux transports internationaux exécutés au départ ou à destination du territoire d'un État membre, ou traversant le territoire d'un ou de plusieurs États membres ;
b) les conditions d'admission de transporteurs non résidents aux transports nationaux dans un État membre ;

c) les mesures permettant d'améliorer la sécurité des transports ;
d) toute autre mesure utile.

3. Lors de l'adoption de la loi ou loi-cadre européenne visée au paragraphe 2, il est tenu compte des cas où son application serait susceptible d'affecter gravement le niveau de vie et l'emploi dans certaines régions, ainsi que l'exploitation des équipements de transport.

ARTICLE III-237

Jusqu'à l'adoption de la loi ou loi-cadre européenne visée à l'article III-236, paragraphe 2, et sauf adoption à l'unanimité d'une décision européenne du Conseil accordant une dérogation, aucun État membre ne peut rendre moins favorables, dans leur effet direct ou indirect à l'égard des transporteurs des autres États membres par rapport aux transporteurs nationaux, les dispositions diverses régissant la matière au 1er janvier 1958 ou, pour les États adhérents, à la date de leur adhésion.

ARTICLE III-238

Sont compatibles avec la Constitution les aides qui répondent aux besoins de la coordination des transports ou qui correspondent au remboursement de certaines servitudes inhérentes à la notion de service public.

ARTICLE III-239

Toute mesure dans le domaine des prix et conditions de transport, adoptée dans le cadre de la Constitution, doit tenir compte de la situation économique des transporteurs.

ARTICLE III-240

1. Dans le trafic à l'intérieur de l'Union, sont interdites les discriminations qui consistent en l'application par un transpor-

teur, pour les mêmes marchandises sur les mêmes relations de trafic, de prix et conditions de transport différents en raison de l'État membre d'origine ou de destination des produits transportés.

2. Le paragraphe 1 n'exclut pas que d'autres lois ou lois-cadres européennes puissent être adoptées en application de l'article III-236, paragraphe 2.

3. Le Conseil, sur proposition de la Commission, adopte des règlements ou décisions européens assurant la mise en œuvre du paragraphe 1. Il statue après consultation du Parlement européen et du Comité économique et social.

Il peut notamment adopter les règlements et décisions européens nécessaires pour permettre aux institutions de veiller au respect de la règle visée au paragraphe 1 et pour en assurer l'entier bénéfice aux usagers.

4. La Commission, de sa propre initiative ou à la demande d'un État membre, examine les cas de discrimination visés au paragraphe 1 et, après consultation de tout État membre intéressé, adopte, dans le cadre des règlements et décisions européens visés au paragraphe 3, les décisions européennes nécessaires.

ARTICLE III-241

1. L'application imposée par un État membre, aux transports exécutés à l'intérieur de l'Union, de prix et conditions comportant tout élément de soutien ou de protection dans l'intérêt d'une ou de plusieurs entreprises ou industries particulières est interdite, sauf si elle est autorisée par une décision européenne de la Commission.

2. La Commission, de sa propre initiative ou à la demande d'un État membre, examine les prix et conditions visés au paragraphe 1 en tenant compte, notamment, d'une part, des

exigences d'une politique économique régionale appropriée, des besoins des régions sous-développées, ainsi que des problèmes des régions gravement affectées par les circonstances politiques et, d'autre part, des effets de ces prix et conditions sur la concurrence entre les modes de transport.

Après consultation de tout État membre intéressé, elle adopte les décisions européennes nécessaires.

3. L'interdiction visée au paragraphe 1 ne s'applique pas aux tarifs de concurrence.

ARTICLE III-242

Les taxes ou redevances qui, indépendamment des prix de transport, sont perçues par un transporteur au passage des frontières ne doivent pas dépasser un niveau raisonnable, compte tenu des frais réels effectivement entraînés par ce passage.

Les États membres s'efforcent de réduire ces frais.

La Commission peut adresser aux États membres des recommandations en vue de l'application du présent article.

ARTICLE III-243

Les dispositions de la présente section ne font pas obstacle aux mesures prises dans la République fédérale d'Allemagne, pour autant qu'elles soient nécessaires pour compenser les désavantages économiques causés, par la division de l'Allemagne, à l'économie de certaines régions de la République fédérale affectées par cette division. Cinq ans après l'entrée en vigueur du traité établissant une Constitution pour l'Europe, le Conseil, sur proposition de la Commission, peut adopter une décision européenne abrogeant le présent article.

Article III-244

Un comité de caractère consultatif, composé d'experts désignés par les gouvernements des États membres, est institué auprès de la Commission. Celle-ci le consulte chaque fois qu'elle le juge utile en matière de transports.

Article III-245

1. La présente section s'applique aux transports par chemin de fer, par route et par voie navigable.

2. La loi ou loi-cadre européenne peut établir les mesures appropriées pour la navigation maritime et aérienne. Elle est adoptée après consultation du Comité des régions et du Comité économique et social.

Section 8

Réseaux transeuropéens

Article III-246

1. En vue de contribuer à la réalisation des objectifs visés aux articles III-130 et III-220 et de permettre aux citoyens de l'Union, aux opérateurs économiques, ainsi qu'aux collectivités régionales et locales de bénéficier pleinement des avantages découlant de la mise en place d'un espace sans frontières intérieures, l'Union contribue à l'établissement et au développement de réseaux transeuropéens dans les secteurs des infrastructures du transport, des télécommunications et de l'énergie.

2. Dans le cadre d'un système de marchés ouverts et concurrentiels, l'action de l'Union vise à favoriser l'interconnexion et l'interopérabilité des réseaux nationaux ainsi que l'accès à ces réseaux. Elle tient compte en particulier de la nécessité de relier les régions insulaires, enclavées et périphériques aux régions centrales de l'Union.

ARTICLE III-247

1. Afin de réaliser les objectifs visés à l'article III-246, l'Union :

a) établit un ensemble d'orientations couvrant les objectifs, les priorités ainsi que les grandes lignes des actions envisagées dans le domaine des réseaux transeuropéens ; ces orientations identifient des projets d'intérêt commun ;
b) met en œuvre toute action qui peut s'avérer nécessaire pour assurer l'interopérabilité des réseaux, en particulier dans le domaine de l'harmonisation des normes techniques ;
c) peut soutenir des projets d'intérêt commun soutenus par les États membres et définis dans le cadre des orientations visées au point a), en particulier sous forme d'études de faisabilité, de garanties d'emprunt ou de bonifications d'intérêts ; l'Union peut également contribuer au financement, dans les États membres, de projets spécifiques en matière d'infrastructure des transports par le biais du Fonds de cohésion.

L'action de l'Union tient compte de la viabilité économique potentielle des projets.

2. La loi ou loi-cadre européenne établit les orientations et les autres mesures visées au paragraphe 1. Elle est adoptée après consultation du Comité des régions et du Comité économique et social.

Les orientations et projets d'intérêt commun qui concernent le territoire d'un État membre requièrent l'accord de l'État membre concerné.

3. Les États membres coordonnent entre eux, en liaison avec la Commission, les politiques menées au niveau national qui peuvent avoir un impact significatif sur la réalisation des objectifs visés à l'article III-246. La Commission peut prendre, en étroite collaboration avec les États membres, toute initiative utile pour promouvoir cette coordination.

4. L'Union peut coopérer avec les pays tiers pour promouvoir des projets d'intérêt commun et assurer l'interopérabilité des réseaux.

Section 9

Recherche et développement technologique et espace

Article III-248

1. L'action de l'Union vise à renforcer ses bases scientifiques et technologiques, par la réalisation d'un espace européen de la recherche dans lequel les chercheurs, les connaissances scientifiques et les technologies circulent librement, à favoriser le développement de sa compétitivité, y compris celle de son industrie, ainsi qu'à promouvoir les actions de recherche jugées nécessaires au titre d'autres chapitres de la Constitution.

2. Aux fins visées au paragraphe 1, elle encourage dans l'ensemble de l'Union les entreprises, y compris les petites et moyennes entreprises, les centres de recherche et les universités dans leurs efforts de recherche et de développement technologique de haute qualité. Elle soutient leurs efforts de coopération, en visant tout particulièrement à permettre aux chercheurs de coopérer librement au-delà des frontières et aux entreprises d'exploiter les potentialités du marché intérieur à la faveur, notamment, de l'ouverture des marchés publics nationaux, de la définition de normes communes et de l'élimination des obstacles juridiques et fiscaux à cette coopération.

3. Toutes les actions de l'Union dans le domaine de la recherche et du développement technologique, y compris les actions de démonstration, sont décidées et mises en œuvre conformément à la présente section.

ARTICLE III-249

Dans la poursuite des objectifs visés à l'article III-248, l'Union mène les actions suivantes, qui complètent les actions entreprises dans les États membres :

a) mise en œuvre de programmes de recherche, de développement technologique et de démonstration en promouvant la coopération avec et entre les entreprises, les centres de recherche et les universités ;
b) promotion de la coopération en matière de recherche, de développement technologique et de démonstration de l'Union avec les pays tiers et les organisations internationales ;
c) diffusion et valorisation des résultats des activités en matière de recherche, de développement technologique et de démonstration de l'Union ;
d) stimulation de la formation et de la mobilité des chercheurs de l'Union.

ARTICLE III-250

1. L'Union et les États membres coordonnent leur action en matière de recherche et de développement technologique, afin d'assurer la cohérence réciproque des politiques nationales et de la politique de l'Union.

2. La Commission peut prendre, en étroite collaboration avec les États membres, toute initiative utile pour promouvoir la coordination visée au paragraphe 1, notamment des initiatives en vue d'établir des orientations et des indicateurs, d'organiser l'échange des meilleures pratiques et de préparer les éléments nécessaires à la surveillance et à l'évaluation périodiques. Le Parlement européen est pleinement informé.

ARTICLE III-251

1. La loi européenne établit le programme-cadre pluriannuel, dans lequel est repris l'ensemble des actions financées par l'Union. Elle est adoptée après consultation du Comité économique et social.

Le programme-cadre :

a) fixe les objectifs scientifiques et technologiques à réaliser par les actions visées à l'article III-249 et les priorités qui s'y attachent ;
b) indique les grandes lignes de ces actions ;
c) fixe le montant global maximum et les modalités de la participation financière de l'Union au programme-cadre, ainsi que les quotes-parts respectives de chacune des actions envisagées.

2. Le programme-cadre pluriannuel est adapté ou complété en fonction de l'évolution des situations.

3. Une loi européenne du Conseil établit les programmes spécifiques qui mettent en œuvre le programme-cadre pluriannuel à l'intérieur de chacune des actions. Chaque programme spécifique précise les modalités de sa réalisation, fixe sa durée et prévoit les moyens estimés nécessaires. La somme des montants estimés nécessaires, fixés par les programmes spécifiques, ne peut pas dépasser le montant global maximum fixé pour le programme-cadre et pour chaque action. Cette loi est adoptée après consultation du Parlement européen et du Comité économique et social.

4. En complément des actions prévues dans le programme-cadre pluriannuel, la loi européenne établit les mesures nécessaires à la mise en œuvre de l'espace européen de recherche. Elle est adoptée après consultation du Comité économique et social.

ARTICLE III-252

1. Pour la mise en œuvre du programme-cadre pluriannuel, la loi ou loi-cadre européenne établit :

a) les règles de participation des entreprises, des centres de recherche et des universités ;
b) les règles applicables à la diffusion des résultats de la recherche.

La loi ou loi-cadre européenne est adoptée après consultation du Comité économique et social.

2. Dans la mise en œuvre du programme-cadre pluriannuel, la loi européenne peut établir des programmes complémentaires auxquels ne participent que certains États membres qui assurent leur financement, sous réserve d'une participation éventuelle de l'Union.

La loi européenne fixe les règles applicables aux programmes complémentaires, notamment en matière de diffusion des connaissances et d'accès d'autres États membres. Elle est adoptée après consultation du Comité économique et social et avec l'accord des États membres concernés.

3. Dans la mise en œuvre du programme-cadre pluriannuel, la loi européenne peut prévoir, en accord avec les États membres concernés, une participation à des programmes de recherche et de développement entrepris par plusieurs États membres, y compris la participation aux structures créées pour l'exécution de ces programmes.

La loi européenne est adoptée après consultation du Comité économique et social.

4. Dans la mise en œuvre du programme-cadre pluriannuel, l'Union peut prévoir une coopération en matière de recherche, de développement technologique et de démonstration de

l'Union avec des pays tiers ou des organisations internationales.

Les modalités de cette coopération peuvent faire l'objet d'accords entre l'Union et les tierces parties concernées.

ARTICLE III-253

Le Conseil, sur proposition de la Commission, peut adopter des règlements ou des décisions européens visant à créer des entreprises communes ou toute autre structure nécessaire à la bonne exécution des programmes de recherche, de développement technologique et de démonstration de l'Union. Il statue après consultation du Parlement européen et du Comité économique et social.

ARTICLE III-254

1. Afin de favoriser le progrès scientifique et technique, la compétitivité industrielle et la mise en œuvre de ses politiques, l'Union élabore une politique spatiale européenne. À cette fin, elle peut promouvoir des initiatives communes, soutenir la recherche et le développement technologique et coordonner les efforts nécessaires pour l'exploration et l'utilisation de l'espace.

2. Pour contribuer à la réalisation des objectifs visés au paragraphe 1, la loi ou loi-cadre européenne établit les mesures nécessaires, qui peuvent prendre la forme d'un programme spatial européen.

3. L'Union établit toute liaison utile avec l'Agence spatiale européenne.

ARTICLE III-255

Au début de chaque année, la Commission présente un rapport au Parlement européen et au Conseil. Ce rapport porte notamment sur les activités menées en matière de recherche, de développement technologique et de diffusion des résultats durant l'année précédente et sur le programme de travail de l'année en cours.

Section 10

Énergie

Article III-256

1. Dans le cadre de l'établissement ou du fonctionnement du marché intérieur et en tenant compte de l'exigence de préserver et d'améliorer l'environnement, la politique de l'Union dans le domaine de l'énergie vise :

a) à assurer le fonctionnement du marché de l'énergie ;
b) à assurer la sécurité de l'approvisionnement énergétique dans l'Union, et
c) à promouvoir l'efficacité énergétique et les économies d'énergie ainsi que le développement des énergies nouvelles et renouvelables.

2. Sans préjudice de l'application d'autres dispositions de la Constitution, la loi ou loi-cadre européenne établit les mesures nécessaires pour atteindre les objectifs visés au paragraphe 1. Elle est adoptée après consultation du Comité des régions et du Comité économique et social.

La loi ou loi-cadre européenne n'affecte pas le droit d'un État membre de déterminer les conditions d'exploitation de ses ressources énergétiques, son choix entre différentes sources d'énergie et la structure générale de son approvisionnement énergétique, sans préjudice de l'article III-234, paragraphe 2, point c).

3. Par dérogation au paragraphe 2, une loi ou loi-cadre européenne du Conseil établit les mesures qui y sont visées lors-

qu'elles sont essentiellement de nature fiscale. Le Conseil statue à l'unanimité, après consultation du Parlement européen.

CHAPITRE IV

ESPACE DE LIBERTÉ, DE SÉCURITÉ ET DE JUSTICE

SECTION 1

DISPOSITIONS GÉNÉRALES

ARTICLE III-257

1. L'Union constitue un espace de liberté, de sécurité et de justice dans le respect des droits fondamentaux et des différents systèmes et traditions juridiques des États membres.

2. Elle assure l'absence de contrôles des personnes aux frontières intérieures et développe une politique commune en matière d'asile, d'immigration et de contrôle des frontières extérieures qui est fondée sur la solidarité entre États membres et qui est équitable à l'égard des ressortissants des pays tiers. Aux fins du présent chapitre, les apatrides sont assimilés aux ressortissants des pays tiers.

3. L'Union œuvre pour assurer un niveau élevé de sécurité par des mesures de prévention de la criminalité, du racisme et de la xénophobie, ainsi que de lutte contre ceux-ci, par des mesures de coordination et de coopération entre autorités policières et judiciaires et autres autorités compétentes, ainsi que par la reconnaissance mutuelle des décisions judiciaires en matière pénale et, si nécessaire, par le rapprochement des législations pénales.

4. L'Union facilite l'accès à la justice, notamment par le principe de reconnaissance mutuelle des décisions judiciaires et extrajudiciaires en matière civile.

ARTICLE III-258

Le Conseil européen définit les orientations stratégiques de la programmation législative et opérationnelle dans l'espace de liberté, de sécurité et de justice.

ARTICLE III-259

Les parlements nationaux veillent, à l'égard des propositions et initiatives législatives présentées dans le cadre des sections 4 et 5, au respect du principe de subsidiarité, conformément au protocole sur l'application des principes de subsidiarité et de proportionnalité.

ARTICLE III-260

Sans préjudice des articles III-360 à III-362, le Conseil, sur proposition de la Commission, peut adopter des règlements ou décisions européens établissant des modalités par lesquelles les États membres, en collaboration avec la Commission, procèdent à une évaluation objective et impartiale de la mise en œuvre, par les autorités des États membres, des politiques de l'Union visées au présent chapitre, en particulier afin de favoriser la pleine application du principe de reconnaissance mutuelle. Le Parlement européen et les parlements nationaux sont informés de la teneur et des résultats de cette évaluation.

ARTICLE III-261

Un comité permanent est institué au sein du Conseil afin d'assurer à l'intérieur de l'Union la promotion et le renforcement de la coopération opérationnelle en matière de sécurité intérieure. Sans préjudice de l'article III-344, il favorise la coordination de l'action des autorités compétentes des États membres. Les représentants des organes et organismes concernés de l'Union peuvent être associés aux travaux du comité. Le Parlement européen et les parlements nationaux sont tenus informés des travaux.

ARTICLE III-262

Le présent chapitre ne porte pas atteinte à l'exercice des responsabilités qui incombent aux États membres pour le maintien de l'ordre public et la sauvegarde de la sécurité intérieure.

ARTICLE III-263

Le Conseil adopte des règlements européens pour assurer une coopération administrative entre les services compétents des États membres dans les domaines visés par le présent chapitre, ainsi qu'entre ces services et la Commission. Il statue sur proposition de la Commission, sous réserve de l'article III-264, et après consultation du Parlement européen.

ARTICLE III-264

Les actes visés aux sections 4 et 5, ainsi que les règlements européens visés à l'article III-263 qui assurent une coopération administrative dans les domaines visés à ces sections, sont adoptés :

a) sur proposition de la Commission, ou
b) sur initiative d'un quart des États membres.

SECTION 2

POLITIQUES RELATIVES AUX CONTRÔLES AUX FRONTIÈRES, À L'ASILE ET À L'IMMIGRATION

ARTICLE III-265

1. L'Union développe une politique visant :

a) à assurer l'absence de tout contrôle des personnes, quelle que soit leur nationalité, lorsqu'elles franchissent les frontières intérieures ;
b) à assurer le contrôle des personnes et la surveillance efficace du franchissement des frontières extérieures ;

c) à mettre en place progressivement un système intégré de gestion des frontières extérieures.

2. Aux fins du paragraphe 1, la loi ou loi-cadre européenne établit les mesures portant sur :

a) la politique commune de visas et d'autres titres de séjour de courte durée ;
b) les contrôles auxquels sont soumises les personnes franchissant les frontières extérieures ;
c) les conditions dans lesquelles les ressortissants des pays tiers peuvent circuler librement dans l'Union pendant une courte durée ;
d) toute mesure nécessaire pour l'établissement progressif d'un système intégré de gestion des frontières extérieures ;
e) l'absence de contrôle des personnes, quelle que soit leur nationalité, lorsqu'elles franchissent les frontières intérieures.

3. Le présent article n'affecte pas la compétence des États membres concernant la délimitation géographique de leurs frontières, conformément au droit international.

ARTICLE III-266

1. L'Union développe une politique commune en matière d'asile, de protection subsidiaire et de protection temporaire visant à offrir un statut approprié à tout ressortissant d'un pays tiers nécessitant une protection internationale et à assurer le respect du principe de non-refoulement. Cette politique doit être conforme à la Convention de Genève du 28 juillet 1951 et au protocole du 31 janvier 1967 relatifs au statut des réfugiés, ainsi qu'aux autres traités pertinents.

2. Aux fins du paragraphe 1, la loi ou loi-cadre européenne établit les mesures relatives à un système européen commun d'asile comportant :

a) un statut uniforme d'asile en faveur de ressortissants de pays tiers, valable dans toute l'Union ;
b) un statut uniforme de protection subsidiaire pour les ressortissants des pays tiers qui, sans obtenir l'asile européen, ont besoin d'une protection internationale ;
c) un système commun visant, en cas d'afflux massif, une protection temporaire des personnes déplacées ;
d) des procédures communes pour l'octroi et le retrait du statut uniforme d'asile ou de protection subsidiaire ;
e) des critères et mécanismes de détermination de l'État membre responsable de l'examen d'une demande d'asile ou de protection subsidiaire ;
f) des normes concernant les conditions d'accueil des demandeurs d'asile ou de protection subsidiaire ;
g) le partenariat et la coopération avec des pays tiers pour gérer les flux de personnes demandant l'asile ou une protection subsidiaire ou temporaire.

3. Au cas où un ou plusieurs États membres se trouvent dans une situation d'urgence caractérisée par un afflux soudain de ressortissants de pays tiers, le Conseil, sur proposition de la Commission, peut adopter des règlements ou décisions européens comportant des mesures provisoires au profit du ou des États membres concernés. Il statue après consultation du Parlement européen.

ARTICLE III-267

1. L'Union développe une politique commune de l'immigration visant à assurer, à tous les stades, une gestion efficace des flux migratoires, un traitement équitable des ressortissants de pays tiers en séjour régulier dans les États membres, ainsi qu'une prévention de l'immigration illégale et de la traite des êtres humains et une lutte renforcée contre celles-ci.

2. Aux fins du paragraphe 1, la loi ou loi-cadre européenne établit les mesures dans les domaines suivants :

a) les conditions d'entrée et de séjour, ainsi que les normes concernant la délivrance par les États membres de visas et de titres de séjour de longue durée, y compris aux fins du regroupement familial ;
b) la définition des droits des ressortissants des pays tiers en séjour régulier dans un État membre, y compris les conditions régissant la liberté de circulation et de séjour dans les autres États membres ;
c) l'immigration clandestine et le séjour irrégulier, y compris l'éloignement et le rapatriement des personnes en séjour irrégulier ;
d) la lutte contre la traite des êtres humains, en particulier des femmes et des enfants.

3. L'Union peut conclure avec des pays tiers des accords visant la réadmission, dans les pays d'origine ou de provenance, de ressortissants de pays tiers qui ne remplissent pas ou qui ne remplissent plus les conditions d'entrée, de présence ou de séjour sur le territoire de l'un des États membres.

4. La loi ou loi-cadre européenne peut établir des mesures pour encourager et appuyer l'action des États membres en vue de favoriser l'intégration des ressortissants de pays tiers en séjour régulier sur leur territoire, à l'exclusion de toute harmonisation des dispositions législatives et réglementaires des États membres.

5. Le présent article n'affecte pas le droit des États membres de fixer les volumes d'entrée des ressortissants de pays tiers, en provenance de pays tiers, sur leur territoire dans le but d'y rechercher un emploi salarié ou non salarié.

ARTICLE III-268

Les politiques de l'Union visées à la présente section et leur mise en œuvre sont régies par le principe de solidarité et de partage équitable de responsabilités entre les États membres, y compris sur le plan financier. Chaque fois que cela est nécessaire, les actes de l'Union adoptés en vertu de la présente section contiennent des mesures appropriées pour l'application de ce principe.

SECTION 3

COOPÉRATION JUDICIAIRE EN MATIÈRE CIVILE

ARTICLE III-269

1. L'Union développe une coopération judiciaire dans les matières civiles ayant une incidence transfrontière, fondée sur le principe de reconnaissance mutuelle des décisions judiciaires et extrajudiciaires. Cette coopération peut inclure l'adoption de mesures de rapprochement des dispositions législatives et réglementaires des États membres.

2. Aux fins du paragraphe 1, la loi ou loi-cadre européenne établit, notamment lorsque cela est nécessaire au bon fonctionnement du marché intérieur, des mesures visant à assurer :

a) la reconnaissance mutuelle entre les États membres des décisions judiciaires et extrajudiciaires, et leur exécution ;
b) la signification et la notification transfrontières des actes judiciaires et extrajudiciaires ;
c) la compatibilité des règles applicables dans les États membres en matière de conflit de lois et de compétence ;
d) la coopération en matière d'obtention des preuves ;
e) un accès effectif à la justice ;
f) l'élimination des obstacles au bon déroulement des procédures civiles, au besoin en favorisant la compatibilité des règles de procédure civile applicables dans les États membres ;
g) le développement de méthodes alternatives de résolution des litiges ;
h) un soutien à la formation des magistrats et des personnels de justice.

3. Par dérogation au paragraphe 2, les mesures relatives au droit de la famille ayant une incidence transfrontière sont établies par une loi ou loi-cadre européenne du Conseil. Celui-ci statue à l'unanimité, après consultation du Parlement européen.

Le Conseil, sur proposition de la Commission, peut adopter une décision européenne déterminant les aspects du droit de la famille ayant une incidence transfrontière susceptibles de faire l'objet d'actes adoptés selon la procédure législative ordinaire. Le Conseil statue à l'unanimité, après consultation du Parlement européen.

SECTION 4

COOPÉRATION JUDICIAIRE EN MATIÈRE PÉNALE

ARTICLE III-270

1. La coopération judiciaire en matière pénale dans l'Union est fondée sur le principe de reconnaissance mutuelle des jugements et décisions judiciaires et inclut le rapprochement des dispositions législatives et réglementaires des États membres dans les domaines visés au paragraphe 2 et à l'article III-271.

La loi ou loi-cadre européenne établit les mesures visant :

a) à établir des règles et des procédures pour assurer la reconnaissance, dans l'ensemble de l'Union, de toutes les formes de jugements et de décisions judiciaires ;
b) à prévenir et à résoudre les conflits de compétence entre les États membres ;
c) à soutenir la formation des magistrats et des personnels de justice ;
d) à faciliter la coopération entre les autorités judiciaires ou équivalentes des États membres dans le cadre des poursuites pénales et de l'exécution des décisions.

2. Dans la mesure où cela est nécessaire pour faciliter la reconnaissance mutuelle des jugements et décisions judiciaires, ainsi que la coopération policière et judiciaire dans les matières pénales ayant une dimension transfrontière, la loi-cadre européenne peut établir des règles minimales. Ces règles minimales tiennent compte des différences entre les traditions et systèmes juridiques des États membres.

Elles portent sur :

a) l'admissibilité mutuelle des preuves entre les États membres ;
b) les droits des personnes dans la procédure pénale ;
c) les droits des victimes de la criminalité ;
d) d'autres éléments spécifiques de la procédure pénale, que le Conseil aura identifiés préalablement par une décision européenne ; pour l'adoption de cette décision, le Conseil statue à l'unanimité, après approbation du Parlement européen.

L'adoption des règles minimales visées au présent paragraphe n'empêche pas les États membres de maintenir ou d'instituer un niveau de protection plus élevé pour les personnes.

3. Lorsqu'un membre du Conseil estime qu'un projet de loi-cadre européenne visée au paragraphe 2 porterait atteinte aux aspects fondamentaux de son système de justice pénale, il peut demander que le Conseil européen soit saisi. Dans ce cas, la procédure visée à l'article III-396 est suspendue. Après discussion et dans un délai de quatre mois à compter de cette suspension, le Conseil européen :

a) renvoie le projet au Conseil, ce qui met fin à la suspension de la procédure visée à l'article III-396, ou
b) demande à la Commission ou au groupe d'États membres dont émane le projet, d'en présenter un nouveau ; dans ce cas, l'acte initialement proposé est réputé non adopté.

4. Si, à l'issue de la période visée au paragraphe 3, le Conseil européen n'a pas agi ou si, dans un délai de douze mois à compter de la présentation d'un nouveau projet au titre du paragraphe 3, point b), la loi-cadre européenne n'a pas été adoptée et qu'au moins un tiers des États membres souhaitent instaurer une coopération renforcée sur la base du projet de loi-cadre concerné, ils en informent le Parlement européen, le Conseil et la Commission.

Dans un tel cas, l'autorisation de procéder à une coopération renforcée, qui est visée à l'article I-44, paragraphe 2, et à l'article III-419, paragraphe 1, est réputée accordée et les dispositions relatives à la coopération renforcée s'appliquent.

ARTICLE III-271

1. La loi-cadre européenne peut établir des règles minimales relatives à la définition des infractions pénales et des sanctions dans des domaines de criminalité particulièrement grave revêtant une dimension transfrontière résultant du caractère ou des incidences de ces infractions ou d'un besoin particulier de les combattre sur des bases communes.

Ces domaines de criminalité sont les suivants : le terrorisme, la traite des êtres humains et l'exploitation sexuelle des femmes et des enfants, le trafic illicite de drogues, le trafic illicite d'armes, le blanchiment d'argent, la corruption, la contrefaçon de moyens de paiement, la criminalité informatique et la criminalité organisée.

En fonction des développements de la criminalité, le Conseil peut adopter une décision européenne identifiant d'autres domaines de criminalité qui remplissent les critères visés au présent paragraphe. Il statue à l'unanimité, après approbation du Parlement européen.

2. Lorsque le rapprochement des dispositions législatives et réglementaires des États membres en matière pénale s'avère

indispensable pour assurer la mise en œuvre efficace d'une politique de l'Union dans un domaine ayant fait l'objet de mesures d'harmonisation, la loi-cadre européenne peut établir des règles minimales relatives à la définition des infractions pénales et des sanctions dans le domaine concerné. Elle est adoptée selon la même procédure que celle utilisée pour l'adoption des mesures d'harmonisation en question, sans préjudice de l'article III-264.

3. Lorsqu'un membre du Conseil estime qu'un projet de loi-cadre européenne visé au paragraphe 1 ou 2 porterait atteinte aux aspects fondamentaux de son système de justice pénale, il peut demander que le Conseil européen soit saisi. Dans ce cas, lorsque la procédure visée à l'article III-396 est applicable, elle est suspendue. Après discussion et dans un délai de quatre mois à compter de cette suspension, le Conseil européen :

a) renvoie le projet au Conseil, ce qui met fin à la suspension de la procédure visée à l'article III-396 lorsque celle-ci est applicable, ou
b) demande à la Commission ou au groupe d'États membres dont émane le projet, d'en présenter un nouveau ; dans ce cas, l'acte initialement proposé est réputé non adopté.

4. Si, à l'issue de la période visée au paragraphe 3, le Conseil européen n'a pas agi ou si, dans un délai de douze mois à compter de la présentation d'un nouveau projet au titre du paragraphe 3, point b), la loi-cadre européenne n'a pas été adoptée et qu'au moins un tiers des États membres souhaitent instaurer une coopération renforcée sur la base du projet de loi-cadre concerné, ils en informent le Parlement européen, le Conseil et la Commission.

Dans un tel cas, l'autorisation de procéder à une coopération renforcée visée à l'article I-44, paragraphe 2, et à l'article III-419, paragraphe 1, est réputée accordée et les dispositions relatives à la coopération renforcée s'appliquent.

ARTICLE III-272

La loi ou loi-cadre européenne peut établir des mesures pour encourager et appuyer l'action des États membres dans le domaine de la prévention du crime, à l'exclusion de toute harmonisation des dispositions législatives et réglementaires des États membres.

ARTICLE III-273

1. La mission d'Eurojust est d'appuyer et de renforcer la coordination et la coopération entre les autorités nationales chargées des enquêtes et des poursuites relatives à la criminalité grave affectant deux ou plusieurs États membres ou exigeant une poursuite sur des bases communes, sur la base des opérations effectuées et des informations fournies par les autorités des États membres et par Europol.

À cet égard, la loi européenne détermine la structure, le fonctionnement, le domaine d'action et les tâches d'Eurojust. Ces tâches peuvent comprendre :

a) le déclenchement d'enquêtes pénales ainsi que la proposition de déclenchement de poursuites conduites par les autorités nationales compétentes, en particulier celles relatives à des infractions portant atteinte aux intérêts financiers de l'Union ;
b) la coordination des enquêtes et poursuites visées au point a) ;
c) le renforcement de la coopération judiciaire, y compris par la résolution de conflits de compétences et par une coopération étroite avec le Réseau judiciaire européen.

La loi européenne fixe également les modalités de l'association du Parlement européen et des parlements nationaux à l'évaluation des activités d'Eurojust.

2. Dans le cadre des poursuites visées au paragraphe 1, et sans préjudice de l'article III-274, les actes officiels de procédure judiciaire sont accomplis par les agents nationaux compétents.

Article III-274

1. Pour combattre les infractions portant atteinte aux intérêts financiers de l'Union, une loi européenne du Conseil peut instituer un Parquet européen à partir d'Eurojust. Le Conseil statue à l'unanimité, après approbation du Parlement européen.

2. Le Parquet européen est compétent pour rechercher, poursuivre et renvoyer en jugement, le cas échéant en liaison avec Europol, les auteurs et complices d'infractions portant atteinte aux intérêts financiers de l'Union, tels que déterminés par la loi européenne prévue au paragraphe 1. Il exerce devant les juridictions compétentes des États membres l'action publique relative à ces infractions.

3. La loi européenne visée au paragraphe 1 fixe le statut du Parquet européen, les conditions d'exercice de ses fonctions, les règles de procédure applicables à ses activités, ainsi que celles gouvernant l'admissibilité des preuves, et les règles applicables au contrôle juridictionnel des actes de procédure qu'il arrête dans l'exercice de ses fonctions.

4. Le Conseil européen peut, simultanément ou ultérieurement, adopter une décision européenne modifiant le paragraphe 1 afin d'étendre les attributions du Parquet européen à la lutte contre la criminalité grave ayant une dimension transfrontière et modifiant en conséquence le paragraphe 2 en ce qui concerne les auteurs et les complices de crimes graves affectant plusieurs États membres. Le Conseil européen statue à l'unanimité, après approbation du Parlement européen et après consultation de la Commission.

Section 5

Coopération policière

Article III-275

1. L'Union développe une coopération policière qui associe toutes les autorités compétentes des États membres, y compris les services de police, les services des douanes et autres services répressifs spécialisés dans les domaines de la prévention ou de la détection des infractions pénales et des enquêtes en la matière.

2. Aux fins du paragraphe 1, la loi ou loi-cadre européenne peut établir des mesures portant sur :

a) la collecte, le stockage, le traitement, l'analyse et l'échange d'informations pertinentes ;
b) un soutien à la formation de personnel, ainsi que la coopération relative à l'échange de personnel, aux équipements et à la recherche en criminalistique ;
c) les techniques communes d'enquête concernant la détection de formes graves de criminalité organisée.

3. Une loi ou loi-cadre européenne du Conseil peut établir des mesures portant sur la coopération opérationnelle entre les autorités visées au présent article. Le Conseil statue à l'unanimité, après consultation du Parlement européen.

Article III-276

1. La mission d'Europol est d'appuyer et de renforcer l'action des autorités policières et des autres services répressifs des États membres ainsi que leur collaboration mutuelle dans la prévention de la criminalité grave affectant deux ou plusieurs États membres, du terrorisme et des formes de criminalité qui portent atteinte à un intérêt commun qui fait l'objet d'une politique de l'Union, ainsi que la lutte contre ceux-ci.

2. La loi européenne détermine la structure, le fonctionnement, le domaine d'action et les tâches d'Europol. Ces tâches peuvent comprendre :

a) la collecte, le stockage, le traitement, l'analyse et l'échange des informations, transmises notamment par les autorités des États membres ou de pays ou instances tiers ;
b) la coordination, l'organisation et la réalisation d'enquêtes et d'actions opérationnelles, menées conjointement avec les autorités compétentes des États membres ou dans le cadre d'équipes conjointes d'enquête, le cas échéant en liaison avec Eurojust.

La loi européenne fixe également les modalités de contrôle des activités d'Europol par le Parlement européen, contrôle auquel sont associés les parlements nationaux.

3. Toute action opérationnelle d'Europol doit être menée en liaison et en accord avec les autorités du ou des États membres dont le territoire est concerné. L'application de mesures de contrainte relève exclusivement des autorités nationales compétentes.

ARTICLE III-277

Une loi ou loi-cadre européenne du Conseil fixe les conditions et les limites dans lesquelles les autorités compétentes des États membres visées aux articles III-270 et III-275 peuvent intervenir sur le territoire d'un autre État membre en liaison et en accord avec les autorités de celui-ci. Le Conseil statue à l'unanimité, après consultation du Parlement européen.

CHAPITRE V

DOMAINES OÙ L'UNION PEUT DÉCIDER DE MENER UNE ACTION D'APPUI, DE COORDINATION OU DE COMPLÉMENT

SECTION 1

SANTÉ PUBLIQUE

ARTICLE III-278

1. Un niveau élevé de protection de la santé humaine est assuré dans la définition et la mise en œuvre de toutes les politiques et actions de l'Union.

L'action de l'Union, qui complète les politiques nationales, porte sur l'amélioration de la santé publique, ainsi que la prévention des maladies et affections humaines, et des causes de danger pour la santé physique et mentale. Cette action comprend également :

a) la lutte contre les grands fléaux, en favorisant la recherche sur leurs causes, leur transmission et leur prévention ainsi que l'information et l'éducation en matière de santé :
b) la surveillance de menaces transfrontières graves sur la santé, l'alerte en cas de telles menaces et la lutte contre celles-ci.

L'Union complète l'action menée par les États membres en vue de réduire les effets nocifs de la drogue sur la santé, y compris par l'information et la prévention.

2. L'Union encourage la coopération entre les États membres dans les domaines visés au présent article et, si nécessaire, elle appuie leur action. Elle encourage en particulier la coopération entre les États membres visant à améliorer la complémentarité de leurs services de santé dans les régions frontalières.

Les États membres coordonnent entre eux, en liaison avec la Commission, leurs politiques et programmes dans les domaines visés au paragraphe 1. La Commission peut prendre, en contact étroit avec les États membres, toute initiative utile pour promouvoir cette coordination, notamment des initiatives en vue d'établir des orientations et des indicateurs, d'organiser l'échange des meilleures pratiques et de préparer les éléments nécessaires à la surveillance et à l'évaluation périodiques. Le Parlement européen est pleinement informé.

3. L'Union et les États membres favorisent la coopération avec les pays tiers et les organisations internationales compétentes en matière de santé publique.

4. Par dérogation à l'article I-12, paragraphe 5, et à l'article I-17, point a), et conformément à l'article I-14, paragraphe 2, point k), la loi ou loi-cadre européenne contribue à la réalisation des objectifs visés au présent article en établissant les mesures ci-après afin de faire face aux enjeux communs de sécurité :

a) des mesures fixant des normes élevées de qualité et de sécurité des organes et substances d'origine humaine, du sang et des dérivés du sang ; ces mesures ne peuvent empêcher un État membre de maintenir ou d'établir des mesures de protection plus strictes ;
b) des mesures dans les domaines vétérinaire et phytosanitaire ayant directement pour objectif la protection de la santé publique ;
c) des mesures fixant des normes élevées de qualité et de sécurité des médicaments et des dispositifs à usage médical ;
d) des mesures concernant la surveillance des menaces transfrontières graves sur la santé, l'alerte en cas de telles menaces et la lutte contre celles-ci.

La loi ou loi-cadre européenne est adoptée après consultation du Comité des régions et du Comité économique et social.

5. La loi ou loi-cadre européenne peut également établir des mesures d'encouragement visant à protéger et à améliorer la santé humaine et notamment à lutter contre les grands fléaux transfrontières, ainsi que des mesures ayant directement pour objectif la protection de la santé publique en ce qui concerne le tabac et l'abus d'alcool, à l'exclusion de toute harmonisation des dispositions législatives et réglementaires des États membres. Elle est adoptée après consultation du Comité des régions et du Comité économique et social.

6. Aux fins du présent article, le Conseil, sur proposition de la Commission, peut également adopter des recommandations.

7. L'action de l'Union est menée dans le respect des responsabilités des États membres en ce qui concerne la définition de leur politique de santé, ainsi que l'organisation et la fourniture de services de santé et de soins médicaux. Les responsabilités des États membres incluent la gestion de services de santé et de soins médicaux, ainsi que l'allocation des ressources qui leur sont affectées. Les mesures visées au paragraphe 4, point a), ne portent pas atteinte aux dispositions nationales relatives aux dons d'organes et de sang ou à leur utilisation à des fins médicales.

SECTION 2

INDUSTRIE

ARTICLE III-279

1. L'Union et les États membres veillent à ce que les conditions nécessaires à la compétitivité de l'industrie de l'Union soient assurées.

À cette fin, conformément à un système de marchés ouverts et concurrentiels, leur action vise à :

a) accélérer l'adaptation de l'industrie aux changements structurels ;
b) encourager un environnement favorable à l'initiative et au développement des entreprises de l'ensemble de l'Union, notamment des petites et moyennes entreprises ;
c) encourager un environnement favorable à la coopération entre entreprises ;
d) favoriser une meilleure exploitation du potentiel industriel des politiques d'innovation, de recherche et de développement technologique.

2. Les États membres se consultent mutuellement, en liaison avec la Commission et, en tant que de besoin, coordonnent leurs actions. La Commission peut prendre toute initiative utile pour promouvoir cette coordination, notamment des initiatives en vue d'établir des orientations et des indicateurs, d'organiser l'échange des meilleures pratiques et de préparer les éléments nécessaires à la surveillance et à l'évaluation périodiques. Le Parlement européen est pleinement informé.

3. L'Union contribue à la réalisation des objectifs visés au paragraphe 1 au travers des politiques et actions qu'elle mène au titre d'autres dispositions de la Constitution. La loi ou la loi-cadre européenne peut établir des mesures spécifiques destinées à appuyer les actions menées dans les États membres afin de réaliser les objectifs visés au paragraphe 1, à l'exclusion de toute harmonisation des dispositions législatives et réglementaires des États membres. Elle est adoptée après consultation du Comité économique et social.

La présente section ne constitue pas une base pour l'introduction, par l'Union, de quelque mesure que ce soit pouvant entraîner des distorsions de concurrence ou comportant des dispositions fiscales ou relatives aux droits et intérêts des travailleurs salariés.

SECTION 3

CULTURE

ARTICLE III-280

1. L'Union contribue à l'épanouissement des cultures des États membres dans le respect de leur diversité nationale et régionale, tout en mettant en évidence l'héritage culturel commun.

2. L'action de l'Union vise à encourager la coopération entre États membres et, si nécessaire, à appuyer et à compléter leur action dans les domaines suivants :

a) l'amélioration de la connaissance et de la diffusion de la culture et de l'histoire des peuples européens ;
b) la conservation et la sauvegarde du patrimoine culturel d'importance européenne ;
c) les échanges culturels non commerciaux ;
d) la création artistique et littéraire, y compris dans le secteur de l'audiovisuel.

3. L'Union et les États membres favorisent la coopération avec les pays tiers et les organisations internationales compétentes dans le domaine de la culture, en particulier avec le Conseil de l'Europe.

4. L'Union tient compte des aspects culturels dans son action au titre d'autres dispositions de la Constitution, afin notamment de respecter et de promouvoir la diversité de ses cultures.

5. Pour contribuer à la réalisation des objectifs visés au présent article :

a) la loi ou loi-cadre européenne établit des actions d'encouragement, à l'exclusion de toute harmonisation des dispositions législatives et réglementaires des États membres. Elle est adoptée après consultation du Comité des régions ;

b) le Conseil, sur proposition de la Commission, adopte des recommandations.

SECTION 4

TOURISME

ARTICLE III-281

1. L'Union complète l'action des États membres dans le secteur du tourisme, notamment en promouvant la compétitivité des entreprises de l'Union dans ce secteur.

À cette fin, l'action de l'Union vise :

a) à encourager la création d'un environnement favorable au développement des entreprises dans ce secteur ;
b) à favoriser la coopération entre États membres, notamment par l'échange des bonnes pratiques.

2. La loi ou loi-cadre européenne établit les mesures particulières destinées à compléter les actions menées dans les États membres afin de réaliser les objectifs visés au présent article, à l'exclusion de toute harmonisation des dispositions législatives et réglementaires des États membres.

SECTION 5

ÉDUCATION, JEUNESSE, SPORT ET FORMATION PROFESSIONNELLE

ARTICLE III-282

1. L'Union contribue au développement d'une éducation de qualité en encourageant la coopération entre États membres et, si nécessaire, en appuyant et en complétant leur action. Elle respecte pleinement la responsabilité des États membres pour le contenu de l'enseignement et l'organisation du système éducatif ainsi que leur diversité culturelle et linguistique.

L'Union contribue à la promotion des enjeux européens du sport, tout en tenant compte de ses spécificités, de ses structures fondées sur le volontariat ainsi que de sa fonction sociale et éducative.

L'action de l'Union vise :

a) à développer la dimension européenne dans l'éducation, notamment par l'apprentissage et la diffusion des langues des États membres ;
b) à favoriser la mobilité des étudiants et des enseignants, y compris en encourageant la reconnaissance académique des diplômes et des périodes d'études ;
c) à promouvoir la coopération entre les établissements d'enseignement ;
d) à développer l'échange d'informations et d'expériences sur les questions communes aux systèmes d'éducation des États membres ;
e) à favoriser le développement des échanges de jeunes et d'animateurs socio-éducatifs et à encourager la participation des jeunes à la vie démocratique de l'Europe ;
f) à encourager le développement de l'éducation à distance ;
g) à développer la dimension européenne du sport, en promouvant l'équité et l'ouverture dans les compétitions sportives et la coopération entre les organismes responsables du sport, ainsi qu'en protégeant l'intégrité physique et morale des sportifs, notamment des jeunes sportifs.

2. L'Union et les États membres favorisent la coopération avec les pays tiers et les organisations internationales compétentes en matière d'éducation et de sport, en particulier avec le Conseil de l'Europe.

3. Pour contribuer à la réalisation des objectifs visés au présent article :

a) la loi ou loi-cadre européenne établit des actions d'encouragement, à l'exclusion de toute harmonisation des dispositions

législatives et réglementaires des États membres. Elle est adoptée après consultation du Comité des régions et du Comité économique et social ;
b) le Conseil, sur proposition de la Commission, adopte des recommandations.

ARTICLE III-283

1. L'Union met en œuvre une politique de formation professionnelle, qui appuie et complète les actions des États membres, tout en respectant pleinement la responsabilité des États membres pour le contenu et l'organisation de la formation professionnelle.

L'action de l'Union vise :

a) à faciliter l'adaptation aux mutations industrielles, notamment par la formation et la reconversion professionnelle ;
b) à améliorer la formation professionnelle initiale et la formation continue afin de faciliter l'insertion et la réinsertion professionnelle sur le marché du travail ;
c) à faciliter l'accès à la formation professionnelle et à favoriser la mobilité des formateurs et des personnes en formation, notamment des jeunes ;
d) à stimuler la coopération en matière de formation entre établissements d'enseignement ou de formation professionnelle et entreprises ;
e) à développer l'échange d'informations et d'expériences sur les questions communes aux systèmes de formation des États membres.

2. L'Union et les États membres favorisent la coopération avec les pays tiers et les organisations internationales compétentes en matière de formation professionnelle.

3. Pour contribuer à la réalisation des objectifs visés au présent article :

a) la loi ou loi-cadre européenne établit les mesures nécessaires, à l'exclusion de toute harmonisation des dispositions législatives et réglementaires des États membres. Elle est adoptée après consultation du Comité des régions et du Comité économique et social ;
b) le Conseil, sur proposition de la Commission, adopte des recommandations.

SECTION 6

PROTECTION CIVILE

ARTICLE III-284

1. L'Union encourage la coopération entre les États membres afin de renforcer l'efficacité des systèmes de prévention des catastrophes naturelles ou d'origine humaine et de protection contre celles-ci.

L'action de l'Union vise :

a) à soutenir et à compléter l'action des États membres aux niveaux national, régional et local portant sur la prévention des risques, sur la préparation des acteurs de la protection civile dans les États membres et sur l'intervention en cas de catastrophes naturelles ou d'origine humaine à l'intérieur de l'Union ;
b) à promouvoir une coopération opérationnelle rapide et efficace à l'intérieur de l'Union entre les services de protection civile nationaux ;
c) à favoriser la cohérence des actions entreprises au niveau international en matière de protection civile.

2. La loi ou loi-cadre européenne établit les mesures nécessaires pour contribuer à la réalisation des objectifs visés au paragraphe 1, à l'exclusion de toute harmonisation des dispositions législatives et réglementaires des États membres.

SECTION 7

COOPÉRATION ADMINISTRATIVE

ARTICLE III-285

1. La mise en œuvre effective du droit de l'Union par les États membres, qui est essentielle au bon fonctionnement de l'Union, est considérée comme une question d'intérêt commun.

2. L'Union peut appuyer les efforts des États membres pour améliorer leur capacité administrative à mettre en œuvre le droit de l'Union. Cette action peut consister notamment à faciliter les échanges d'informations et de fonctionnaires ainsi qu'à soutenir des programmes de formation. Aucun État membre n'est tenu de recourir à cet appui. La loi européenne établit les mesures nécessaires à cette fin, à l'exclusion de toute harmonisation des dispositions législatives et réglementaires des États membres.

3. Le présent article est sans préjudice de l'obligation des États membres de mettre en œuvre le droit de l'Union ainsi que des prérogatives et devoirs de la Commission. Il est également sans préjudice des autres dispositions de la Constitution qui prévoient une coopération administrative entre les États membres ainsi qu'entre eux et l'Union.

TITRE IV

L'ASSOCIATION DES PAYS ET TERRITOIRES D'OUTRE-MER

ARTICLE III-286

1. Les pays et territoires non européens entretenant avec le Danemark, la France, les Pays-Bas et le Royaume-Uni des relations particulières sont associés à l'Union. Ces pays et territoires, ci-après dénommés « pays et territoires », sont énumérés à l'annexe II.

Le présent titre est applicable au Groenland, sous réserve des dispositions particulières du protocole sur le régime particulier applicable au Groenland.

2. Le but de l'association est la promotion du développement économique et social des pays et territoires, et l'établissement de relations économiques étroites entre eux et l'Union.

L'association doit en priorité permettre de favoriser les intérêts des habitants de ces pays et territoires et leur prospérité, de manière à les conduire au développement économique, social et culturel qu'ils attendent.

ARTICLE III-287

L'association poursuit les objectifs suivants :

a) les États membres appliquent à leurs échanges commerciaux avec les pays et territoires le régime qu'ils s'accordent entre eux en vertu de la Constitution ;
b) chaque pays ou territoire applique à ses échanges commerciaux avec les États membres et les autres pays et territoires le régime qu'il applique à l'État européen avec lequel il entretient des relations particulières ;
c) les États membres contribuent aux investissements que demande le développement progressif de ces pays et territoires ;
d) pour les investissements financés par l'Union, la participation aux adjudications et fournitures est ouverte, à égalité de conditions, à toutes les personnes physiques et morales ressortissantes des États membres et des pays et territoires ;
e) dans les relations entre les États membres et les pays et territoires, le droit d'établissement des ressortissants et sociétés est réglé conformément aux dispositions du titre III, chapitre I, section 2, sous-section 2, relative à la liberté d'établissement, et en application des procédures prévues par ladite sous-section, ainsi que sur une base non discriminatoire, sous réserve des actes adoptés en vertu de l'article III-291.

ARTICLE III-288

1. Les importations originaires des pays et territoires bénéficient à leur entrée dans les États membres de l'interdiction des droits de douane entre États membres prévue par la Constitution.

2. À l'entrée dans chaque pays et territoire, les droits de douane frappant les importations des États membres et des autres pays et territoires sont interdits conformément à l'article III-151, paragraphe 4.

3. Toutefois, les pays et territoires peuvent percevoir des droits de douane qui répondent aux nécessités de leur développement et aux besoins de leur industrialisation ou qui, de caractère fiscal, ont pour but d'alimenter leur budget.

Les droits visés au premier alinéa ne peuvent excéder ceux qui frappent les importations des produits en provenance de l'État membre avec lequel chaque pays ou territoire entretient des relations particulières.

4. Le paragraphe 2 n'est pas applicable aux pays et territoires qui, en raison des obligations internationales particulières auxquelles ils sont soumis, appliquent déjà un tarif douanier non discriminatoire.

5. L'établissement ou la modification de droits de douane frappant les marchandises importées dans les pays et territoires ne doit pas donner lieu, en droit ou en fait, à une discrimination directe ou indirecte entre les importations en provenance des divers États membres.

ARTICLE III-289

Si le niveau des droits applicables aux marchandises en provenance d'un pays tiers à l'entrée dans un pays ou territoire est, compte tenu de l'application de l'article III-288, paragraphe 1, de nature à provoquer des détournements de trafic au détriment d'un des États membres, celui-ci peut demander à la Commission de proposer aux autres États membres de prendre les mesures nécessaires pour remédier à cette situation.

Article III-290

Sous réserve des dispositions qui régissent la santé publique, la sécurité publique et l'ordre public, la liberté de circulation des travailleurs des pays et territoires dans les États membres et des travailleurs des États membres dans les pays et territoires est régie par des actes adoptés conformément à l'article III-291.

Article III-291

Le Conseil, sur proposition de la Commission, adopte à l'unanimité, à partir des réalisations acquises dans le cadre de l'association entre les pays et territoires et l'Union, les lois, lois-cadres, règlements et décisions européens relatifs aux modalités et à la procédure de l'association entre les pays et territoires et l'Union. Ces lois et lois-cadres sont adoptées après consultation du Parlement européen.

Titre V

L'action extérieure de l'union

Chapitre I

Dispositions d'application générale

Article III-292

1. L'action de l'Union sur la scène internationale repose sur les principes qui ont présidé à sa création, à son développement et à son élargissement et qu'elle vise à promouvoir dans le reste du monde : la démocratie, l'État de droit, l'universalité

et l'indivisibilité des droits de l'homme et des libertés fondamentales, le respect de la dignité humaine, les principes d'égalité et de solidarité et le respect des principes de la charte des Nations unies et du droit international.

L'Union s'efforce de développer des relations et de construire des partenariats avec les pays tiers et avec les organisations internationales, régionales ou mondiales qui partagent les principes visés au premier alinéa. Elle favorise des solutions multilatérales aux problèmes communs, en particulier dans le cadre des Nations unies.

2. L'Union définit et mène des politiques communes et des actions et œuvre pour assurer un haut degré de coopération dans tous les domaines des relations internationales afin :

a) de sauvegarder ses valeurs, ses intérêts fondamentaux, sa sécurité, son indépendance et son intégrité ;
b) de consolider et de soutenir la démocratie, l'État de droit, les droits de l'homme et les principes du droit international ;
c) de préserver la paix, de prévenir les conflits et de renforcer la sécurité internationale, conformément aux buts et aux principes de la charte des Nations unies, ainsi qu'aux principes de l'acte final d'Helsinki et aux objectifs de la charte de Paris, y compris ceux relatifs aux frontières extérieures ;
d) de soutenir le développement durable sur le plan économique, social et environnemental des pays en développement dans le but essentiel d'éradiquer la pauvreté ;
e) d'encourager l'intégration de tous les pays dans l'économie mondiale, y compris par la suppression progressive des obstacles au commerce international ;
f) de contribuer à l'élaboration de mesures internationales pour préserver et améliorer la qualité de l'environnement et la gestion durable des ressources naturelles mondiales, afin d'assurer un développement durable ;
g) d'aider les populations, les pays et les régions confrontés à des catastrophes naturelles ou d'origine humaine ; et

h) de promouvoir un système international fondé sur une coopération multilatérale renforcée et une bonne gouvernance mondiale.

3. L'Union respecte les principes et poursuit les objectifs visés aux paragraphes 1 et 2 dans l'élaboration et la mise en œuvre de son action extérieure dans les différents domaines couverts par le présent titre, ainsi que de ses autres politiques dans leurs aspects extérieurs.

L'Union veille à la cohérence entre les différents domaines de son action extérieure et entre ceux-ci et ses autres politiques. Le Conseil et la Commission, assistés par le ministre des Affaires étrangères de l'Union, assurent cette cohérence et coopèrent à cet effet.

Article III-293

1. Sur la base des principes et objectifs énumérés à l'article III-292, le Conseil européen identifie les intérêts et objectifs stratégiques de l'Union.

Les décisions européennes du Conseil européen sur les intérêts et objectifs stratégiques de l'Union portent sur la politique étrangère et de sécurité commune ainsi que sur d'autres domaines relevant de l'action extérieure de l'Union. Elles peuvent concerner les relations de l'Union avec un pays ou une région, ou avoir une approche thématique. Elles définissent leur durée et les moyens que devront fournir l'Union et les États membres.

Le Conseil européen statue à l'unanimité sur recommandation du Conseil, adoptée par celui-ci selon les modalités prévues pour chaque domaine. Les décisions européennes du Conseil européen sont mises en œuvre selon les procédures prévues par la Constitution.

2. Le ministre des Affaires étrangères de l'Union, pour le domaine de la politique étrangère et de sécurité commune, et la Commission, pour les autres domaines de l'action extérieure, peuvent présenter des propositions conjointes au Conseil.

Chapitre II

La politique étrangère et de sécurité commune

Section 1

Dispositions communes

Article III-294

1. Dans le cadre des principes et objectifs de son action extérieure, l'Union définit et met en œuvre une politique étrangère et de sécurité commune couvrant tous les domaines de la politique étrangère et de sécurité.

2. Les États membres appuient activement et sans réserve la politique étrangère et de sécurité commune dans un esprit de loyauté et de solidarité mutuelle.

Les États membres œuvrent de concert au renforcement et au développement de leur solidarité politique mutuelle. Ils s'abstiennent de toute action contraire aux intérêts de l'Union ou susceptible de nuire à son efficacité en tant que force de cohésion dans les relations internationales.

Le Conseil et le ministre des Affaires étrangères de l'Union veillent au respect de ces principes.

3. L'Union conduit la politique étrangère et de sécurité commune :

a) en définissant les orientations générales ;
b) en adoptant des décisions européennes qui définissent :
i) les actions à mener par l'Union ;
ii) les positions à prendre par l'Union ;
iii) les modalités de la mise en œuvre des décisions européennes visées aux points i) et ii) ;
c) et en renforçant la coopération systématique entre les États membres pour la conduite de leur politique.

ARTICLE III-295

1. Le Conseil européen définit les orientations générales de la politique étrangère et de sécurité commune, y compris pour les questions ayant des implications en matière de défense.

Si un développement international l'exige, le président du Conseil européen convoque une réunion extraordinaire du Conseil européen afin de définir les lignes stratégiques de la politique de l'Union face à ce développement.

2. Le Conseil adopte les décisions européennes nécessaires à la définition et à la mise en œuvre de la politique étrangère et de sécurité commune, sur la base des orientations générales et des lignes stratégiques définies par le Conseil européen.

ARTICLE III-296

1. Le ministre des Affaires étrangères de l'Union, qui préside le Conseil des Affaires étrangères, contribue par ses propositions à l'élaboration de la politique étrangère et de sécurité commune et assure la mise en œuvre des décisions européennes adoptées par le Conseil européen et le Conseil.

2. Le ministre des Affaires étrangères représente l'Union pour les matières relevant de la politique étrangère et de sécurité commune. Il conduit au nom de l'Union le dialogue politique avec les tiers et exprime la position de l'Union dans les organisations internationales et au sein des conférences internationales.

3. Dans l'accomplissement de son mandat, le ministre des Affaires étrangères de l'Union s'appuie sur un service européen pour l'action extérieure. Ce service travaille en collaboration avec les services diplomatiques des États membres et est composé de fonctionnaires des services compétents du secrétariat général du Conseil et de la Commission ainsi que de personnel détaché des services diplomatiques nationaux. L'organisation et le fonctionnement du service européen pour l'action extérieure sont fixés par une décision européenne du Conseil. Le Conseil statue sur proposition du ministre des Affaires étrangères de l'Union, après consultation du Parlement européen et approbation de la Commission.

ARTICLE III-297

1. Lorsqu'une situation internationale exige une action opérationnelle de l'Union, le Conseil adopte les décisions européennes nécessaires. Ces décisions fixent les objectifs, la portée et les moyens à mettre à la disposition de l'Union, ainsi que les conditions relatives à la mise en œuvre de l'action et, si nécessaire, sa durée.

S'il se produit un changement de circonstances ayant une nette incidence sur une question faisant l'objet d'une telle décision européenne, le Conseil révise les principes et les objectifs de cette décision et adopte les décisions européennes nécessaires.

2. Les décisions européennes visées au paragraphe 1 engagent les États membres dans leurs prises de position et dans la conduite de leur action.

3. Toute prise de position ou toute action nationale envisagée en application d'une décision européenne visée au paragraphe 1 fait l'objet d'une information par l'État membre concerné dans des délais permettant, en cas de nécessité, une concertation préalable au sein du Conseil. L'obligation d'information préalable ne s'applique pas aux mesures qui constituent une simple transposition de ladite décision sur le plan national.

4. En cas de nécessité impérieuse liée à l'évolution de la situation et à défaut d'une révision de la décision européenne, visée au paragraphe 1, les États membres peuvent prendre d'urgence les mesures qui s'imposent, en tenant compte des objectifs généraux de ladite décision. L'État membre qui prend de telles mesures en informe immédiatement le Conseil.

5. En cas de difficultés majeures pour appliquer une décision européenne visée au présent article, un État membre saisit le Conseil, qui en délibère et recherche les solutions appropriées. Celles-ci ne peuvent aller à l'encontre des objectifs de l'action ni nuire à son efficacité.

ARTICLE III-298

Le Conseil adopte des décisions européennes qui définissent la position de l'Union sur une question particulière de nature géographique ou thématique. Les États membres veillent à la conformité de leurs politiques nationales avec les positions de l'Union.

ARTICLE III-299

1. Chaque État membre, le ministre des Affaires étrangères de l'Union, ou ce ministre avec le soutien de la Commission, peut saisir le Conseil de toute question relevant de la politique étrangère et de sécurité commune et lui soumettre, respectivement, des initiatives ou des propositions.

2. Dans les cas exigeant une décision rapide, le ministre des Affaires étrangères de l'Union convoque, soit d'office, soit à la demande d'un État membre, dans un délai de quarante-huit heures ou, en cas de nécessité absolue, dans un délai plus bref, une réunion extraordinaire du Conseil.

Article III-300

1. Les décisions européennes visées au présent chapitre sont adoptées par le Conseil statuant à l'unanimité.

Tout membre du Conseil qui s'abstient lors d'un vote peut assortir son abstention d'une déclaration formelle. Dans ce cas, il n'est pas tenu d'appliquer la décision européenne, mais il accepte qu'elle engage l'Union. Dans un esprit de solidarité mutuelle, l'État membre concerné s'abstient de toute action susceptible d'entrer en conflit avec l'action de l'Union fondée sur cette décision ou d'y faire obstacle et les autres États membres respectent sa position. Si les membres du Conseil qui assortissent leur abstention d'une telle déclaration représentent au moins un tiers des États membres réunissant au moins un tiers de la population de l'Union, la décision n'est pas adoptée.

2. Par dérogation au paragraphe 1, le Conseil statue à la majorité qualifiée :

a) lorsqu'il adopte une décision européenne qui définit une action ou une position de l'Union sur la base d'une décision européenne du Conseil européen portant sur les intérêts et objectifs stratégiques de l'Union, visée à l'article III-293, paragraphe 1 ;
b) lorsqu'il adopte une décision européenne qui définit une action ou une position de l'Union sur proposition du ministre des Affaires étrangères de l'Union présentée à la suite d'une demande spécifique que le Conseil européen lui a adressée de sa propre initiative ou à l'initiative du ministre ;
c) lorsqu'il adopte une décision européenne mettant en œuvre une décision européenne qui définit une action ou une position de l'Union ;
d) lorsqu'il adopte une décision européenne portant sur la nomination d'un représentant spécial conformément à l'article III-302.

Si un membre du Conseil déclare que, pour des raisons de politique nationale vitales qu'il expose, il a l'intention de s'opposer à l'adoption d'une décision européenne devant être adoptée à la majorité qualifiée, il n'est pas procédé au vote. Le ministre des Affaires étrangères de l'Union recherche, en étroite consultation avec l'État membre concerné, une solution acceptable pour celui-ci. En l'absence d'un résultat, le Conseil, statuant à la majorité qualifiée, peut demander que le Conseil européen soit saisi de la question en vue d'une décision européenne à l'unanimité.

3. Conformément à l'article I-40, paragraphe 7, le Conseil européen peut, à l'unanimité, adopter une décision européenne prévoyant que le Conseil statue à la majorité qualifiée dans d'autres cas que ceux visés au paragraphe 2 du présent article.

4. Les paragraphes 2 et 3 ne s'appliquent pas aux décisions ayant des implications militaires ou dans le domaine de la défense.

ARTICLE III-301

1. Lorsque le Conseil européen ou le Conseil a défini une approche commune de l'Union au sens de l'article I-40, paragraphe 5, le ministre des Affaires étrangères de l'Union et les ministres des Affaires étrangères des États membres coordonnent leurs activités au sein du Conseil.

2. Les missions diplomatiques des États membres et les délégations de l'Union dans les pays tiers et auprès des organisations internationales coopèrent entre elles et contribuent à la formulation et à la mise en œuvre de l'approche commune visée au paragraphe 1.

ARTICLE III-302

Le Conseil peut nommer, sur proposition du ministre des Affaires étrangères de l'Union, un représentant spécial auquel il confère un mandat en liaison avec des questions politiques particulières. Le représentant spécial exerce son mandat sous l'autorité du ministre.

ARTICLE III-303

L'Union peut conclure des accords avec un ou plusieurs États ou organisations internationales dans les domaines relevant du présent chapitre.

ARTICLE III-304

1. Le ministre des Affaires étrangères de l'Union consulte et informe le Parlement européen conformément à l'article I-40, paragraphe 8, et à l'article I-41, paragraphe 8. Il veille à ce que les vues du Parlement européen soient dûment prises en considération. Les représentants spéciaux peuvent être associés à l'information du Parlement européen.

2. Le Parlement européen peut adresser des questions ou formuler des recommandations à l'intention du Conseil et du ministre des Affaires étrangères de l'Union. Il procède deux fois par an à un débat sur les progrès réalisés dans la mise en œuvre de la politique étrangère et de sécurité commune, y compris la politique de sécurité et de défense commune.

ARTICLE III-305

1. Les États membres coordonnent leur action au sein des organisations internationales et lors des conférences internationales. Ils défendent dans ces enceintes les positions de l'Union. Le ministre des Affaires étrangères de l'Union assure l'organisation de cette coordination.

Au sein des organisations internationales et lors des conférences internationales auxquelles tous les États membres ne participent pas, ceux qui y participent défendent les positions de l'Union.

2. Conformément à l'article I-16, paragraphe 2, les États membres représentés dans des organisations internationales ou des conférences internationales auxquelles tous les États membres ne participent pas tiennent ces derniers, ainsi que le ministre des Affaires étrangères de l'Union, informés de toute question présentant un intérêt commun.

Les États membres qui sont aussi membres du Conseil de sécurité des Nations unies se concertent et tiennent les autres États membres ainsi que le ministre des Affaires étrangères de l'Union pleinement informés. Les États membres qui sont membres du Conseil de sécurité défendront, dans l'exercice de leurs fonctions, les positions et les intérêts de l'Union, sans préjudice des responsabilités qui leur incombent en vertu de la charte des Nations unies.

Lorsque l'Union a défini une position sur un thème à l'ordre du jour du Conseil de sécurité des Nations unies, les États membres qui y siègent demandent que le ministre des Affaires étrangères de l'Union soit invité à présenter la position de l'Union.

ARTICLE III-306

Les missions diplomatiques et consulaires des États membres et les délégations de l'Union dans les pays tiers et les conférences internationales ainsi que leurs représentations auprès des organisations internationales coopèrent pour assurer le respect et la mise en œuvre des décisions européennes qui définissent des positions et des actions de l'Union adoptées en vertu du présent chapitre. Elles intensifient leur coopération en échangeant des informations et en procédant à des évaluations communes.

Elles contribuent à la mise en œuvre du droit de protection des citoyens européens sur le territoire des pays tiers, visé à l'article I-10, paragraphe 2, point c), ainsi que des mesures adoptées en application de l'article III-127.

ARTICLE III-307

1. Sans préjudice de l'article III-344, un comité politique et de sécurité suit la situation internationale dans les domaines relevant de la politique étrangère et de sécurité commune et contribue à la définition des politiques en émettant des avis à l'intention du Conseil, à la demande de celui-ci, du ministre des Affaires étrangères de l'Union, ou de sa propre initiative. Il surveille également la mise en œuvre des politiques convenues, sans préjudice des attributions du ministre des Affaires étrangères de l'Union.

2. Dans le cadre du présent chapitre, le comité politique et de sécurité exerce, sous la responsabilité du Conseil et du ministre des Affaires étrangères de l'Union, le contrôle politique et la direction stratégique des opérations de gestion de crise visées à l'article III-309.

Le Conseil peut autoriser le comité, aux fins d'une opération de gestion de crise et pour la durée de celle-ci, telles que déterminées par le Conseil, à prendre les mesures appropriées concernant le contrôle politique et la direction stratégique de l'opération.

ARTICLE III-308

La mise en œuvre de la politique étrangère et de sécurité commune n'affecte pas l'application des procédures et l'étendue respective des attributions des institutions prévues par la Constitution pour l'exercice des compétences de l'Union visées aux articles I-13 à I-15 et à l'article I-17.

De même, la mise en œuvre des politiques visées auxdits articles n'affecte pas l'application des procédures et l'étendue respective des attributions des institutions prévues par la Constitution pour l'exercice des compétences de l'Union au titre du présent chapitre.

SECTION 2

LA POLITIQUE DE SÉCURITÉ ET DE DÉFENSE COMMUNE

ARTICLE III-309

1. Les missions visées à l'article I-41, paragraphe 1, dans lesquelles l'Union peut avoir recours à des moyens civils et militaires, incluent les actions conjointes en matière de désarmement, les missions humanitaires et d'évacuation, les missions de conseil et d'assistance en matière militaire, les missions de prévention des conflits et de maintien de la paix, les missions de forces de combat pour la gestion des crises, y compris les missions de rétablissement de la paix et les opérations de stabilisation à la fin des conflits. Toutes ces missions peuvent contribuer à la lutte contre le terrorisme, y compris par le soutien apporté à des pays tiers pour combattre le terrorisme sur leur territoire.

2. Le Conseil adopte des décisions européennes portant sur les missions visées au paragraphe 1 en définissant leur objectif et leur portée ainsi que les modalités générales de leur mise en œuvre. Le ministre des Affaires étrangères de l'Union, sous l'autorité du Conseil et en contact étroit et permanent avec le comité politique et de sécurité, veille à la coordination des aspects civils et militaires de ces missions.

ARTICLE III-310

1. Dans le cadre des décisions européennes adoptées conformément à l'article III-309, le Conseil peut confier la mise en œuvre d'une mission à un groupe d'États membres qui le sou-

haitent et disposent des capacités nécessaires pour une telle mission. Ces États membres, en association avec le ministre des Affaires étrangères de l'Union, conviennent entre eux de la gestion de la mission.

2. Les États membres qui participent à la réalisation de la mission informent régulièrement le Conseil de l'état de la mission de leur propre initiative ou à la demande d'un autre État membre. Les États membres participants saisissent immédiatement le Conseil si la réalisation de la mission entraîne des conséquences majeures ou requiert une modification de l'objectif, de la portée ou des modalités de la mission fixés par les décisions européennes visées au paragraphe 1. Dans ces cas, le Conseil adopte les décisions européennes nécessaires.

ARTICLE III-311

1. L'Agence dans le domaine du développement des capacités de défense, de la recherche, des acquisitions et de l'armement (l'Agence européenne de défense), instituée par l'article I-41, paragraphe 3, et placée sous l'autorité du Conseil, a pour mission :

a) de contribuer à identifier les objectifs de capacités militaires des États membres et à évaluer le respect des engagements de capacités souscrits par les États membres ;
b) de promouvoir une harmonisation des besoins opérationnels et l'adoption de méthodes d'acquisition performantes et compatibles ;
c) de proposer des projets multilatéraux pour remplir les objectifs en termes de capacités militaires et d'assurer la coordination des programmes exécutés par les États membres et la gestion de programmes de coopération spécifiques ;
d) de soutenir la recherche en matière de technologie de défense, de coordonner et de planifier des activités de recherche conjointes et des études de solutions techniques répondant aux besoins opérationnels futurs ;
e) de contribuer à identifier et, le cas échéant, de mettre en

œuvre, toute mesure utile pour renforcer la base industrielle et technologique du secteur de la défense et pour améliorer l'efficacité des dépenses militaires.

2. L'Agence européenne de défense est ouverte à tous les États membres qui souhaitent y participer. Le Conseil, statuant à la majorité qualifiée, adopte une décision européenne définissant le statut, le siège et les modalités de fonctionnement de l'Agence. Cette décision tient compte du degré de participation effective aux activités de l'Agence. Des groupes spécifiques sont constitués au sein de l'Agence, rassemblant des États membres qui mènent des projets conjoints. L'Agence accomplit ses missions en liaison avec la Commission en tant que de besoin.

ARTICLE III-312

1. Les États membres souhaitant participer à la coopération structurée permanente visée à l'article I-41, paragraphe 6, qui remplissent les critères et souscrivent aux engagements en matière de capacités militaires repris au protocole sur la coopération structurée permanente, notifient leur intention au Conseil et au ministre des Affaires étrangères de l'Union.

2. Dans un délai de trois mois suivant la notification visée au paragraphe 1, le Conseil adopte une décision européenne établissant la coopération structurée permanente et fixant la liste des États membres participants. Le Conseil statue à la majorité qualifiée, après consultation du ministre des Affaires étrangères de l'Union.

3. Tout État membre qui, à un stade ultérieur, souhaite participer à la coopération structurée permanente, notifie son intention au Conseil et au ministre des Affaires étrangères de l'Union.

Le Conseil adopte une décision européenne qui confirme la participation de l'État membre concerné qui remplit les critères et souscrit aux engagements visés aux articles 1 et 2 du protocole sur la coopération structurée permanente. Le Conseil statue à la majorité qualifiée, après consultation du ministre des Affaires étrangères de l'Union. Seuls les membres du Conseil représentant les États membres participants prennent part au vote.

La majorité qualifiée se définit comme étant égale à au moins 55 % des membres du Conseil représentant les États membres participants, réunissant au moins 65 % de la population de ces États.

Une minorité de blocage doit inclure au moins le nombre minimum de membres du Conseil représentant plus de 35 % de la population des États membres participants, plus un membre, faute de quoi la majorité qualifiée est réputée acquise.

4. Si un État membre participant ne remplit plus les critères ou ne peut plus assumer les engagements visés aux articles 1 et 2 du protocole sur la coopération structurée permanente, le Conseil peut adopter une décision européenne suspendant la participation de cet État.

Le Conseil statue à la majorité qualifiée. Seuls les membres du Conseil représentant les États membres participants, à l'exception de l'État membre concerné, prennent part au vote.

La majorité qualifiée se définit comme étant égale à au moins 55 % des membres du Conseil représentant les États membres participants, réunissant au moins 65 % de la population de ces États.

Une minorité de blocage doit inclure au moins le nombre minimum de membres du Conseil représentant plus de 35 % de la population des États membres participants, plus un membre, faute de quoi la majorité qualifiée est réputée acquise.

5. Si un État membre participant souhaite quitter la coopération structurée permanente, il notifie sa décision au Conseil, qui prend acte de ce que la participation de l'État membre concerné prend fin.

6. Les décisions européennes et les recommandations du Conseil dans le cadre de la coopération structurée permanente, autres que celles prévues aux paragraphes 2 à 5, sont adoptées à l'unanimité. Aux fins du présent paragraphe, l'unanimité est constituée par les voix des seuls représentants des États membres participants.

SECTION 3

DISPOSITIONS FINANCIÈRES

ARTICLE III-313

1. Les dépenses administratives entraînées pour les institutions par la mise en œuvre du présent chapitre sont à la charge du budget de l'Union.

2. Les dépenses opérationnelles entraînées par la mise en œuvre du présent chapitre sont également à la charge du budget de l'Union, à l'exception des dépenses afférentes à des opérations ayant des implications militaires ou dans le domaine de la défense, et des cas où le Conseil en décide autrement.

Quand une dépense n'est pas mise à la charge du budget de l'Union, elle est à la charge des États membres selon la clé du produit national brut, à moins que le Conseil n'en décide autrement. Pour ce qui est des dépenses afférentes à des opérations ayant des implications militaires ou dans le domaine de la défense, les États membres dont les représentants au Conseil ont fait une déclaration formelle au titre de l'article III-300, paragraphe 1, deuxième alinéa, ne sont pas tenus de contribuer à leur financement.

3. Le Conseil adopte une décision européenne établissant les procédures particulières pour garantir l'accès rapide aux crédits du budget de l'Union destinés au financement d'urgence d'initiatives dans le cadre de la politique étrangère et de sécurité commune, et notamment aux activités préparatoires d'une mission visée à l'article I-41, paragraphe 1, et à l'article III-309. Il statue après consultation du Parlement européen.

Les activités préparatoires des missions visées à l'article I-41, paragraphe 1, et à l'article III-309, qui ne sont pas mises à la charge du budget de l'Union, sont financées par un fonds de lancement, constitué de contributions des États membres.

Le Conseil adopte à la majorité qualifiée, sur proposition du ministre des Affaires étrangères de l'Union, les décisions européennes établissant :

a) les modalités de l'institution et du financement du fonds de lancement, notamment les montants financiers alloués au fonds ;
b) les modalités de gestion du fonds de lancement ;
c) les modalités de contrôle financier.

Lorsque la mission envisagée, conformément à l'article I-41, paragraphe 1, et à l'article III-309, ne peut être mise à la charge du budget de l'Union, le Conseil autorise le ministre des Affaires étrangères de l'Union à utiliser ce fonds. Le ministre des Affaires étrangères de l'Union fait rapport au Conseil sur l'exécution de ce mandat.

CHAPITRE III

LA POLITIQUE COMMERCIALE COMMUNE

ARTICLE III-314

Par l'établissement d'une union douanière conformément à l'article III-151, l'Union contribue, dans l'intérêt commun, au développement harmonieux du commerce mondial, à la suppression progressive des restrictions aux échanges internationaux et aux investissements étrangers directs, ainsi qu'à la réduction des barrières douanières et autres.

ARTICLE III-315

1. La politique commerciale commune est fondée sur des principes uniformes, notamment en ce qui concerne les modifications tarifaires, la conclusion d'accords tarifaires et commerciaux relatifs aux échanges de marchandises et de services, et les aspects commerciaux de la propriété intellectuelle, les investissements étrangers directs, l'uniformisation des mesures de libéralisation, la politique d'exportation, ainsi que les mesures de défense commerciale, dont celles à prendre en cas de dumping et de subventions. La politique commerciale commune est menée dans le cadre des principes et objectifs de l'action extérieure de l'Union.

2. La loi européenne établit les mesures définissant le cadre dans lequel est mise en œuvre la politique commerciale commune.

3. Si des accords avec un ou plusieurs pays tiers ou organisations internationales doivent être négociés et conclus, l'article III-325 est applicable, sous réserve des dispositions particulières du présent article.

La Commission présente des recommandations au Conseil, qui l'autorise à ouvrir les négociations nécessaires. Il appartient au Conseil et à la Commission de veiller à ce que les accords négociés soient compatibles avec les politiques et règles internes de l'Union.

Ces négociations sont conduites par la Commission, en consultation avec un comité spécial désigné par le Conseil pour l'assister dans cette tâche, et dans le cadre des directives que le Conseil peut lui adresser. La Commission fait régulièrement rapport au comité spécial, ainsi qu'au Parlement européen, sur l'état d'avancement des négociations.

4. Pour la négociation et la conclusion des accords visés au paragraphe 3, le Conseil statue à la majorité qualifiée.

Pour la négociation et la conclusion d'un accord dans les domaines du commerce de services et des aspects commerciaux de la propriété intellectuelle, ainsi que des investissements étrangers directs, le Conseil statue à l'unanimité lorsque cet accord comprend des dispositions pour lesquelles l'unanimité est requise pour l'adoption de règles internes.

Le Conseil statue également à l'unanimité pour la négociation et la conclusion d'accords :

a) dans le domaine du commerce des services culturels et audiovisuels, lorsque ces accords risquent de porter atteinte à la diversité culturelle et linguistique de l'Union ;
b) dans le domaine du commerce des services sociaux, d'éducation et de santé, lorsque ces accords risquent de perturber gravement l'organisation de ces services au niveau national et de porter atteinte à la responsabilité des États membres pour la fourniture de ces services.

5. La négociation et la conclusion d'accords internationaux dans le domaine des transports relèvent du titre III, chapitre III, section 7, et de l'article III-325.

6. L'exercice des compétences attribuées par le présent article dans le domaine de la politique commerciale commune n'affecte pas la délimitation des compétences entre l'Union et les États membres et n'entraîne pas une harmonisation des dispositions législatives ou réglementaires des États membres dans la mesure où la Constitution exclut une telle harmonisation.

Chapitre IV

La coopération avec les pays tiers et l'aide humanitaire

Section 1

La coopération au développement

Article III-316

1. La politique de l'Union dans le domaine de la coopération au développement est menée dans le cadre des principes et objectifs de l'action extérieure de l'Union. La politique de coopération au développement de l'Union et celles des États membres se complètent et se renforcent mutuellement.

L'objectif principal de la politique de l'Union dans ce domaine est la réduction et, à terme, l'éradication de la pauvreté. L'Union tient compte des objectifs de la coopération au développement dans la mise en œuvre des politiques qui sont susceptibles d'affecter les pays en développement.

2. L'Union et les États membres respectent les engagements et tiennent compte des objectifs qu'ils ont agréés dans le cadre des Nations unies et des autres organisations internationales compétentes.

Article III-317

1. La loi ou loi-cadre européenne établit les mesures nécessaires pour la mise en œuvre de la politique de coopération au développement, qui peuvent porter sur des programmes pluriannuels de coopération avec des pays en développement ou des programmes ayant une approche thématique.

2. L'Union peut conclure avec les pays tiers et les organisations internationales compétentes tout accord utile à la réalisation des objectifs visés aux articles III-292 et III-316.

Le premier alinéa ne préjuge pas la compétence des États membres pour négocier dans les instances internationales et conclure des accords.

3. La Banque européenne d'investissement contribue, selon les conditions prévues dans son statut, à la mise en œuvre des mesures visées au paragraphe 1.

ARTICLE III-318

1. Pour favoriser la complémentarité et l'efficacité de leurs actions, l'Union et les États membres coordonnent leurs politiques en matière de coopération au développement et se concertent sur leurs programmes d'aide, y compris dans les organisations internationales et lors des conférences internationales. Ils peuvent entreprendre des actions conjointes. Les États membres contribuent, si nécessaire, à la mise en œuvre des programmes d'aide de l'Union.

2. La Commission peut prendre toute initiative utile pour promouvoir la coordination visée au paragraphe 1.

3. Dans le cadre de leurs compétences respectives, l'Union et les États membres coopèrent avec les pays tiers et les organisations internationales compétentes.

SECTION 2

LA COOPÉRATION ÉCONOMIQUE, FINANCIÈRE ET TECHNIQUE AVEC LES PAYS TIERS

ARTICLE III-319

1. Sans préjudice des autres dispositions de la Constitution, et notamment des articles III-316 à III-318, l'Union mène des actions de coopération économique, financière et technique, y compris d'assistance en particulier dans le domaine financier, avec des pays tiers autres que les pays en développement. Ces

actions sont cohérentes avec la politique de développement de l'Union et sont menées dans le cadre des principes et objectifs de son action extérieure. Les actions de l'Union et des États membres se complètent et se renforcent mutuellement.

2. La loi ou loi-cadre européenne établit les mesures nécessaires pour la mise en œuvre du paragraphe 1.

3. Dans le cadre de leurs compétences respectives, l'Union et les États membres coopèrent avec les pays tiers et les organisations internationales compétentes. Les modalités de la coopération de l'Union peuvent faire l'objet d'accords entre celle-ci et les tierces parties concernées.

Le premier alinéa ne préjuge pas la compétence des États membres pour négocier dans les instances internationales et conclure des accords.

Article III-320

Lorsque la situation dans un pays tiers exige une assistance financière à caractère urgent de la part de l'Union, le Conseil, sur proposition de la Commission, adopte les décisions européennes nécessaires.

Section 3

L'Aide humanitaire

Article III-321

1. Les actions de l'Union dans le domaine de l'aide humanitaire sont menées dans le cadre des principes et objectifs de l'action extérieure de l'Union. Ces actions visent, de manière ponctuelle, à porter assistance et secours aux populations des pays tiers, victimes de catastrophes naturelles ou d'origine humaine, et à les protéger, pour faire face aux besoins humanitaires résultant de ces différentes situations. Les actions de

l'Union et des États membres se complètent et se renforcent mutuellement.

2. Les actions d'aide humanitaire sont menées conformément aux principes du droit international et aux principes d'impartialité, de neutralité et de non-discrimination.

3. La loi ou loi-cadre européenne établit les mesures définissant le cadre dans lequel sont mises en œuvre les actions d'aide humanitaire de l'Union.

4. L'Union peut conclure avec les pays tiers et les organisations internationales compétentes tout accord utile à la réalisation des objectifs visés au paragraphe 1 et à l'article III-292.

Le premier alinéa ne préjuge pas la compétence des États membres pour négocier dans les instances internationales et conclure des accords.

5. Afin d'établir un cadre pour des contributions communes des jeunes Européens aux actions d'aide humanitaire de l'Union, un Corps volontaire européen d'aide humanitaire est créé. La loi européenne fixe son statut et les modalités de son fonctionnement.

6. La Commission peut prendre toute initiative utile pour promouvoir la coordination entre les actions de l'Union et celles des États membres, afin de renforcer l'efficacité et la complémentarité des dispositifs de l'Union et des dispositifs nationaux d'aide humanitaire.

7. L'Union veille à ce que ses actions d'aide humanitaire soient coordonnées et cohérentes avec celles des organisations et organismes internationaux, en particulier ceux qui font partie du système des Nations unies.

CHAPITRE V

LES MESURES RESTRICTIVES

ARTICLE III-322

1. Lorsqu'une décision européenne, adoptée conformément au chapitre II, prévoit l'interruption ou la réduction, en tout ou en partie, des relations économiques et financières avec un ou plusieurs pays tiers, le Conseil, statuant à la majorité qualifiée, sur proposition conjointe du ministre des Affaires étrangères de l'Union et de la Commission, adopte les règlements ou décisions européens nécessaires. Il en informe le Parlement européen.

2. Lorsqu'une décision européenne, adoptée conformément au chapitre II, le prévoit, le Conseil peut adopter, selon la procédure visée au paragraphe 1, des mesures restrictives à l'encontre de personnes physiques ou morales, de groupes ou d'entités non étatiques.

3. Les actes visés au présent article contiennent les dispositions nécessaires en matière de garanties juridiques.

CHAPITRE VI

ACCORDS INTERNATIONAUX

ARTICLE III-323

1. L'Union peut conclure un accord avec un ou plusieurs pays tiers ou organisations internationales lorsque la Constitution le prévoit ou lorsque la conclusion d'un accord, soit est nécessaire pour réaliser, dans le cadre des politiques de l'Union, l'un des objectifs visés par la Constitution, soit est prévue dans un acte juridique contraignant de l'Union, soit encore est susceptible d'affecter des règles communes ou d'en altérer la portée.

2. Les accords conclus par l'Union lient les institutions de l'Union et les États membres.

ARTICLE III-324

L'Union peut conclure un accord d'association avec un ou plusieurs pays tiers ou organisations internationales pour créer une association caractérisée par des droits et obligations réciproques, des actions en commun et des procédures particulières.

ARTICLE III-325

1. Sans préjudice des dispositions particulières de l'article III-315, les accords entre l'Union et des pays tiers ou organisations internationales sont négociés et conclus selon la procédure ci-après.

2. Le Conseil autorise l'ouverture des négociations, arrête les directives de négociation, autorise la signature et conclut les accords.

3. La Commission, ou le ministre des Affaires étrangères de l'Union lorsque l'accord envisagé porte exclusivement ou principalement sur la politique étrangère et de sécurité commune, présente des recommandations au Conseil, qui adopte une décision européenne autorisant l'ouverture des négociations et désignant, en fonction de la matière de l'accord envisagé, le négociateur ou le chef de l'équipe de négociation de l'Union.

4. Le Conseil peut adresser des directives au négociateur et désigner un comité spécial, les négociations devant être conduites en consultation avec ce comité.

5. Le Conseil, sur proposition du négociateur, adopte une décision européenne autorisant la signature de l'accord et, le cas échéant, son application provisoire avant l'entrée en vigueur.

6. Le Conseil, sur proposition du négociateur, adopte une décision européenne portant conclusion de l'accord.

Sauf lorsque l'accord porte exclusivement sur la politique étrangère et de sécurité commune, le Conseil adopte la décision européenne de conclusion de l'accord :

a) après approbation du Parlement européen dans les cas suivants :

i) accords d'association ;

ii) adhésion de l'Union à la Convention européenne de sauvegarde des droits de l'Homme et des libertés fondamentales ;

iii) accords créant un cadre institutionnel spécifique en organisant des procédures de coopération ;

iv) accords ayant des implications budgétaires notables pour l'Union ;

v) accords couvrant des domaines auxquels s'applique la procédure législative ordinaire ou la procédure législative spéciale lorsque l'approbation du Parlement européen est requise.

Le Parlement européen et le Conseil peuvent, en cas d'urgence, convenir d'un délai pour l'approbation.

b) après consultation du Parlement européen, dans les autres cas. Le Parlement européen émet son avis dans un délai que le Conseil peut fixer en fonction de l'urgence. En l'absence d'avis dans ce délai, le Conseil peut statuer.

7. Par dérogation aux paragraphes 5, 6 et 9, le Conseil peut, lors de la conclusion d'un accord, habiliter le négociateur à approuver, au nom de l'Union, les modifications de l'accord, lorsque celui-ci prévoit que ces modifications doivent être adoptées selon une procédure simplifiée ou par une instance créée par ledit accord. Le Conseil peut assortir cette habilitation de conditions spécifiques.

8. Tout au long de la procédure, le Conseil statue à la majorité qualifiée.

Toutefois, il statue à l'unanimité lorsque l'accord porte sur un domaine pour lequel l'unanimité est requise pour l'adoption d'un acte de l'Union ainsi que pour les accords d'association et les accords visés à l'article III-319 avec les États candidats à l'adhésion.

9. Le Conseil, sur proposition de la Commission ou du ministre des Affaires étrangères de l'Union, adopte une décision européenne sur la suspension de l'application d'un accord et établissant les positions à prendre au nom de l'Union dans une instance créée par un accord, lorsque cette instance est appelée à adopter des actes ayant des effets juridiques, à l'exception des actes complétant ou modifiant le cadre institutionnel de l'accord.

10. Le Parlement européen est immédiatement et pleinement informé à toutes les étapes de la procédure.

11. Un État membre, le Parlement européen, le Conseil ou la Commission peut recueillir l'avis de la Cour de justice sur la compatibilité d'un accord envisagé avec la Constitution. En cas d'avis négatif de la Cour de justice, l'accord envisagé ne peut entrer en vigueur, sauf modification de celui-ci ou révision de la Constitution.

ARTICLE III-326

1. Par dérogation à l'article III-325, le Conseil, soit sur recommandation de la Banque centrale européenne, soit sur recommandation de la Commission et après consultation de la Banque centrale européenne en vue de parvenir à un consensus compatible avec l'objectif de la stabilité des prix, peut conclure des accords formels portant sur un système de taux de change pour l'euro vis-à-vis des monnaies d'États tiers. Le Conseil statue à l'unanimité, après consultation du Parlement européen et conformément à la procédure prévue au paragraphe 3.

Le Conseil, soit sur recommandation de la Banque centrale européenne, soit sur recommandation de la Commission et après consultation de la Banque centrale européenne en vue de parvenir à un consensus compatible avec l'objectif de la stabilité des prix, peut adopter, modifier ou abandonner les cours centraux de l'euro dans le système des taux de change. Le président du Conseil informe le Parlement européen de l'adoption, de la modification ou de l'abandon des cours centraux de l'euro.

2. En l'absence d'un système de taux de change vis-à-vis d'une ou de plusieurs monnaies d'États tiers au sens du paragraphe 1, le Conseil, statuant soit sur recommandation de la Banque centrale européenne, soit sur recommandation de la Commission et après consultation de la Banque centrale européenne, peut formuler les orientations générales de politique de change vis-à-vis de ces monnaies. Ces orientations générales n'affectent pas l'objectif principal du Système européen de banques centrales, à savoir le maintien de la stabilité des prix.

3. Par dérogation à l'article III-325, au cas où des accords sur des questions se rapportant au régime monétaire ou de change doivent faire l'objet de négociations entre l'Union et un ou plusieurs États tiers ou organisations internationales, le Conseil, statuant sur recommandation de la Commission et après consultation de la Banque centrale européenne, décide des arrangements relatifs aux négociations et à la conclusion de ces accords. Ces arrangements doivent assurer que l'Union exprime une position unique. La Commission est pleinement associée aux négociations.

4. Sans préjudice des compétences et des accords de l'Union dans le domaine de l'union économique et monétaire, les États membres peuvent négocier dans les instances internationales et conclure des accords.

CHAPITRE VII

RELATIONS DE L'UNION AVEC LES ORGANISATIONS INTERNATIONALES ET LES PAYS TIERS ET DÉLÉGATIONS DE L'UNION

ARTICLE III-327

1. L'Union établit toute coopération utile avec les organes des Nations unies et de leurs institutions spécialisées, le Conseil de l'Europe, l'Organisation pour la sécurité et la coopération en Europe et l'Organisation de coopération et de développement économiques.

L'Union assure, en outre, les liaisons opportunes avec d'autres organisations internationales.

2. Le ministre des Affaires étrangères de l'Union et la Commission sont chargés de la mise en œuvre du présent article.

ARTICLE III-328

1. Les délégations de l'Union dans les pays tiers et auprès des organisations internationales assurent la représentation de l'Union.

2. Les délégations de l'Union sont placées sous l'autorité du ministre des Affaires étrangères de l'Union. Elles agissent en étroite coopération avec les missions diplomatiques et consulaires des États membres.

CHAPITRE VIII

MISE EN ŒUVRE DE LA CLAUSE DE SOLIDARITÉ

ARTICLE III-329

1. Si un État membre est l'objet d'une attaque terroriste ou la victime d'une catastrophe naturelle ou d'origine humaine, les

autres États membres lui portent assistance à la demande de ses autorités politiques. À cette fin, les États membres se coordonnent au sein du Conseil.

2. Les modalités de mise en œuvre par l'Union de la clause de solidarité visée à l'article I-43 sont définies par une décision européenne adoptée par le Conseil, sur proposition conjointe de la Commission et du ministre des Affaires étrangères de l'Union. Lorsque cette décision a des implications dans le domaine de la défense, le Conseil statue conformément à l'article III-300, paragraphe 1. Le Parlement européen est informé.

Dans le cadre du présent paragraphe, et sans préjudice de l'article III-344, le Conseil est assisté par le comité politique et de sécurité, avec le soutien des structures développées dans le cadre de la politique de sécurité et de défense commune, et par le comité visé à l'article III-261, qui lui présentent, le cas échéant, des avis conjoints.

3. Afin de permettre à l'Union et à ses États membres d'agir d'une manière efficace, le Conseil européen procède à une évaluation régulière des menaces auxquelles l'Union est confrontée.

TITRE VI

LE FONCTIONNEMENT DE L'UNION

CHAPITRE I

DISPOSITIONS INSTITUTIONNELLES

SECTION 1

LES INSTITUTIONS

Sous-section 1

Le Parlement européen

ARTICLE III-330

1. Une loi ou loi-cadre européenne du Conseil établit les mesures nécessaires pour permettre l'élection des membres du Parlement européen au suffrage universel direct selon une procédure uniforme dans tous les États membres ou conformément à des principes communs à tous les États membres.

Le Conseil statue à l'unanimité, sur initiative du Parlement européen, après approbation de celui-ci, qui se prononce à la majorité des membres qui le composent. Cette loi ou loi-cadre entre en vigueur après son approbation par les États membres conformément à leurs règles constitutionnelles respectives.

2. Une loi européenne du Parlement européen fixe le statut et les conditions générales d'exercice des fonctions de ses membres. Le Parlement européen statue, de sa propre initiative, après avis de la Commission et après approbation du Conseil. Le Conseil statue à l'unanimité sur toute règle ou condition relative au régime fiscal des membres ou des anciens membres.

ARTICLE III-331

La loi européenne fixe le statut des partis politiques au niveau européen visés à l'article I-46, paragraphe 4, et notamment les règles relatives à leur financement.

ARTICLE III-332

Le Parlement européen peut, à la majorité des membres qui le composent, demander à la Commission de soumettre toute proposition appropriée sur les questions qui lui paraissent nécessiter l'élaboration d'un acte de l'Union pour la mise en œuvre de la Constitution. Si la Commission ne soumet pas de proposition, elle en communique les raisons au Parlement européen.

ARTICLE III-333

Dans le cadre de l'accomplissement de ses missions, le Parlement européen peut, à la demande d'un quart des membres qui le composent, constituer une commission temporaire d'enquête pour examiner, sans préjudice des attributions conférées dans la Constitution à d'autres institutions ou organes, les allégations d'infraction ou de mauvaise administration dans l'application du droit de l'Union, sauf si les faits allégués sont en cause devant une juridiction et aussi longtemps que la procédure juridictionnelle n'est pas achevée.

L'existence de la commission temporaire d'enquête prend fin par le dépôt de son rapport.

Une loi européenne du Parlement européen fixe les modalités d'exercice du droit d'enquête. Le Parlement européen statue, de sa propre initiative, après approbation du Conseil et de la Commission.

ARTICLE III-334

Conformément à l'article I-10, paragraphe 2, point d), tout citoyen de l'Union, ainsi que toute personne physique ou morale résidant ou ayant son siège statutaire dans un État membre, a le droit de présenter, à titre individuel ou en association avec d'autres personnes, une pétition au Parlement européen sur un sujet relevant des domaines d'activité de l'Union et qui le concerne directement.

ARTICLE III-335

1. Le Parlement européen élit le médiateur européen. Conformément à l'article I-10, paragraphe 2, point d), et à l'article I-49, celui-ci est habilité à recevoir les plaintes émanant de tout citoyen de l'Union ou de toute personne physique ou morale résidant ou ayant son siège statutaire dans un État membre et relatives à des cas de mauvaise administration dans l'action des institutions, organes ou organismes de l'Union, à l'exclusion de la Cour de justice de l'Union européenne dans l'exercice de ses fonctions juridictionnelles.

Conformément à sa mission, le médiateur procède aux enquêtes qu'il estime justifiées, soit de sa propre initiative, soit sur la base des plaintes qui lui ont été présentées directement ou par l'intermédiaire d'un membre du Parlement européen, sauf si les faits allégués font ou ont fait l'objet d'une procédure juridictionnelle. Dans les cas où le médiateur a constaté un cas de mauvaise administration, il saisit l'institution, organe ou organisme concerné, qui dispose d'un délai de trois mois pour lui faire part de son avis. Le médiateur transmet ensuite un rapport au Parlement européen et à l'institution, organe ou organisme concerné. La personne dont émane la plainte est informée du résultat de ces enquêtes.

Chaque année, le médiateur présente un rapport au Parlement européen sur les résultats de ses enquêtes.

2. Le médiateur est élu après chaque élection du Parlement européen pour la durée de la législature. Son mandat est renouvelable.

Le médiateur peut être déclaré démissionnaire par la Cour de justice, à la requête du Parlement européen, s'il ne remplit plus les conditions nécessaires à l'exercice de ses fonctions ou s'il a commis une faute grave.

3. Le médiateur exerce ses fonctions en toute indépendance. Dans l'accomplissement de ses devoirs, il ne sollicite ni n'accepte d'instructions d'aucune institution, organe ou organisme. Pendant la durée de ses fonctions, le médiateur ne peut exercer aucune autre activité professionnelle, rémunérée ou non.

4. Une loi européenne du Parlement européen fixe le statut et les conditions générales d'exercice des fonctions du médiateur. Le Parlement européen statue, de sa propre initiative, après avis de la Commission et approbation du Conseil.

ARTICLE III-336

Le Parlement européen tient une session annuelle. Il se réunit de plein droit le deuxième mardi de mars.

Le Parlement européen peut se réunir en période de session extraordinaire à la demande de la majorité des membres qui le composent, du Conseil ou de la Commission.

ARTICLE III-337

1. Le Conseil européen et le Conseil sont entendus par le Parlement européen dans les conditions prévues par le règlement intérieur du Conseil européen et par celui du Conseil.

2. La Commission peut assister à toutes les séances du Parlement européen et est entendue à sa demande. Elle répond ora-

lement ou par écrit aux questions qui lui sont posées par le Parlement européen ou par ses membres.

3. Le Parlement européen procède, en séance publique, à la discussion du rapport général annuel qui lui est soumis par la Commission.

ARTICLE III-338

Sauf dispositions contraires de la Constitution, le Parlement européen statue à la majorité des suffrages exprimés. Son règlement intérieur fixe le quorum.

ARTICLE III-339

Le Parlement européen adopte son règlement intérieur à la majorité des membres qui le composent.

Les actes du Parlement européen sont publiés dans les conditions prévues par la Constitution et par le règlement intérieur de celui-ci.

ARTICLE III-340

Le Parlement européen, saisi d'une motion de censure sur la gestion de la Commission, ne peut se prononcer sur cette motion que trois jours au moins après son dépôt et par un scrutin public.

Si la motion de censure est adoptée à la majorité des deux tiers des suffrages exprimés et à la majorité des membres qui composent le Parlement européen, les membres de la Commission doivent démissionner collectivement de leurs fonctions et le ministre des Affaires étrangères de l'Union doit démissionner des fonctions qu'il exerce au sein de la Commission. Ils restent en fonction et continuent à expédier les affaires courantes jusqu'à leur remplacement conformément aux articles I-26 et I-27. Dans ce cas, le mandat des membres de la

Commission nommés pour les remplacer expire à la date à laquelle aurait dû expirer le mandat des membres de la Commission obligés de démissionner collectivement de leurs fonctions.

Sous-section 2

Le Conseil européen

ARTICLE III-341

1. En cas de vote, chaque membre du Conseil européen peut recevoir délégation d'un seul des autres membres.

L'abstention de membres présents ou représentés ne fait pas obstacle à l'adoption des délibérations du Conseil européen qui requièrent l'unanimité.

2. Le président du Parlement européen peut être invité à être entendu par le Conseil européen.

3. Le Conseil européen statue à la majorité simple pour les questions de procédure ainsi que pour l'adoption de son règlement intérieur.

4. Le Conseil européen est assisté par le secrétariat général du Conseil.

Sous-section 3

Le Conseil des ministres

ARTICLE III-342

Le Conseil se réunit sur convocation de son président à l'initiative de celui-ci, d'un de ses membres ou de la Commission.

ARTICLE III-343

1. En cas de vote, chaque membre du Conseil peut recevoir délégation d'un seul des autres membres.

2. Pour les délibérations qui requièrent la majorité simple, le Conseil statue à la majorité des membres qui le composent.

3. L'abstention de membres présents ou représentés ne fait pas obstacle à l'adoption des délibérations du Conseil qui requièrent l'unanimité.

ARTICLE III-344

1. Un comité composé des représentants permanents des gouvernements des États membres est responsable de la préparation des travaux du Conseil et de l'exécution des mandats que celui-ci lui confie. Le comité peut adopter des décisions de procédure dans les cas prévus par le règlement intérieur du Conseil.

2. Le Conseil est assisté d'un secrétariat général, placé sous la responsabilité d'un secrétaire général nommé par le Conseil.

Le Conseil décide à la majorité simple de l'organisation du secrétariat général.

3. Le Conseil statue à la majorité simple pour les questions de procédure ainsi que pour l'adoption de son règlement intérieur.

ARTICLE III-345

Le Conseil peut, à la majorité simple, demander à la Commission de procéder à toutes les études qu'il juge opportunes pour la réalisation des objectifs communs et de lui soumettre toutes propositions appropriées. Si la Commission ne soumet pas de proposition, elle en communique les raisons au Conseil.

ARTICLE III-346

Le Conseil adopte des décisions européennes fixant le statut des comités prévus par la Constitution. Il statue à la majorité simple, après consultation de la Commission.

Sous-section 4

La Commission européenne

ARTICLE III-347

Les membres de la Commission s'abstiennent de tout acte incompatible avec leurs fonctions. Les États membres respectent leur indépendance et ne cherchent pas à les influencer dans l'exécution de leurs tâches.

Les membres de la Commission ne peuvent, pendant la durée de leurs fonctions, exercer aucune autre activité professionnelle, rémunérée ou non. Ils prennent, lors de leur installation, l'engagement solennel de respecter, pendant la durée de leurs fonctions et après la cessation de celles-ci, les obligations découlant de leur charge, notamment les devoirs d'honnêteté et de délicatesse quant à l'acceptation, après cette cessation, de certaines fonctions ou de certains avantages. En cas de violation de ces obligations, la Cour de justice, saisie par le Conseil, statuant à la majorité simple, ou par la Commission, peut, selon le cas, prononcer la démission d'office dans les conditions prévues à l'article III-349 ou la déchéance du droit à pension de l'intéressé ou d'autres avantages en tenant lieu.

ARTICLE III-348

1. En dehors des renouvellements réguliers et des décès, les fonctions des membres de la Commission prennent fin individuellement par démission volontaire ou d'office.

2. Le membre de la Commission démissionnaire ou décédé est remplacé pour la durée du mandat restant à courir par un nouveau membre de la même nationalité nommé par le Conseil, d'un commun accord avec le président de la Commission, après consultation du Parlement européen et conformément aux critères visés à l'article I-26, paragraphe 4.

Le Conseil, statuant à l'unanimité, sur proposition du président de la Commission, peut décider qu'il n'y a pas lieu à remplacement, notamment lorsque la durée du mandat du membre de la Commission restant à courir est courte.

3. En cas de démission volontaire, de démission d'office ou de décès, le président est remplacé pour la durée du mandat restant à courir, conformément à l'article I-27, paragraphe 1.

4. En cas de démission volontaire, de démission d'office ou de décès, le ministre des Affaires étrangères de l'Union est remplacé, pour la durée du mandat restant à courir, conformément à l'article I-28, paragraphe 1.

5. En cas de démission volontaire de l'ensemble des membres de la Commission, ceux-ci restent en fonction et continuent à expédier les affaires courantes jusqu'à leur remplacement, pour la durée du mandat restant à courir, conformément aux articles I-26 et I-27.

ARTICLE III-349

Tout membre de la Commission, s'il ne remplit plus les conditions nécessaires à l'exercice de ses fonctions ou s'il a commis une faute grave, peut être déclaré démissionnaire par la Cour de justice, à la requête du Conseil, statuant à la majorité simple, ou de la Commission.

ARTICLE III-350

Sans préjudice de l'article I-28, paragraphe 4, les responsabilités incombant à la Commission sont structurées et réparties entre ses membres par son président, conformément à l'article I-27, paragraphe 3. Le président peut remanier la répartition de ces responsabilités en cours de mandat. Les membres de la Commission exercent les fonctions qui leur sont dévolues par le président, sous l'autorité de celui-ci.

ARTICLE III-351

Les délibérations de la Commission sont acquises à la majorité de ses membres. Son règlement intérieur fixe le quorum.

ARTICLE III-352

1. La Commission adopte son règlement intérieur en vue d'assurer son fonctionnement et celui de ses services. Elle assure la publication de ce règlement.

2. La Commission publie tous les ans, un mois au moins avant l'ouverture de la session du Parlement européen, un rapport général sur l'activité de l'Union.

Sous-section 5

La Cour de justice de l'Union européenne

ARTICLE III-353

La Cour de justice siège en chambres, en grande chambre ou en assemblée plénière, conformément au statut de la Cour de justice de l'Union européenne.

ARTICLE III-354

La Cour de justice est assistée de huit avocats généraux. Si la Cour de justice le demande, le Conseil peut, statuant à l'unanimité, adopter une décision européenne pour augmenter le nombre des avocats généraux.

L'avocat général a pour rôle de présenter publiquement, en toute impartialité et en toute indépendance, des conclusions motivées sur les affaires qui, conformément au statut de la Cour de justice de l'Union européenne, requièrent son intervention.

ARTICLE III-355

Les juges et les avocats généraux de la Cour de justice, choisis parmi des personnalités offrant toutes garanties d'indépendance et qui réunissent les conditions requises pour l'exercice, dans leurs pays respectifs, des plus hautes fonctions juridictionnelles, ou qui sont des jurisconsultes possédant des compétences notoires, sont nommés d'un commun accord par les gouvernements des États membres, après consultation du comité prévu à l'article III-357.

Un renouvellement partiel des juges et des avocats généraux a lieu tous les trois ans dans les conditions prévues par le statut de la Cour de justice de l'Union européenne.

Les juges désignent parmi eux, pour trois ans, le président de la Cour de justice. Son mandat est renouvelable.

La Cour de justice adopte son règlement de procédure. Ce règlement est soumis à l'approbation du Conseil.

ARTICLE III-356

Le nombre des juges du Tribunal est fixé par le statut de la Cour de justice de l'Union européenne. Le statut peut prévoir que le Tribunal est assisté d'avocats généraux.

Les membres du Tribunal sont choisis parmi des personnes offrant toutes garanties d'indépendance et possédant la capacité requise pour l'exercice de hautes fonctions juridictionnelles. Ils sont nommés d'un commun accord par les gouvernements des États membres, après consultation du comité prévu à l'article III-357.

Un renouvellement partiel du Tribunal a lieu tous les trois ans.

Les juges désignent parmi eux, pour trois ans, le président du Tribunal. Son mandat est renouvelable.

Le Tribunal adopte son règlement de procédure en accord avec la Cour de justice. Ce règlement est soumis à l'approbation du Conseil.

À moins que le statut n'en dispose autrement, les dispositions de la Constitution relatives à la Cour de justice sont applicables au Tribunal.

ARTICLE III-357

Un comité est institué afin de donner un avis sur l'adéquation des candidats à l'exercice des fonctions de juge et d'avocat général de la Cour de justice et du Tribunal avant que les gouvernements des États membres ne procèdent aux nominations conformément aux articles III-355 et III-356.

Le comité est composé de sept personnalités choisies parmi d'anciens membres de la Cour de justice et du Tribunal, des membres des juridictions nationales suprêmes et des juristes possédant des compétences notoires, dont l'un est proposé par le Parlement européen. Le Conseil adopte une décision européenne établissant les règles de fonctionnement de ce comité, ainsi qu'une décision européenne en désignant les membres. Il statue sur initiative du président de la Cour de justice.

ARTICLE III-358

1. Le Tribunal est compétent pour connaître en première instance des recours visés aux articles III-365, III-367, III-370, III-372 et III-374, à l'exception de ceux qui sont attribués à un tribunal spécialisé créé en application de l'article III-359 et de ceux que le statut de la Cour de justice de l'Union européenne réserve à la Cour de justice. Le statut peut prévoir que le Tribunal est compétent pour d'autres catégories de recours.

Les décisions rendues par le Tribunal en vertu du présent paragraphe peuvent faire l'objet d'un pourvoi devant la Cour de justice, limité aux questions de droit, dans les conditions et limites prévues par le statut.

2. Le Tribunal est compétent pour connaître des recours qui sont formés contre les décisions des tribunaux spécialisés.

Les décisions rendues par le Tribunal en vertu du présent paragraphe peuvent exceptionnellement faire l'objet d'un réexamen par la Cour de justice, dans les conditions et limites prévues par le statut de la Cour de justice de l'Union européenne, en cas de risque sérieux d'atteinte à l'unité ou à la cohérence du droit de l'Union.

3. Le Tribunal est compétent pour connaître des questions préjudicielles, soumises en vertu de l'article III-369, dans des matières spécifiques déterminées par le statut de la Cour de justice de l'Union européenne.

Lorsque le Tribunal estime que l'affaire appelle une décision de principe susceptible d'affecter l'unité ou la cohérence du droit de l'Union, il peut renvoyer l'affaire devant la Cour de justice afin qu'elle statue.

Les décisions rendues par le Tribunal sur des questions préjudicielles peuvent exceptionnellement faire l'objet d'un réexamen par la Cour de justice, dans les conditions et limites prévues par le statut, en cas de risque sérieux d'atteinte à l'unité ou à la cohérence du droit de l'Union.

ARTICLE III-359

1. La loi européenne peut créer des tribunaux spécialisés adjoints au Tribunal, chargés de connaître en première instance de certaines catégories de recours formés dans des matières spécifiques. Elle est adoptée soit sur proposition de la Commission et après consultation de la Cour de justice, soit

sur demande de la Cour de justice et après consultation de la Commission.

2. La loi européenne portant création d'un tribunal spécialisé fixe les règles relatives à la composition de ce tribunal et précise l'étendue des attributions qui lui sont conférées.

3. Les décisions des tribunaux spécialisés peuvent faire l'objet d'un pourvoi limité aux questions de droit ou, lorsque la loi européenne portant création du tribunal spécialisé le prévoit, d'un appel portant également sur les questions de fait, devant le Tribunal.

4. Les membres des tribunaux spécialisés sont choisis parmi des personnes offrant toutes les garanties d'indépendance et possédant la capacité requise pour l'exercice de fonctions juridictionnelles. Ils sont nommés par le Conseil, statuant à l'unanimité.

5. Les tribunaux spécialisés adoptent leur règlement de procédure en accord avec la Cour de justice. Ce règlement est soumis à l'approbation du Conseil.

6. À moins que la loi européenne portant création du tribunal spécialisé n'en dispose autrement, les dispositions de la Constitution relatives à la Cour de justice de l'Union européenne et les dispositions du statut de la Cour de justice de l'Union européenne s'appliquent aux tribunaux spécialisés. Le titre I du statut et son article 64 s'appliquent en tout état de cause aux tribunaux spécialisés.

ARTICLE III-360

Si la Commission estime qu'un État membre a manqué à l'une des obligations qui lui incombent en vertu de la Constitution, elle émet un avis motivé à ce sujet, après avoir mis cet État en mesure de présenter ses observations.

Si l'État en cause ne se conforme pas à cet avis dans le délai déterminé par la Commission, celle-ci peut saisir la Cour de justice de l'Union européenne.

ARTICLE III-361

Chacun des États membres peut saisir la Cour de justice de l'Union européenne s'il estime qu'un autre État membre a manqué à l'une des obligations qui lui incombent en vertu de la Constitution.

Avant qu'un État membre n'introduise, contre un autre État membre, un recours fondé sur une prétendue violation des obligations qui lui incombent en vertu de la Constitution, il doit en saisir la Commission.

La Commission émet un avis motivé après que les États intéressés ont été mis en mesure de présenter contradictoirement leurs observations écrites et orales.

Si la Commission n'a pas émis l'avis dans un délai de trois mois à compter de la demande, l'absence d'avis ne fait pas obstacle à la saisine de la Cour.

ARTICLE III-362

1. Si la Cour de justice de l'Union européenne reconnaît qu'un État membre a manqué à l'une des obligations qui lui incombent en vertu de la Constitution, cet État est tenu de prendre les mesures que comporte l'exécution de l'arrêt de la Cour.

2. Si la Commission estime que l'État membre concerné n'a pas pris les mesures que comporte l'exécution de l'arrêt visé au paragraphe 1, elle peut saisir la Cour de justice de l'Union européenne, après avoir mis cet État en mesure de présenter ses observations. Elle indique le montant de la somme forfaitaire ou de l'astreinte à payer par l'État membre concerné qu'elle estime adapté aux circonstances.

Si la Cour reconnaît que l'État membre concerné ne s'est pas conformé à son arrêt, elle peut lui infliger le paiement d'une somme forfaitaire ou d'une astreinte.

Cette procédure est sans préjudice de l'article III-361.

3. Lorsque la Commission saisit la Cour de justice de l'Union européenne d'un recours en vertu de l'article III-360, estimant que l'État membre concerné a manqué à son obligation de communiquer des mesures de transposition d'une loi-cadre européenne, elle peut, lorsqu'elle le considère approprié, indiquer le montant d'une somme forfaitaire ou d'une astreinte à payer par cet État, qu'elle estime adapté aux circonstances.

Si la Cour constate le manquement, elle peut infliger à l'État membre concerné le paiement d'une somme forfaitaire ou d'une astreinte dans la limite du montant indiqué par la Commission. L'obligation de paiement prend effet à la date fixée par la Cour dans son arrêt.

ARTICLE III-363

Les lois ou règlements européens du Conseil peuvent attribuer à la Cour de justice de l'Union européenne une compétence de pleine juridiction pour les sanctions qu'ils prévoient.

ARTICLE III-364

Sans préjudice des autres dispositions de la Constitution, la loi européenne peut attribuer à la Cour de justice de l'Union européenne, dans la mesure qu'elle détermine, la compétence pour statuer sur des litiges liés à l'application des actes adoptés sur la base de la Constitution qui créent des titres européens de propriété intellectuelle.

ARTICLE III-365

1. La Cour de justice de l'Union européenne contrôle la légalité des lois et lois-cadres européennes, des actes du Conseil,

de la Commission et de la Banque centrale européenne, autres que les recommandations et les avis, ainsi que des actes du Parlement européen et du Conseil européen destinés à produire des effets juridiques à l'égard des tiers. Elle contrôle aussi la légalité des actes des organes ou organismes de l'Union destinés à produire des effets juridiques à l'égard des tiers.

2. Aux fins du paragraphe 1, la Cour de justice de l'Union européenne est compétente pour se prononcer sur les recours pour incompétence, violation des formes substantielles, violation de la Constitution ou de toute règle de droit relative à son application, ou détournement de pouvoir, formés par un État membre, le Parlement européen, le Conseil ou la Commission.

3. La Cour de justice de l'Union européenne est compétente, dans les conditions prévues aux paragraphes 1 et 2, pour se prononcer sur les recours formés par la Cour des comptes, par la Banque centrale européenne et par le Comité des régions qui tendent à la sauvegarde des prérogatives de ceux-ci.

4. Toute personne physique ou morale peut former, dans les conditions prévues aux paragraphes 1 et 2, un recours contre les actes dont elle est le destinataire ou qui la concernent directement et individuellement, ainsi que contre les actes réglementaires qui la concernent directement et qui ne comportent pas de mesures d'exécution.

5. Les actes créant les organes et organismes de l'Union peuvent prévoir des conditions et modalités particulières concernant les recours formés par des personnes physiques ou morales contre des actes de ces organes ou organismes destinés à produire des effets juridiques à leur égard.

6. Les recours prévus par le présent article doivent être formés dans un délai de deux mois à compter, suivant le cas, de la publication de l'acte, de sa notification au requérant ou, à défaut, du jour où celui-ci en a eu connaissance.

ARTICLE III-366

Si le recours est fondé, la Cour de justice de l'Union européenne déclare nul et non avenu l'acte contesté.

Toutefois, elle indique, si elle l'estime nécessaire, ceux des effets de l'acte annulé qui doivent être considérés comme définitifs.

ARTICLE III-367

Au cas où, en violation de la Constitution, le Parlement européen, le Conseil européen, le Conseil, la Commission ou la Banque centrale européenne s'abstiendraient de statuer, les États membres et les autres institutions de l'Union peuvent saisir la Cour de justice de l'Union européenne pour faire constater cette violation. Le présent article s'applique, dans les mêmes conditions, aux organes et organismes de l'Union qui s'abstiennent de statuer.

Ce recours n'est recevable que si l'institution, l'organe ou l'organisme en cause a été préalablement invité à agir. Si, à l'expiration d'un délai de deux mois à compter de cette invitation, l'institution, l'organe ou l'organisme n'a pas pris position, le recours peut être formé dans un nouveau délai de deux mois.

Toute personne physique ou morale peut saisir la Cour dans les conditions prévues aux premier et deuxième alinéas pour faire grief à l'une des institutions, ou à l'un des organes ou organismes de l'Union d'avoir manqué de lui adresser un acte autre qu'une recommandation ou un avis.

ARTICLE III-368

L'institution, l'organe ou l'organisme dont émane l'acte annulé, ou dont l'abstention a été déclarée contraire à la Constitution, est tenu de prendre les mesures que comporte l'exécution de l'arrêt de la Cour de justice de l'Union européenne.

Cette obligation ne préjuge pas celle qui peut résulter de l'application de l'article III-431, deuxième alinéa.

ARTICLE III-369

La Cour de justice de l'Union européenne est compétente pour statuer, à titre préjudiciel sur :

a) l'interprétation de la Constitution ;
b) la validité et l'interprétation des actes des institutions, organes et organismes de l'Union.

Lorsqu'une telle question est soulevée devant une juridiction d'un des États membres, cette juridiction peut, si elle estime qu'une décision sur ce point est nécessaire pour rendre son jugement, demander à la Cour de statuer sur cette question.

Lorsqu'une telle question est soulevée dans une affaire pendante devant une juridiction nationale dont les décisions ne sont pas susceptibles d'un recours juridictionnel de droit interne, cette juridiction est tenue de saisir la Cour.

Si une telle question est soulevée dans une affaire pendante devant une juridiction nationale concernant une personne détenue, la Cour statue dans les plus brefs délais.

ARTICLE III-370

La Cour de justice de l'Union européenne est compétente pour connaître des litiges relatifs à la réparation des dommages visés à l'article III-431, deuxième et troisième alinéas.

ARTICLE III-371

La Cour de justice n'est compétente pour se prononcer sur la légalité d'un acte adopté par le Conseil européen ou par le Conseil en vertu de l'article I-59 que sur demande de l'État membre qui fait l'objet d'une constatation du Conseil européen ou du Conseil, et qu'en ce qui concerne le respect des seules prescriptions de procédure prévues par ledit article.

Cette demande doit être faite dans un délai d'un mois à compter de ladite constatation. La Cour statue dans un délai d'un mois à compter de la date de la demande.

ARTICLE III-372

La Cour de justice de l'Union européenne est compétente pour statuer sur tout litige entre l'Union et ses agents dans les limites et conditions déterminées par le statut des fonctionnaires de l'Union et le régime applicable aux autres agents de l'Union.

ARTICLE III-373

La Cour de justice de l'Union européenne est compétente, dans les limites ci-après, pour connaître des litiges concernant :

a) l'exécution des obligations des États membres résultant du statut de la Banque européenne d'investissement. Le conseil d'administration de la Banque dispose à cet égard des pouvoirs reconnus à la Commission par l'article III-360 ;
b) les délibérations du conseil des gouverneurs de la Banque européenne d'investissement. Chaque État membre, la Commission et le conseil d'administration de la Banque peuvent former un recours en cette matière dans les conditions prévues à l'article III-365 ;
c) les délibérations du conseil d'administration de la Banque européenne d'investissement. Les recours contre ces délibérations ne peuvent être formés, dans les conditions prévues à l'article III-365, que par les États membres ou la Commission, et seulement pour violation des formes prévues à l'article 19, paragraphes 2, 5, 6 et 7, du statut de la Banque ;
d) l'exécution par les banques centrales nationales des obligations résultant de la Constitution et du statut du Système euro-

péen de banques centrales et de la Banque centrale européenne. Le conseil des gouverneurs de la Banque centrale européenne dispose, à cet égard, vis-à-vis des banques centrales nationales, des pouvoirs reconnus à la Commission par l'article III-360 vis-à-vis des États membres. Si la Cour de justice de l'Union européenne reconnaît qu'une banque centrale nationale a manqué à l'une des obligations qui lui incombent en vertu de la Constitution, cette banque est tenue de prendre les dispositions que comporte l'exécution de l'arrêt de la Cour.

ARTICLE III-374

La Cour de justice de l'Union européenne est compétente pour statuer en vertu d'une clause compromissoire contenue dans un contrat de droit public ou de droit privé passé par l'Union ou pour son compte.

ARTICLE III-375

1. Sous réserve des compétences attribuées à la Cour de justice de l'Union européenne par la Constitution, les litiges auxquels l'Union est partie ne sont pas, de ce chef, soustraits à la compétence des juridictions nationales.

2. Les États membres s'engagent à ne pas soumettre un différend relatif à l'interprétation ou à l'application de la Constitution à un mode de règlement autre que ceux prévus par celle-ci.

3. La Cour de justice est compétente pour statuer sur tout différend entre États membres en connexité avec l'objet de la Constitution, si ce différend lui est soumis en vertu d'un compromis.

ARTICLE III-376

La Cour de justice de l'Union européenne n'est pas compétente au regard des articles I-40 et I-41, des dispositions du titre V, chapitre II, concernant la politique étrangère et de sécurité commune et de l'article III-293 en tant qu'il concerne la politique étrangère et de sécurité commune.

Toutefois, la Cour est compétente pour contrôler le respect de l'article III-308 et se prononcer sur les recours, formés dans les conditions prévues à l'article III-365, paragraphe 4, concernant le contrôle de la légalité des décisions européennes prévoyant des mesures restrictives à l'encontre de personnes physiques ou morales adoptées par le Conseil sur la base du titre V, chapitre II.

ARTICLE III-377

Dans l'exercice de ses attributions concernant les dispositions des sections 4 et 5 du titre III, chapitre IV, relatives à l'espace de liberté, de sécurité et de justice, la Cour de justice de l'Union européenne n'est pas compétente pour vérifier la validité ou la proportionnalité d'opérations menées par la police ou d'autres services répressifs dans un État membre, ni pour statuer sur l'exercice des responsabilités qui incombent aux États membres pour le maintien de l'ordre public et la sauvegarde de la sécurité intérieure.

ARTICLE III-378

Nonobstant l'expiration du délai prévu à l'article III-365, paragraphe 6, toute partie peut, à l'occasion d'un litige mettant en cause un acte de portée générale adopté par une institution, un organe ou un organisme de l'Union, se prévaloir des moyens prévus à l'article III-365, paragraphe 2, pour invoquer devant la Cour de justice de l'Union européenne l'inapplicabilité de cet acte.

ARTICLE III-379

1. Les recours formés devant la Cour de justice de l'Union européenne n'ont pas d'effet suspensif. Toutefois, la Cour peut, si elle estime que les circonstances l'exigent, ordonner le sursis à l'exécution de l'acte attaqué.

2. Dans les affaires dont elle est saisie, la Cour de justice de l'Union européenne peut prescrire les mesures provisoires nécessaires.

ARTICLE III-380

Les arrêts de la Cour de justice de l'Union européenne ont force exécutoire dans les conditions prévues à l'article III-401.

ARTICLE III-381

Le statut de la Cour de justice de l'Union européenne est fixé par un protocole.

La loi européenne peut modifier les dispositions du statut, à l'exception de son titre I et de son article 64. Elle est adoptée soit sur demande de la Cour de justice et après consultation de la Commission, soit sur proposition de la Commission et après consultation de la Cour de justice.

Sous-section 6

La Banque centrale européenne

ARTICLE III-382

1. Le conseil des gouverneurs de la Banque centrale européenne se compose des membres du directoire de la Banque centrale européenne et des gouverneurs des banques centrales nationales des États membres ne faisant pas l'objet d'une dérogation au sens de l'article III-197.

2. Le directoire se compose du président, du vice-président et de quatre autres membres.

Le président, le vice-président et les autres membres du directoire sont nommés par le Conseil européen, statuant à la majorité qualifiée, sur recommandation du Conseil et après consultation du Parlement européen et du conseil des gouverneurs de la Banque centrale européenne, parmi des personnes dont l'autorité et l'expérience professionnelle dans le domaine monétaire ou bancaire sont reconnues.

Leur mandat a une durée de huit ans et n'est pas renouvelable.

Seuls les ressortissants des États membres peuvent être membres du directoire.

ARTICLE III-383

1. Le président du Conseil et un membre de la Commission peuvent participer sans voix délibérative aux réunions du conseil des gouverneurs de la Banque centrale européenne.

Le président du Conseil peut soumettre une motion à la délibération du conseil des gouverneurs de la Banque centrale européenne.

2. Le président de la Banque centrale européenne est invité à participer aux réunions du Conseil lorsque celui-ci délibère sur des questions relatives aux objectifs et aux missions du Système européen de banques centrales.

3. La Banque centrale européenne adresse un rapport annuel sur les activités du Système européen de banques centrales et sur la politique monétaire de l'année précédente et de l'année en cours au Parlement européen, au Conseil européen, au Conseil et à la Commission. Le président de la Banque centrale européenne présente ce rapport au Parlement européen, qui peut tenir un débat général sur cette base, et au Conseil.

Le président de la Banque centrale européenne et les autres membres du directoire peuvent, à la demande du Parlement européen ou de leur propre initiative, être entendus par les organes compétents du Parlement européen.

Sous-section 7

La Cour des comptes

ARTICLE III-384

1. La Cour des comptes examine les comptes de la totalité des recettes et des dépenses de l'Union. Elle examine également les comptes de la totalité des recettes et des dépenses de tout organe ou organisme créé par l'Union, dans la mesure où l'acte instituant cet organe ou cet organisme n'exclut pas cet examen.

La Cour des comptes fournit au Parlement européen et au Conseil une déclaration d'assurance concernant la fiabilité des comptes ainsi que la légalité et la régularité des opérations sous-jacentes, qui est publiée au Journal officiel de l'Union européenne. Cette déclaration peut être complétée par des appréciations spécifiques pour chaque domaine majeur de l'activité de l'Union.

2. La Cour des comptes examine la légalité et la régularité des recettes et des dépenses et s'assure de la bonne gestion financière. Ce faisant, elle signale en particulier toute irrégularité.

Le contrôle des recettes s'effectue sur la base des constatations et des versements des recettes à l'Union.

Le contrôle des dépenses s'effectue sur la base des engagements et des paiements.

Ces contrôles peuvent être effectués avant la clôture des comptes de l'exercice budgétaire considéré.

3. Le contrôle a lieu sur pièces et, au besoin, sur place auprès des autres institutions, ainsi que dans les locaux de tout organe ou organisme gérant des recettes ou des dépenses au nom de

l'Union et dans les États membres, y compris dans les locaux de toute personne physique ou morale bénéficiaire de versements provenant du budget. Le contrôle dans les États membres s'effectue en liaison avec les institutions de contrôle nationales ou, si celles-ci ne disposent pas des compétences nécessaires, avec les services nationaux compétents. La Cour des comptes et les institutions de contrôle nationales des États membres pratiquent une coopération empreinte de confiance et respectueuse de leur indépendance. Ces institutions ou services font connaître à la Cour des comptes s'ils entendent participer au contrôle.

Tout document ou toute information nécessaire à l'accomplissement de la mission de la Cour des comptes est communiqué à celle-ci, sur sa demande, par les autres institutions, par les organes ou organismes gérant des recettes ou des dépenses au nom de l'Union, par les personnes physiques ou morales bénéficiaires de versements provenant du budget et par les institutions de contrôle nationales ou, si celles-ci ne disposent pas des compétences nécessaires, par les services nationaux compétents.

En ce qui concerne l'activité de gestion de recettes et de dépenses de l'Union exercée par la Banque européenne d'investissement, le droit d'accès de la Cour des comptes aux informations détenues par la Banque est régi par un accord conclu entre la Cour des comptes, la Banque et la Commission. En l'absence d'accord, la Cour des comptes a néanmoins accès aux informations nécessaires pour effectuer le contrôle des recettes et des dépenses de l'Union gérées par la Banque.

4. La Cour des comptes établit un rapport annuel après la clôture de chaque exercice. Ce rapport est transmis aux autres institutions et publié au Journal officiel de l'Union européenne, accompagné des réponses desdites institutions aux observations de la Cour des comptes.

Elle peut, en outre, présenter à tout moment ses observations, notamment sous forme de rapports spéciaux, sur des questions particulières et rendre des avis à la demande d'une des autres institutions.

Elle adopte ses rapports annuels, rapports spéciaux ou avis à la majorité des membres qui la composent. Toutefois, elle peut créer en son sein des chambres en vue d'adopter certaines catégories de rapports ou d'avis, dans les conditions prévues par son règlement intérieur.

Elle assiste le Parlement européen et le Conseil dans l'exercice de leur fonction de contrôle de l'exécution du budget.

Elle adopte son règlement intérieur. Ce règlement est soumis à l'approbation du Conseil.

Article III-385

1. Les membres de la Cour des comptes sont choisis parmi des personnalités appartenant ou ayant appartenu dans leur État respectif aux institutions de contrôle externe ou possédant une qualification particulière pour cette fonction. Ils doivent offrir toutes garanties d'indépendance.

2. Les membres de la Cour des comptes sont nommés pour six ans. Leur mandat est renouvelable. Le Conseil adopte une décision européenne fixant la liste des membres établie conformément aux propositions faites par chaque État membre. Il statue après consultation du Parlement européen.

Les membres de la Cour des comptes désignent parmi eux, pour trois ans, leur président. Son mandat est renouvelable.

3. Dans l'accomplissement de leurs devoirs, les membres de la Cour des comptes ne sollicitent ni n'acceptent d'instructions d'aucun gouvernement ni d'aucun organisme. Ils s'abstiennent de tout acte incompatible avec leurs fonctions.

4. Les membres de la Cour des comptes ne peuvent, pendant la durée de leurs fonctions, exercer aucune autre activité professionnelle, rémunérée ou non. Ils prennent, lors de leur installation, l'engagement solennel de respecter, pendant la durée

de leurs fonctions et après la cessation de celles-ci, les obligations découlant de leur charge, notamment les devoirs d'honnêteté et de délicatesse quant à l'acceptation, après cette cessation, de certaines fonctions ou de certains avantages.

5. En dehors des renouvellements réguliers et des décès, les fonctions de membre de la Cour des comptes prennent fin individuellement par démission volontaire ou par démission d'office déclarée par la Cour de justice conformément au paragraphe 6.

L'intéressé est remplacé pour la durée du mandat restant à courir.

Sauf en cas de démission d'office, les membres de la Cour des comptes restent en fonction jusqu'à ce qu'il soit pourvu à leur remplacement.

6. Les membres de la Cour des comptes ne peuvent être relevés de leurs fonctions ni déclarés déchus de leur droit à pension, ou d'autres avantages en tenant lieu, que si la Cour de justice constate, à la demande de la Cour des comptes, qu'ils ont cessé de répondre aux conditions requises ou de satisfaire aux obligations découlant de leur charge.

Section 2

Les organes consultatifs de l'union

Sous-section 1

Le Comité des régions

Article III-386

Le nombre des membres du Comité des régions ne dépasse pas trois cent cinquante. Le Conseil, statuant à l'unanimité, sur proposition de la Commission, adopte une décision européenne fixant la composition du Comité.

Les membres du Comité, ainsi qu'un nombre égal de suppléants, sont nommés pour cinq ans. Leur mandat est renouvelable. Ils ne peuvent pas être simultanément membres du Parlement européen.

Le Conseil adopte la décision européenne fixant la liste des membres et des suppléants établie conformément aux propositions faites par chaque État membre.

À l'échéance du mandat visé à l'article I-32, paragraphe 2, en vertu duquel ils ont été proposés, le mandat des membres du Comité prend fin d'office et ils sont remplacés, selon la même procédure, pour la durée du mandat restant à courir.

ARTICLE III-387

Le Comité des régions désigne, parmi ses membres, son président et son bureau pour une durée de deux ans et demi.

Il est convoqué par son président à la demande du Parlement européen, du Conseil ou de la Commission. Il peut également se réunir de sa propre initiative.

Il adopte son règlement intérieur.

ARTICLE III-388

Le Comité des régions est consulté par le Parlement européen, par le Conseil ou par la Commission dans les cas prévus par la Constitution et dans tous les autres cas où l'une de ces institutions le juge opportun, en particulier lorsqu'ils ont trait à la coopération transfrontière.

S'il l'estime nécessaire, le Parlement européen, le Conseil ou la Commission impartit au Comité, pour présenter son avis, un délai qui ne peut être inférieur à un mois à compter de la communication qui est adressée à cet effet au président. À l'expiration du délai imparti, il peut être passé outre à l'absence d'avis.

Lorsque le Comité économique et social est consulté, le Comité des régions est informé par le Parlement européen, le Conseil ou la Commission de cette demande d'avis. Le Comité des régions peut, lorsqu'il estime que des intérêts régionaux spécifiques sont en jeu, émettre un avis à ce sujet. Il peut également émettre un avis de sa propre initiative.

L'avis du Comité ainsi qu'un compte rendu de ses délibérations sont transmis au Parlement européen, au Conseil et à la Commission.

Sous-section 2

Le Comité économique et social

ARTICLE III-389

Le nombre des membres du Comité économique et social ne dépasse pas trois cent cinquante. Le Conseil, statuant à l'unanimité sur proposition de la Commission, adopte une décision européenne fixant la composition du Comité.

ARTICLE III-390

Les membres du Comité économique et social sont nommés pour cinq ans. Leur mandat est renouvelable.

Le Conseil adopte la décision européenne fixant la liste des membres établie conformément aux propositions faites par chaque État membre.

Le Conseil statue après consultation de la Commission. Il peut recueillir l'opinion des organisations européennes représentatives des différents secteurs économiques et sociaux, et de la société civile, concernés par l'activité de l'Union.

ARTICLE III-391

Le Comité économique et social désigne parmi ses membres son président et son bureau pour une durée de deux ans et demi.

Il est convoqué par son président à la demande du Parlement européen, du Conseil ou de la Commission. Il peut également se réunir de sa propre initiative.

Il adopte son règlement intérieur.

ARTICLE III-392

Le Comité économique et social est consulté par le Parlement européen, par le Conseil ou par la Commission dans les cas prévus par la Constitution. Il peut être consulté par ces institutions dans tous les cas où elles le jugent opportun. Il peut également émettre un avis de sa propre initiative.

S'il l'estime nécessaire, le Parlement européen, le Conseil ou la Commission impartit au Comité, pour présenter son avis, un délai qui ne peut pas être inférieur à un mois à compter de la communication qui est adressée à cet effet au président. À l'expiration du délai imparti, il peut être passé outre à l'absence d'avis.

L'avis du Comité ainsi qu'un compte rendu de ses délibérations sont transmis au Parlement européen, au Conseil et à la Commission.

SECTION 3

LA BANQUE EUROPÉENNE D'INVESTISSEMENT

ARTICLE III-393

La Banque européenne d'investissement a la personnalité juridique.

Ses membres sont les États membres.

Le statut de la Banque européenne d'investissement fait l'objet d'un protocole.

Une loi européenne du Conseil peut modifier le statut de la Banque européenne d'investissement. Le Conseil statue à l'unanimité, soit sur demande de la Banque européenne d'investissement et après consultation du Parlement européen et de la Commission, soit sur proposition de la Commission et après consultation du Parlement européen et de la Banque européenne d'investissement.

ARTICLE III-394

La Banque européenne d'investissement a pour mission de contribuer, en faisant appel aux marchés des capitaux et à ses ressources propres, au développement équilibré et sans heurt du marché intérieur dans l'intérêt de l'Union. À cette fin, elle facilite, notamment par l'octroi de prêts et de garanties, sans poursuivre de but lucratif, le financement des projets ci-après, dans tous les secteurs de l'économie :

a) projets envisageant la mise en valeur des régions moins développées ;
b) projets visant la modernisation ou la conversion d'entreprises ou la création d'activités nouvelles induites par l'établissement ou le fonctionnement du marché intérieur, qui, par leur ampleur ou par leur nature, ne peuvent être entièrement couverts par les divers moyens de financement existant dans chacun des États membres ;
c) projets d'intérêt commun pour plusieurs États membres, qui, par leur ampleur ou par leur nature, ne peuvent être entièrement couverts par les divers moyens de financement existant dans chacun des États membres.

Dans l'accomplissement de sa mission, la Banque européenne d'investissement facilite le financement de programmes d'investissement en liaison avec les interventions des fonds à finalité structurelle et des autres instruments financiers de l'Union.

SECTION 4

DISPOSITIONS COMMUNES AUX INSTITUTIONS, ORGANES ET ORGANISMES DE L'UNION

ARTICLE III-395

1. Lorsque, en vertu de la Constitution, le Conseil statue sur proposition de la Commission, il ne peut amender cette proposition qu'en statuant à l'unanimité, sauf dans les cas visés aux articles I-55 et I-56, à l'article III-396, paragraphes 10 et 13, à l'article III-404 et à l'article III-405, paragraphe 2.

2. Tant que le Conseil n'a pas statué, la Commission peut modifier sa proposition tout au long des procédures conduisant à l'adoption d'un acte de l'Union.

ARTICLE III-396

1. Lorsque, en vertu de la Constitution, les lois ou lois-cadres européennes sont adoptées selon la procédure législative ordinaire, les dispositions ci-après sont applicables.

2. La Commission présente une proposition au Parlement européen et au Conseil.

Première lecture

3. Le Parlement européen arrête sa position en première lecture et la transmet au Conseil.

4. Si le Conseil approuve la position du Parlement européen, l'acte concerné est adopté dans la formulation qui correspond à la position du Parlement européen.

5. Si le Conseil n'approuve pas la position du Parlement européen, il adopte sa position en première lecture et la transmet au Parlement européen.

6. Le Conseil informe pleinement le Parlement européen des raisons qui l'ont conduit à adopter sa position en première lecture. La Commission informe pleinement le Parlement européen de sa position.

Deuxième lecture

7. Si, dans un délai de trois mois après cette transmission, le Parlement européen :

a) approuve la position du Conseil en première lecture ou ne s'est pas prononcé, l'acte concerné est réputé adopté dans la formulation qui correspond à la position du Conseil ;
b) rejette, à la majorité des membres qui le composent, la position du Conseil en première lecture, l'acte proposé est réputé non adopté ;
c) propose, à la majorité des membres qui le composent, des amendements à la position du Conseil en première lecture, le texte ainsi amendé est transmis au Conseil et à la Commission, qui émet un avis sur ces amendements.

8. Si, dans un délai de trois mois après réception des amendements du Parlement européen, le Conseil, statuant à la majorité qualifiée :

a) approuve tous ces amendements, l'acte concerné est réputé adopté ;
b) n'approuve pas tous les amendements, le président du Conseil, en accord avec le président du Parlement européen, convoque le comité de conciliation dans un délai de six semaines.

9. Le Conseil statue à l'unanimité sur les amendements ayant fait l'objet d'un avis négatif de la Commission.

Conciliation

10. Le comité de conciliation, qui réunit les membres du Conseil ou leurs représentants et autant de membres représentant le Parlement européen, a pour mission d'aboutir à un accord sur un projet commun à la majorité qualifiée des membres du Conseil ou de leurs représentants et à la majorité des membres représentant le Parlement européen dans un délai de six semaines à partir de sa convocation, sur la base des positions du Parlement européen et du Conseil en deuxième lecture.

11. La Commission participe aux travaux du comité de conciliation et prend toute initiative nécessaire en vue de promouvoir un rapprochement des positions du Parlement européen et du Conseil.

12. Si, dans un délai de six semaines après sa convocation, le comité de conciliation n'approuve pas de projet commun, l'acte proposé est réputé non adopté.

Troisième lecture

13. Si, dans ce délai, le comité de conciliation approuve un projet commun, le Parlement européen et le Conseil disposent chacun d'un délai de six semaines à compter de cette approbation pour adopter l'acte concerné conformément à ce projet, le Parlement européen statuant à la majorité des suffrages exprimés et le Conseil à la majorité qualifiée. À défaut, l'acte proposé est réputé non adopté.

14. Les délais de trois mois et de six semaines visés au présent article sont prolongés respectivement d'un mois et de deux semaines au maximum à l'initiative du Parlement européen ou du Conseil.

Dispositions particulières

15. Lorsque, dans les cas prévus par la Constitution, une loi ou loi-cadre européenne est soumise à la procédure législative

ordinaire sur initiative d'un groupe d'États membres, sur recommandation de la Banque centrale européenne ou sur demande de la Cour de justice, le paragraphe 2, le paragraphe 6, deuxième phrase, et le paragraphe 9 ne sont pas applicables.

Dans ces cas, le Parlement européen et le Conseil transmettent à la Commission le projet d'acte ainsi que leurs positions en première et deuxième lectures. Le Parlement européen ou le Conseil peut demander l'avis de la Commission tout au long de la procédure, avis que la Commission peut également émettre de sa propre initiative. Elle peut également, si elle l'estime nécessaire, participer au comité de conciliation conformément au paragraphe 11.

ARTICLE III-397

Le Parlement européen, le Conseil et la Commission procèdent à des consultations réciproques et organisent d'un commun accord les modalités de leur coopération. À cet effet, ils peuvent, dans le respect de la Constitution, conclure des accords interinstitutionnels qui peuvent revêtir un caractère contraignant.

ARTICLE III-398

1. Dans l'accomplissement de leurs missions, les institutions, organes et organismes de l'Union s'appuient sur une administration européenne ouverte, efficace et indépendante.

2. Dans le respect du statut et du régime adoptés sur la base de l'article III-427, la loi européenne fixe les dispositions à cet effet.

ARTICLE III-399

1. Les institutions, organes et organismes de l'Union assurent la transparence de leurs travaux et arrêtent, en application de

l'article I-50, dans leurs règlements intérieurs, les dispositions particulières concernant l'accès du public à leurs documents. La Cour de justice de l'Union européenne, la Banque centrale européenne et la Banque européenne d'investissement ne sont soumises à l'article I-50, paragraphe 3, et au présent article que lorsqu'elles exercent des fonctions administratives.

2. Le Parlement européen et le Conseil assurent la publicité des documents relatifs aux procédures législatives dans les conditions prévues par la loi européenne visée à l'article I-50, paragraphe 3.

Article III-400

1. Le Conseil adopte des règlements et décisions européens fixant :

a) les traitements, indemnités et pensions du président du Conseil européen, du président de la Commission, du ministre des Affaires étrangères de l'Union, des membres de la Commission, des présidents, des membres et des greffiers de la Cour de justice de l'Union européenne ainsi que du secrétaire général du Conseil ;
b) les conditions d'emploi, notamment les traitements, indemnités et pensions, du président et des membres de la Cour des comptes ;
c) toutes indemnités tenant lieu de rémunération des personnes visées aux points a) et b).

2. Le Conseil adopte des règlements et décisions européens fixant les indemnités des membres du Comité économique et social.

Article III-401

Les actes du Conseil, de la Commission ou de la Banque centrale européenne qui comportent, à la charge des personnes autres que les États membres, une obligation pécuniaire forment titre exécutoire.

L'exécution forcée est régie par les règles de la procédure civile en vigueur dans l'État membre sur le territoire duquel elle a lieu. La formule exécutoire est apposée, sans autre contrôle que celui de la vérification de l'authenticité du titre, par l'autorité nationale que le gouvernement de chacun des États membres désigne à cet effet et dont il informe la Commission et la Cour de justice de l'Union européenne.

Après l'accomplissement de ces formalités à la demande de l'intéressé, celui-ci peut poursuivre l'exécution forcée en saisissant directement l'autorité compétente, conformément à la législation nationale.

L'exécution forcée ne peut être suspendue qu'en vertu d'une décision de la Cour de justice de l'Union européenne. Toutefois, le contrôle de la régularité des dispositions d'exécution relève de la compétence des juridictions nationales.

Chapitre II

Dispositions financières

Section 1

Le cadre financier pluriannuel

Article III-402

1. Le cadre financier pluriannuel est établi pour une période d'au moins cinq années conformément à l'article I-55.

2. Le cadre financier fixe les montants des plafonds annuels des crédits pour engagements par catégorie de dépenses et du plafond annuel des crédits pour paiements. Les catégories de dépenses, d'un nombre limité, correspondent aux grands secteurs d'activité de l'Union.

3. Le cadre financier prévoit toute autre disposition utile au bon déroulement de la procédure budgétaire annuelle.

4. Lorsque la loi européenne du Conseil fixant un nouveau cadre financier n'a pas été adoptée à l'échéance du cadre financier précédent, les plafonds et autres dispositions correspondant à la dernière année de celui-ci sont prorogés jusqu'à l'adoption de cette loi.

5. Tout au long de la procédure conduisant à l'adoption du cadre financier, le Parlement européen, le Conseil et la Commission prennent toute mesure nécessaire pour faciliter l'aboutissement de la procédure.

SECTION 2

LE BUDGET ANNUEL DE L'UNION

ARTICLE III-403

L'exercice budgétaire commence le 1er janvier et s'achève le 31 décembre.

ARTICLE III-404

La loi européenne établit le budget annuel de l'Union conformément aux dispositions ci-après.

1. Chaque institution dresse, avant le 1er juillet, un état prévisionnel de ses dépenses pour l'exercice budgétaire suivant. La Commission groupe ces états dans un projet de budget qui peut comporter des prévisions divergentes.

Ce projet comprend une prévision des recettes et une prévision des dépenses.

2. La Commission présente une proposition contenant le projet de budget au Parlement européen et au Conseil au plus tard

le 1er septembre de l'année qui précède celle de l'exécution du budget.

La Commission peut modifier le projet de budget au cours de la procédure jusqu'à la convocation du comité de conciliation visé au paragraphe 5.

3. Le Conseil adopte sa position sur le projet de budget et la transmet au Parlement européen au plus tard le 1er octobre de l'année qui précède celle de l'exécution du budget. Il informe pleinement le Parlement européen des raisons qui l'ont conduit à adopter sa position.

4. Si, dans un délai de quarante-deux jours après cette transmission, le Parlement européen :

a) approuve la position du Conseil, la loi européenne établissant le budget est adoptée ;
b) n'a pas statué, la loi européenne établissant le budget est réputée adoptée ;
c) adopte, à la majorité des membres qui le composent, des amendements, le projet ainsi amendé est transmis au Conseil et à la Commission. Le président du Parlement européen, en accord avec le président du Conseil, convoque sans délai le comité de conciliation. Toutefois, le comité de conciliation ne se réunit pas si, dans un délai de dix jours après cette transmission, le Conseil informe le Parlement européen qu'il approuve tous ses amendements.

5. Le comité de conciliation, qui réunit les membres du Conseil ou leurs représentants et autant de membres représentant le Parlement européen, a pour mission d'aboutir, sur la base des positions du Parlement européen et du Conseil, à un accord sur un projet commun à la majorité qualifiée des membres du Conseil ou de leurs représentants et à la majorité des membres représentant le Parlement européen, dans un délai de vingt et un jours à partir de sa convocation.

La Commission participe aux travaux du comité de conciliation et prend toutes les initiatives nécessaires en vue de promouvoir un rapprochement des positions du Parlement européen et du Conseil.

6. Si, dans le délai de vingt et un jours visé au paragraphe 5, le comité de conciliation parvient à un accord sur un projet commun, le Parlement européen et le Conseil disposent chacun d'un délai de quatorze jours à compter de la date de cet accord pour approuver le projet commun.

7. Si, dans le délai de quatorze jours visé au paragraphe 6 :

a) le Parlement européen et le Conseil approuvent tous deux le projet commun ou ne parviennent pas à statuer, ou si l'une de ces institutions approuve le projet commun tandis que l'autre ne parvient pas à statuer, la loi européenne établissant le budget est réputée définitivement adoptée conformément au projet commun, ou
b) le Parlement européen, statuant à la majorité des membres qui le composent, et le Conseil rejettent tous deux le projet commun, ou si l'une de ces institutions rejette le projet commun tandis que l'autre ne parvient pas à statuer, un nouveau projet de budget est présenté par la Commission, ou
c) le Parlement européen, statuant à la majorité des membres qui le composent, rejette le projet commun tandis que le Conseil l'approuve, un nouveau projet de budget est présenté par la Commission, ou
d) le Parlement européen approuve le projet commun tandis que le Conseil le rejette, le Parlement européen peut, dans un délai de quatorze jours à compter de la date du rejet par le Conseil et statuant à la majorité des membres qui le composent et des trois cinquièmes des suffrages exprimés, décider de confirmer l'ensemble ou une partie des amendements visés au paragraphe 4, point c). Si l'un des amendements du Parlement européen n'est pas confirmé, la position agréée au sein du comité de conciliation concernant la ligne budgétaire qui fait l'objet de cet amendement est retenue. La loi européenne éta-

blissant le budget est réputée définitivement adoptée sur cette base.

8. Si, dans le délai de vingt et un jours visé au paragraphe 5, le comité de conciliation ne parvient pas à un accord sur un projet commun, un nouveau projet de budget est présenté par la Commission.

9. Lorsque la procédure prévue au présent article est achevée, le président du Parlement européen constate que la loi européenne établissant le budget est définitivement adoptée.

10. Chaque institution exerce les pouvoirs qui lui sont dévolus par le présent article dans le respect de la Constitution et des actes adoptés en vertu de celle-ci, notamment en matière de ressources propres de l'Union et d'équilibre des recettes et des dépenses.

ARTICLE III-405

1. Si, au début d'un exercice budgétaire, la loi européenne établissant le budget n'a pas été définitivement adoptée, les dépenses peuvent être effectuées mensuellement par chapitre conformément à la loi européenne visée à l'article III-412, dans la limite du douzième des crédits inscrits au chapitre en question du budget de l'exercice précédent, sans pouvoir dépasser le douzième des crédits prévus au même chapitre du projet de budget.

2. Le Conseil, sur proposition de la Commission et dans le respect des autres conditions prévues au paragraphe 1, peut adopter une décision européenne autorisant des dépenses qui excèdent le douzième, conformément à la loi européenne visée à l'article III-412. Il la transmet immédiatement au Parlement européen.

Cette décision européenne prévoit les mesures nécessaires en matière de ressources pour l'application du présent article, dans le respect des lois européennes visées à l'article I-54, paragraphes 3 et 4.

Elle entre en vigueur trente jours après son adoption si, dans ce délai, le Parlement européen, statuant à la majorité des membres qui le composent, ne décide pas de réduire ces dépenses.

Article III-406

Dans les conditions prévues par la loi européenne visée à l'article III-412, les crédits, autres que ceux relatifs aux dépenses de personnel, qui sont inutilisés à la fin de l'exercice budgétaire peuvent faire l'objet d'un report qui est limité au seul exercice suivant.

Les crédits sont spécialisés par chapitres groupant les dépenses selon leur nature ou leur destination, et subdivisés, conformément à la loi européenne visée à l'article III-412.

Les dépenses :

— du Parlement européen,
— du Conseil européen et du Conseil,
— de la Commission, ainsi que
— de la Cour de justice de l'Union européenne,

font l'objet de sections distinctes du budget, sans préjudice d'un régime spécial pour certaines dépenses communes.

Section 3

L'exécution du budget et la décharge

Article III-407

La Commission exécute le budget en coopération avec les États membres, conformément à la loi européenne visée à l'article III-412, sous sa propre responsabilité et dans la limite des crédits alloués, conformément au principe de la bonne gestion financière. Les États membres coopèrent avec la Commission pour faire en sorte que les crédits soient utilisés conformément à ce même principe.

La loi européenne visée à l'article III-412 établit les obligations de contrôle et d'audit des États membres dans l'exécution du budget ainsi que les responsabilités qui en découlent. Elle établit les responsabilités et les modalités particulières selon lesquelles chaque institution participe à l'exécution de ses propres dépenses.

À l'intérieur du budget, la Commission peut procéder, dans les limites et conditions prévues par la loi européenne visée à l'article III-412, à des virements de crédits, soit de chapitre à chapitre, soit de subdivision à subdivision.

ARTICLE III-408

La Commission soumet chaque année au Parlement européen et au Conseil les comptes de l'exercice écoulé afférents aux opérations du budget. En outre, elle leur communique un bilan financier décrivant l'actif et le passif de l'Union.

La Commission présente également au Parlement européen et au Conseil un rapport d'évaluation des finances de l'Union fondé sur les résultats obtenus notamment par rapport aux indications données par le Parlement européen et le Conseil en vertu de l'article III-409.

ARTICLE III-409

1. Le Parlement européen, sur recommandation du Conseil, donne décharge à la Commission sur l'exécution du budget. À cet effet, il examine, à la suite du Conseil, les comptes, le bilan financier et le rapport d'évaluation visés à l'article III-408, le rapport annuel de la Cour des comptes, accompagné

des réponses des institutions contrôlées aux observations de la Cour des comptes, la déclaration d'assurance visée à l'article III-384, paragraphe 1, second alinéa, ainsi que les rapports spéciaux pertinents de la Cour des comptes.

2. Avant de donner décharge à la Commission ou à toute autre fin se situant dans le cadre de l'exercice des attributions de celle-ci en matière d'exécution du budget, le Parlement européen peut demander à entendre la Commission sur l'exécution des dépenses ou le fonctionnement des systèmes de contrôle financier. La Commission soumet au Parlement européen, à la demande de ce dernier, toute information nécessaire.

3. La Commission met tout en œuvre pour donner suite aux observations accompagnant les décisions de décharge et aux autres observations du Parlement européen concernant l'exécution des dépenses, ainsi qu'aux commentaires accompagnant les recommandations de décharge adoptées par le Conseil.

4. À la demande du Parlement européen ou du Conseil, la Commission fait rapport sur les mesures prises à la lumière de ces observations et commentaires, et notamment sur les instructions données aux services chargés de l'exécution du budget. Ces rapports sont également transmis à la Cour des comptes.

SECTION 4

DISPOSITIONS COMMUNES

ARTICLE III-410

Le cadre financier pluriannuel et le budget annuel sont établis en euros.

Article III-411

La Commission peut, sous réserve d'en informer les autorités compétentes des États membres concernés, transférer dans la monnaie de l'un des États membres les avoirs qu'elle détient dans la monnaie d'un autre État membre, dans la mesure nécessaire à l'utilisation de ces avoirs aux fins prévues par la Constitution. La Commission évite, dans la mesure du possible, de procéder à de tels transferts si elle détient des avoirs disponibles ou mobilisables dans les monnaies dont elle a besoin.

La Commission communique avec chacun des États membres concernés par l'intermédiaire de l'autorité qu'il désigne. Dans l'exécution des opérations financières, elle a recours à la banque d'émission de l'État membre concerné ou à une autre institution financière agréée par celui-ci.

Article III-412

1. La loi européenne établit :

a) les règles financières qui fixent notamment les modalités relatives à l'établissement et à l'exécution du budget, et à la reddition et à la vérification des comptes :
b) les règles qui organisent le contrôle de la responsabilité des acteurs financiers, et notamment des ordonnateurs et des comptables.

La loi européenne est adoptée après consultation de la Cour des comptes.

2. Le Conseil adopte, sur proposition de la Commission, un règlement européen fixant les modalités et la procédure selon lesquelles les recettes budgétaires prévues dans le régime des ressources propres de l'Union sont mises à la disposition de la Commission, ainsi que les mesures à appliquer pour faire face, le cas échéant, aux besoins de trésorerie. Il statue après consultation du Parlement européen et de la Cour de comptes.

3. Le Conseil statue à l'unanimité jusqu'au 31 décembre 2006 dans tous les cas visés par le présent article.

ARTICLE III-413

Le Parlement européen, le Conseil et la Commission veillent à la disponibilité des moyens financiers permettant à l'Union de remplir ses obligations juridiques à l'égard des tiers.

ARTICLE III-414

Des rencontres régulières des présidents du Parlement européen, du Conseil et de la Commission sont convoquées, à l'initiative de la Commission, dans le cadre des procédures budgétaires visées au présent chapitre. Les présidents prennent toutes les mesures nécessaires pour promouvoir la concertation et le rapprochement des positions des institutions qu'ils président, afin de faciliter la mise en œuvre du présent chapitre.

SECTION 5

LUTTE CONTRE LA FRAUDE

ARTICLE III-415

1. L'Union et les États membres combattent la fraude et toute autre activité illégale portant atteinte aux intérêts financiers de l'Union par des mesures prises conformément au présent article. Ces mesures sont dissuasives et offrent une protection effective dans les États membres ainsi que dans les institutions, organes et organismes de l'Union.

2. Pour combattre la fraude portant atteinte aux intérêts financiers de l'Union, les États membres prennent les mêmes mesures que celles qu'ils prennent pour combattre la fraude portant atteinte à leurs propres intérêts financiers.

3. Sans préjudice d'autres dispositions de la Constitution, les États membres coordonnent leur action visant à protéger les intérêts financiers de l'Union contre la fraude. À cette fin, ils organisent, avec la Commission, une collaboration étroite et régulière entre les autorités compétentes.

4. La loi ou loi-cadre européenne établit les mesures nécessaires dans les domaines de la prévention de la fraude portant atteinte aux intérêts financiers de l'Union et de la lutte contre cette fraude en vue d'offrir une protection effective et équivalente dans les États membres ainsi que dans les institutions, organes et organismes de l'Union. Elle est adoptée après consultation de la Cour des comptes.

5. La Commission, en coopération avec les États membres, adresse chaque année au Parlement européen et au Conseil un rapport sur les mesures prises pour la mise en œuvre du présent article.

Chapitre III

Coopérations renforcées

Article III-416

Les coopérations renforcées respectent la Constitution et le droit de l'Union.

Elles ne peuvent porter atteinte ni au marché intérieur ni à la cohésion économique, sociale et territoriale. Elles ne peuvent constituer ni une entrave ni une discrimination aux échanges entre les États membres ni provoquer de distorsions de concurrence entre ceux-ci.

Article III-417

Les coopérations renforcées respectent les compétences, droits et obligations des États membres qui n'y participent pas.

Ceux-ci n'entravent pas leur mise en œuvre par les États membres qui y participent.

ARTICLE III-418

1. Lors de leur instauration, les coopérations renforcées sont ouvertes à tous les États membres, sous réserve de respecter les conditions éventuelles de participation fixées par la décision européenne d'autorisation. Elles le sont également à tout autre moment, sous réserve de respecter, outre les conditions éventuelles susvisées, les actes déjà adoptés dans ce cadre.

La Commission et les États membres participant à une coopération renforcée veillent à promouvoir la participation du plus grand nombre possible d'États membres.

2. La Commission et, le cas échéant, le ministre des Affaires étrangères de l'Union informent régulièrement le Parlement européen et le Conseil de l'évolution des coopérations renforcées.

ARTICLE III-419

1. Les États membres qui souhaitent instaurer entre eux une coopération renforcée dans l'un des domaines visés par la Constitution, à l'exception des domaines de compétence exclusive et de la politique étrangère et de sécurité commune, adressent une demande à la Commission en précisant le champ d'application et les objectifs poursuivis par la coopération renforcée envisagée. La Commission peut soumettre au Conseil une proposition en ce sens. Si la Commission ne soumet pas de proposition, elle en communique les raisons aux États membres concernés.

L'autorisation de procéder à une coopération renforcée est accordée par une décision européenne du Conseil, qui statue sur proposition de la Commission et après approbation du Parlement européen.

2. La demande des États membres qui souhaitent instaurer entre eux une coopération renforcée dans le cadre de la politique étrangère et de sécurité commune est adressée au Conseil. Elle est transmise au ministre des Affaires étrangères de l'Union, qui donne son avis sur la cohérence de la coopération renforcée envisagée avec la politique étrangère et de sécurité commune de l'Union, ainsi qu'à la Commission, qui donne son avis, notamment sur la cohérence de la coopération renforcée envisagée avec les autres politiques de l'Union. Elle est également transmise au Parlement européen pour information.

L'autorisation de procéder à une coopération renforcée est accordée par une décision européenne du Conseil, statuant à l'unanimité.

ARTICLE III-420

1. Tout État membre qui souhaite participer à une coopération renforcée en cours dans l'un des domaines visés à l'article III-419, paragraphe 1, notifie son intention au Conseil et à la Commission.

La Commission, dans un délai de quatre mois à compter de la date de réception de la notification, confirme la participation de l'État membre en question. Elle constate, le cas échéant, que les conditions de participation sont remplies et adopte les mesures transitoires nécessaires concernant l'application des actes déjà adoptés dans le cadre de la coopération renforcée.

Toutefois, si la Commission estime que les conditions de participation ne sont pas remplies, elle indique les dispositions à prendre pour remplir ces conditions et fixe un délai pour réexaminer la demande. À l'expiration de ce délai, elle réexamine la demande, conformément à la procédure prévue au deuxième alinéa. Si la Commission estime que les conditions de participation ne sont toujours pas remplies, l'État membre en question peut saisir le Conseil à ce sujet, qui se prononce sur la demande. Le Conseil statue conformément à l'article I-44, paragraphe 3. Il peut également adopter, sur proposition de la Commission, les mesures transitoires visées au deuxième alinéa.

2. Tout État membre qui souhaite participer à une coopération renforcée en cours dans le cadre de la politique étrangère et de sécurité commune notifie son intention au Conseil, au ministre des Affaires étrangères de l'Union et à la Commission.

Le Conseil confirme la participation de l'État membre en question, après consultation du ministre des Affaires étrangères de l'Union et après avoir constaté, le cas échéant, que les conditions de participation sont remplies. Le Conseil, sur proposition du ministre des Affaires étrangères de l'Union, peut également adopter les mesures transitoires nécessaires concernant l'application des actes déjà adoptés dans le cadre de la coopération renforcée. Toutefois, si le Conseil estime que les conditions de participation ne sont pas remplies, il indique les dispositions à prendre pour remplir ces conditions et fixe un délai pour réexaminer la demande de participation.

Aux fins du présent paragraphe, le Conseil statue à l'unanimité et conformément à l'article I-44, paragraphe 3.

ARTICLE III-421

Les dépenses résultant de la mise en œuvre d'une coopération renforcée, autres que les coûts administratifs occasionnés pour les institutions, sont à la charge des États membres qui y participent, à moins que le Conseil, statuant à l'unanimité de tous ses membres, après consultation du Parlement européen, n'en décide autrement.

ARTICLE III-422

1. Lorsqu'une disposition de la Constitution susceptible d'être appliquée dans le cadre d'une coopération renforcée prévoit

que le Conseil statue à l'unanimité, le Conseil, statuant à l'unanimité conformément aux modalités prévues à l'article I-44, paragraphe 3, peut adopter une décision européenne prévoyant qu'il statuera à la majorité qualifiée.

2. Lorsqu'une disposition de la Constitution susceptible d'être appliquée dans le cadre d'une coopération renforcée prévoit que le Conseil adopte des lois ou lois-cadres européennes conformément à une procédure législative spéciale, le Conseil, statuant à l'unanimité conformément aux modalités prévues à l'article I-44, paragraphe 3, peut adopter une décision européenne prévoyant qu'il statuera conformément à la procédure législative ordinaire. Le Conseil statue après consultation du Parlement européen.

3. Les paragraphes 1 et 2 ne s'appliquent pas aux décisions ayant des implications militaires ou dans le domaine de la défense.

Article III-423

Le Conseil et la Commission assurent la cohérence des actions entreprises dans le cadre d'une coopération renforcée ainsi que la cohérence de ces actions avec les politiques de l'Union, et coopèrent à cet effet.

Titre VII

Dispositions communes

Article III-424

Compte tenu de la situation économique et sociale structurelle de la Guadeloupe, de la Guyane française, de la Martinique, de la Réunion, des Açores, de Madère et des îles Canaries, qui est aggravée par leur éloignement, l'insularité, leur faible superficie, le relief et le climat difficiles, leur dépendance économique vis-à-vis d'un petit nombre de produits, facteurs dont la permanence et la combinaison nuisent gravement à leur développement, le Conseil, sur proposition de la Commission, adopte des lois, lois-cadres, règlements et décisions européens visant, en particulier, à fixer les conditions d'application de la Constitution à ces régions, y compris les politiques communes. Il statue après consultation du Parlement européen.

Les actes visés au premier alinéa portent notamment sur les politiques douanières et commerciales, la politique fiscale, les zones franches, les politiques dans les domaines de l'agriculture et de la pêche, les conditions d'approvisionnement en matières premières et en biens de consommation de première nécessité, les aides d'État, et les conditions d'accès aux fonds à finalité structurelle et aux programmes horizontaux de l'Union.

Le Conseil adopte les actes visés au premier alinéa en tenant compte des caractéristiques et contraintes particulières des régions ultrapériphériques, sans nuire à l'intégrité et à la cohérence de l'ordre juridique de l'Union, y compris le marché intérieur et les politiques communes.

ARTICLE III-425

La Constitution ne préjuge en rien le régime de la propriété dans les États membres.

ARTICLE III-426

Dans chacun des États membres, l'Union possède la capacité juridique la plus large reconnue aux personnes morales par les législations nationales. Elle peut notamment acquérir ou aliéner des biens immobiliers et mobiliers et ester en justice. À cet effet, elle est représentée par la Commission. Toutefois, l'Union est représentée par chacune des institutions, au titre de leur autonomie administrative, pour les questions liées à leur fonctionnement respectif.

ARTICLE III-427

La loi européenne fixe le statut des fonctionnaires de l'Union et le régime applicable aux autres agents de l'Union. Elle est adoptée après consultation des institutions concernées.

ARTICLE III-428

Pour l'accomplissement des tâches qui lui sont confiées, la Commission peut recueillir toutes informations et procéder à toutes vérifications nécessaires, dans les limites et conditions prévues par un règlement ou décision européens adopté par le Conseil à la majorité simple.

ARTICLE III-429

1. Sans préjudice de l'article 5 du protocole fixant le statut du Système européen de banques centrales et de la Banque centrale européenne, la loi ou loi-cadre européenne fixe les mesures pour l'établissement de statistiques, lorsque cela est nécessaire à l'accomplissement des activités de l'Union.

2. L'établissement des statistiques se fait dans le respect de l'impartialité, de la fiabilité, de l'objectivité, de l'indépendance scientifique, de l'efficacité au regard du coût et de la confidentialité des informations statistiques. Il ne doit pas entraîner de charges excessives pour les opérateurs économiques.

ARTICLE III-430

Les membres des institutions de l'Union, les membres des comités, ainsi que les fonctionnaires et agents de l'Union sont tenus, même après la cessation de leurs fonctions, de ne pas divulguer les informations qui, par leur nature, sont couvertes par le secret professionnel, notamment les renseignements relatifs aux entreprises et concernant leurs relations commerciales ou les éléments de leur prix de revient.

ARTICLE III-431

La responsabilité contractuelle de l'Union est régie par le droit applicable au contrat en cause.

En matière de responsabilité non contractuelle, l'Union doit réparer, conformément aux principes généraux communs aux droits des États membres, les dommages causés par ses institutions ou par ses agents dans l'exercice de leurs fonctions.

Par dérogation au deuxième alinéa, la Banque centrale européenne doit réparer, conformément aux principes généraux communs aux droits des États membres, les dommages causés par elle-même ou par ses agents dans l'exercice de leurs fonctions.

La responsabilité personnelle des agents envers l'Union est réglée par les dispositions fixant leur statut ou le régime qui leur est applicable.

ARTICLE III-432

Le siège des institutions de l'Union est fixé d'un commun accord par les gouvernements des États membres.

ARTICLE III-433

Le Conseil adopte à l'unanimité un règlement européen fixant le régime linguistique des institutions de l'Union, sans préjudice du statut de la Cour de justice de l'Union européenne.

ARTICLE III-434

L'Union jouit sur le territoire des États membres des privilèges et immunités nécessaires à l'accomplissement de sa mission dans les conditions prévues par le protocole sur les privilèges et immunités de l'Union européenne.

ARTICLE III-435

Les droits et obligations résultant de conventions conclues antérieurement au 1er janvier 1958 ou, pour les États adhérents, antérieurement à la date de leur adhésion, entre un ou plusieurs États membres, d'une part, et un ou plusieurs États tiers, d'autre part, ne sont pas affectés par la Constitution.

Dans la mesure où ces conventions ne sont pas compatibles avec la Constitution, le ou les États membres en cause recourent à tous les moyens appropriés pour éliminer les incompatibilités constatées. En cas de besoin, les États membres se prêtent une assistance mutuelle en vue d'arriver à cette fin et adoptent, le cas échéant, une attitude commune.

Lorsqu'ils appliquent les conventions visées au premier alinéa, les États membres tiennent compte du fait que les avantages consentis dans la Constitution par chacun des États membres font partie intégrante de l'Union et sont, de ce fait, inséparablement liés à la création d'institutions dotées d'attributions par la Constitution et à l'octroi d'avantages identiques par tous les autres États membres.

ARTICLE III-436

1. La Constitution ne fait pas obstacle aux règles suivantes :

a) aucun État membre n'est tenu de fournir des renseignements dont il estimerait la divulgation contraire aux intérêts essentiels de sa sécurité ;
b) tout État membre peut prendre les mesures qu'il estime nécessaires à la protection des intérêts essentiels de sa sécurité et qui se rapportent à la production ou au commerce d'armes, de munitions et de matériel de guerre ; ces mesures ne doivent pas altérer les conditions de la concurrence dans le marché intérieur en ce qui concerne les produits non destinés à des fins spécifiquement militaires.

2. Le Conseil, sur proposition de la Commission, peut adopter à l'unanimité une décision européenne modifiant la liste du 15 avril 1958 des produits auxquels les dispositions du paragraphe 1, point b), s'appliquent.

Partie IV

Dispositions générales et finales

Article IV-437

Abrogation des traités antérieurs

1. Le présent traité établissant une Constitution pour l'Europe abroge le traité instituant la Communauté européenne et le traité sur l'Union européenne, ainsi que, dans les conditions prévues par le protocole relatif aux actes et traités ayant complété ou modifié le traité instituant la Communauté européenne et le traité sur l'Union européenne, les actes et traités qui les ont complétés ou modifiés, sous réserve du paragraphe 2 du présent article.

2. Les traités relatifs à l'adhésion :

a) du Royaume de Danemark, de l'Irlande et du Royaume-Uni de Grande-Bretagne et de l'Irlande du Nord ;
b) de la République hellénique ;
c) du Royaume d'Espagne et de la République portugaise ;
d) de la République d'Autriche, de la République de Finlande et du Royaume de Suède.

e) de la République tchèque, de la République d'Estonie, de la République de Chypre, de la République de Lettonie, de la République de Lituanie, de la République de Hongrie, de la République de Malte, de la République de Pologne, de la République de Slovénie et de la République slovaque sont abrogés.

Toutefois :

— les dispositions des traités visés aux point a) à d) qui sont reprises ou visées dans le protocole relatif aux traités et actes d'adhésion du Royaume de Danemark, de l'Irlande et du Royaume-Uni de Grande-Bretagne et de l'Irlande du Nord, de la République hellénique, du Royaume d'Espagne et de la République portugaise, et de la République d'Autriche, de la République de Finlande et du Royaume de Suède restent en vigueur et leurs effets juridiques sont préservés conformément à ce protocole,

— les dispositions du traité visé au point e) qui sont reprises ou visées dans le protocole relatif au traité et acte d'adhésion de la République tchèque, de la République d'Estonie, de la République de Chypre, de la République de Lettonie, de la République de Lituanie, de la République de Hongrie, de la République de Malte, de la République de Pologne, de la République de Slovénie et de la République slovaque restent en vigueur et leurs effets juridiques sont préservés conformément à ce protocole.

Article IV-438

Succession et continuité juridique

1. L'Union européenne établie par le présent traité succède à l'Union européenne instituée par le traité sur l'Union européenne et à la Communauté européenne.

2. Sous réserve de l'article IV-439, les institutions, organes et organismes existant à la date d'entrée en vigueur du présent traité exercent, dans leur composition à cette date, leurs attributions au sens du présent traité, aussi longtemps que de nouvelles dispositions n'auront pas été adoptées en application de celui-ci ou jusqu'à la fin de leur mandat.

3. Les actes des institutions, organes et organismes, adoptés sur la base des traités et actes abrogés par l'article IV-437, demeurent en vigueur. Leurs effets juridiques sont préservés aussi longtemps que ces actes n'auront pas été abrogés, annulés ou modifiés en application du présent traité. Il en va de même pour les conventions conclues entre États membres sur la base des traités et actes abrogés par l'article IV-437.

Les autres éléments de l'acquis communautaire et de l'Union existant au moment de l'entrée en vigueur du présent traité, notamment les accords interinstitutionnels, les décisions et accords convenus par les représentants des gouvernements des États membres, réunis au sein du Conseil, les accords conclus par les États membres relatifs au fonctionnement de l'Union ou de la Communauté ou présentant un lien avec l'action de celles-ci, les déclarations, y compris celles faites dans le cadre de conférences intergouvernementales, ainsi que les résolutions ou autres prises de position du Conseil européen ou du Conseil et celles relatives à l'Union ou à la Communauté qui ont été adoptées d'un commun accord par les États membres, sont également préservés aussi longtemps qu'ils n'auront pas été supprimés ou modifiés.

4. La jurisprudence de la Cour de justice des Communautés européennes et du Tribunal de première instance relative à l'interprétation et à l'application des traités et actes abrogés par l'article IV-437, ainsi que des actes et conventions adoptés pour leur application, reste, mutatis mutandis, la source de l'interprétation du droit de l'Union, et notamment des dispositions comparables de la Constitution.

5. La continuité des procédures administratives et juridictionnelles engagées avant la date d'entrée en vigueur du présent traité est assurée dans le respect de la Constitution. Les institutions, organes et organismes responsables de ces procédures prennent toutes mesures appropriées à cet effet.

Article IV-439

Dispositions transitoires relatives à certaines institutions

Les dispositions transitoires relatives à la composition du Parlement européen, à la définition de la majorité qualifiée au Conseil européen et au Conseil, y compris dans les cas où tous les membres du Conseil européen ou du Conseil ne prennent pas part au vote, et à la composition de la Commission, y compris le ministre des Affaires étrangères de l'Union, sont prévues par le protocole sur les dispositions transitoires relatives aux institutions et organes de l'Union.

Article IV-440

Champ d'application territoriale

1. Le présent traité s'applique au Royaume de Belgique, à la République tchèque, au Royaume de Danemark, à la République fédérale d'Allemagne, à la République d'Estonie, à la République hellénique, au Royaume d'Espagne, à la République française, à l'Irlande, à la République italienne, à la République de Chypre, à la République de Lettonie, à la République de Lituanie, au Grand-Duché de Luxembourg, à la République de Hongrie, à la République de Malte, au Royaume des Pays-Bas, à la République d'Autriche, à la République de Pologne, à la République portugaise, à la République de Slovénie, à la République slovaque, à la République de Finlande, au Royaume de Suède et au Royaume-Uni de Grande-Bretagne et d'Irlande du Nord.

2. Le présent traité s'applique à la Guadeloupe, à la Guyane française, à la Martinique, à la Réunion, aux Açores, à Madère et aux îles Canaries conformément à l'article III-424.

3. Les pays et territoires d'outre-mer dont la liste figure à l'annexe II font l'objet du régime spécial d'association défini dans la partie III, titre IV.

Le présent traité ne s'applique pas aux pays et territoires d'outre-mer entretenant des relations particulières avec le Royaume-Uni de Grande-Bretagne et d'Irlande du Nord qui ne sont pas énumérés dans cette liste.

4. Le présent traité s'applique aux territoires européens dont un État membre assume les relations extérieures.

5. Le présent traité s'applique aux îles Åland avec les dérogations qui figuraient à l'origine dans le traité visé à l'article IV-437, paragraphe 2, point d), et qui ont été reprises au titre V, section 5, du protocole relatif aux traités et actes d'adhésion du Royaume de Danemark, de l'Irlande et du Royaume-Uni de Grande-Bretagne et d'Irlande du Nord, de la République hellénique, du Royaume d'Espagne et de la République portugaise, et de la République d'Autriche, de la République de Finlande et du Royaume de Suède.

6. Par dérogation aux paragraphes 1 à 5 :

a) le présent traité ne s'applique pas aux îles Féroé ;
b) le présent traité ne s'applique à Akrotiri et Dhekelia, zones de souveraineté du Royaume-Uni de Grande-Bretagne et d'Irlande du Nord à Chypre, que dans la mesure nécessaire pour assurer l'application du régime prévu à l'origine dans le protocole sur les zones de souveraineté du Royaume Uni de Grande-Bretagne et d'Irlande du Nord à Chypre annexé à l'acte d'adhésion qui fait partie intégrante du traité visé à l'article IV-437, paragraphe 2, point e), et qui a été repris à la partie II, titre III, du protocole relatif au traité et acte d'adhé-

sion de la République tchèque, de la République d'Estonie, de la République de Chypre, de la République de Lettonie, de la République de Lituanie, de la République de Hongrie, de la République de Malte, de la République de Pologne, de la République de Slovénie et de la République slovaque ;
c) le présent traité ne s'applique aux îles anglo-normandes et à l'île de Man que dans la mesure nécessaire pour assurer l'application du régime prévu pour ces îles à l'origine par le traité visé à l'article IV-437, paragraphe 2, point a), et qui a été repris au titre II, section 3, du protocole relatif aux traités et actes d'adhésion du Royaume de Danemark, de l'Irlande et du Royaume-Uni de Grande-Bretagne et d'Irlande du Nord, de la République hellénique, du Royaume d'Espagne et de la République portugaise, et de la République d'Autriche, de la République de Finlande et du Royaume de Suède.

7. Le Conseil européen, sur initiative de l'État membre concerné, peut adopter une décision européenne modifiant le statut à l'égard de l'Union d'un pays ou territoire danois, français ou néerlandais visé aux paragraphes 2 et 3. Le Conseil européen statue à l'unanimité, après consultation de la Commission.

ARTICLE IV-441

Unions régionales

Le présent traité ne fait pas obstacle à l'existence et à l'accomplissement des unions régionales entre la Belgique et le Luxembourg, ainsi qu'entre la Belgique, le Luxembourg et les Pays-Bas, dans la mesure où les objectifs de ces unions régionales ne sont pas atteints en application dudit traité.

ARTICLE IV-442

Protocoles et annexes

Les protocoles et annexes du présent traité en font partie intégrante.

ARTICLE IV-443

Procédure de révision ordinaire

1. Le gouvernement de tout État membre, le Parlement européen ou la Commission peut soumettre au Conseil des projets tendant à la révision du présent traité. Ces projets sont transmis par le Conseil au Conseil européen et notifiés aux parlements nationaux.

2. Si le Conseil européen, après consultation du Parlement européen et de la Commission, adopte à la majorité simple une décision favorable à l'examen des modifications proposées, le président du Conseil européen convoque une Convention composée de représentants des parlements nationaux, des chefs d'État ou de gouvernement des États membres, du Parlement européen et de la Commission. La Banque centrale européenne est également consultée dans le cas de modifications institutionnelles dans le domaine monétaire. La Convention examine les projets de révision et adopte par consensus une recommandation à une Conférence des représentants des gouvernements des États membres telle que prévue au paragraphe 3.

Le Conseil européen peut décider à la majorité simple, après approbation du Parlement européen, de ne pas convoquer de Convention lorsque l'ampleur des modifications ne le justifie pas. Dans ce dernier cas, le Conseil européen établit le mandat pour une Conférence des représentants des gouvernements des États membres.

3. Une Conférence des représentants des gouvernements des États membres est convoquée par le président du Conseil en vue d'arrêter d'un commun accord les modifications à apporter au présent traité.

Les modifications entrent en vigueur après avoir été ratifiées par tous les États membres conformément à leurs règles constitutionnelles respectives.

4. Si à l'issue d'un délai de deux ans à compter de la signature du traité modifiant le présent traité, les quatre cinquièmes des États membres ont ratifié ledit traité et qu'un ou plusieurs États membres ont rencontré des difficultés pour procéder à ladite ratification, le Conseil européen se saisit de la question.

ARTICLE IV-444

Procédure de révision simplifiée

1. Lorsque la partie III prévoit que le Conseil statue à l'unanimité dans un domaine ou dans un cas déterminé, le Conseil européen peut adopter une décision européenne autorisant le Conseil à statuer à la majorité qualifiée dans ce domaine ou dans ce cas.

Le présent paragraphe ne s'applique pas aux décisions ayant des implications militaires ou dans le domaine de la défense.

2. Lorsque la partie III prévoit que des lois ou lois-cadres européennes sont adoptées par le Conseil conformément à une procédure législative spéciale, le Conseil européen peut adopter une décision européenne autorisant l'adoption desdites lois ou lois-cadres conformément à la procédure législative ordinaire.

3. Toute initiative prise par le Conseil européen sur la base des paragraphes 1 ou 2 est transmise aux parlements nationaux. En cas d'opposition d'un parlement national notifiée dans un délai de six mois après cette transmission, la décision européenne visée aux paragraphes 1 ou 2 n'est pas adoptée. En l'absence d'opposition, le Conseil européen peut adopter ladite décision.

Pour l'adoption des décisions européennes visées aux paragraphes 1 et 2, le Conseil européen statue à l'unanimité, après approbation du Parlement européen, qui se prononce à la majorité des membres qui le composent.

ARTICLE IV-445

Procédure de révision simplifiée concernant les politiques et actions internes de l'Union

1. Le gouvernement de tout État membre, le Parlement européen ou la Commission peut soumettre au Conseil européen des projets tendant à la révision de tout ou partie des dispositions de la partie III, titre III, relatives aux politiques et actions internes de l'Union.

2. Le Conseil européen peut adopter une décision européenne modifiant tout ou partie des dispositions de la partie III, titre III. Le Conseil européen statue à l'unanimité, après consultation du Parlement européen et de la Commission ainsi que de la Banque centrale européenne dans le cas de modifications institutionnelles dans le domaine monétaire.

Cette décision européenne n'entre en vigueur qu'après son approbation par les États membres, conformément à leurs règles constitutionnelles respectives.

3. La décision européenne visée au paragraphe 2 ne peut pas accroître les compétences attribuées à l'Union dans le présent traité.

ARTICLE IV-446

Durée

Le présent traité est conclu pour une durée illimitée.

ARTICLE IV-447

Ratification et entrée en vigueur

1. Le présent traité est ratifié par les Hautes Parties Contractantes, conformément à leurs règles constitutionnelles respec-

tives. Les instruments de ratification sont déposés auprès du gouvernement de la République italienne.

2. Le présent traité entre en vigueur le 1er novembre 2006, à condition que tous les instruments de ratification aient été déposés, ou, à défaut, le premier jour du deuxième mois suivant le dépôt de l'instrument de ratification de l'État signataire qui procède le dernier à cette formalité.

ARTICLE IV-448

Textes authentiques et traductions

1. Le présent traité rédigé en un exemplaire unique, en langues allemande, anglaise, danoise, espagnole, estonienne, française, finnoise, grecque, hongroise, irlandaise, italienne, lettonne, lituanienne, maltaise, néerlandaise, polonaise, portugaise, slovaque, slovène, suédoise et tchèque, les textes établis dans chacune de ces langues faisant également foi, sera déposé dans les archives du gouvernement de la République italienne, qui remettra une copie certifiée conforme à chacun des gouvernements des autres États signataires.

2. Le présent traité peut aussi être traduit dans toute autre langue déterminée par les États membres parmi celles qui, en vertu de l'ordre constitutionnel de ces États membres, jouissent du statut de langue officielle sur tout ou partie de leur territoire. L'État membre concerné fournit une copie certifiée de ces traductions, qui sera versée aux archives du Conseil.

Bibliographie

F. Aldecoa Luzárraga, *Tratado por el que se establece una Constitución para Europa, Presentación y Texto*, Biblioteca nueva, Real Instituto Elcano, 2004, 316 p.

D. Argirakos et P. Lüdemann, *Eine Verfassung für Europa : Texten mit erläuternden Anmerkungen*, Heidelberg, Müller, 2001, 197 p.

R. Badinter, *Une Constitution européenne*, Paris, Fayard, 2002, 180 p.

O. Beaud, A. Lechevalier, I. Pernice et S. Strudel (dir.), *L'Europe en voie de Constitution. Pour un bilan critique de la Convention*, Bruxelles, Bruylant, 2004, 832 p.

P. Bilancia (dir.), *Il Processo costitutuente europeo*, Milano, Giuffrè, 2002, 234 p.

A. Bodnar *et al.* (eds), *The Emerging Constitutional Law of the European Union*, Berlin, Springer, 2003, 595 p.

G. Bonacchi (dir.), *Una Costituzione senza Stato*, Bologna, Il Mulino, 2001, 532 p.

Th. Bruha, J. J. Hesse et C. Nowak (dir.), *Welche Verfassung für Europa ?*, Baden-Baden, Nomos, 2001, 336 p.

G. Buccino Grimaldi et R. A. Cangelosi (dir.), *Verso la « Costituzione europea » : da Amsterdam a Laeken*, Roma, Philos, 2002, 143 p.

L. Burgorgue-Larsen, A. Levade et F. Picod (dir.), *Le Traité établissant une Constitution pour l'Europe. Commentaire article par article*, trois tomes, Bruxelles, Bruylant, 2005, en cours de publication.

C. CANCELA OUTEDA, *El Processo de constitucionalización de la Unión Europea : de Roma a Niza*, Santiago de Compostela, USC, 2001, 563 p.

F. CAPELLI (dir.), *Due Costituzioni per l'Europa : il nuovo assetto istituzionale dell'Unione europea*, Parma, Collegio europeo di Parma, 2002, 103 p.

G. COHEN-JONATHAN et J. DUTHEIL DE LA ROCHÈRE (dir.), *Constitution européenne, démocratie et droits de l'homme*, Bruxelles, Bruylant, coll. « Droit et Justice », 2003, 303 p.

F. CROMME, *Verfassungsvertrag der Europäischen Union : Entwurf und Begründung*, Baden-Baden, Nomos, 2003, 283 p.

O. DE SCHUTTER et P. NIHOUL (coord.), *Une Constitution pour l'Europe. Réflexions sur les transformations du droit de l'Union européenne*, Bruxelles, Larcier, 2004, 405 p.

U. DE SIERVO (dir.), *La Difficile Costituzione europea*, Bologna, Il Mulino, 2002, 346 p.

B. DE WITTE (ed.), *Ten Reflections on the Constitutional Treaty for Europe*, San Domenico di Fiesole, Robert Schuman Centre for Advanced Studies, European University institute, 2003, 225 p.

S. DELLAVALLE, *Una Costituzione senza popolo ? : la Costituzione europea alla luce delle concezioni del popolo come « potere costituente »*, Milano, Giuffrè, 2002, 328 p.

L. M. DIEZ-PICAZO Y PONCE DE LEON, *Constitucionalismo de la Unión Europea*, Madrid, Civitas, 2002, 217 p.

O. DUHAMEL, *Pour l'Europe. Le texte intégral de la Constitution expliqué et commenté*, Paris, Seuil, 2003, 436 p.

J.-M. FERRY, *La Question de l'État européen*, Paris, Gallimard, 2000, 322 p.

V. GISCARD D'ESTAING, *La Constitution européenne*, Paris, Albin Michel, Fondation Robert Schuman, 2003, 395 p.

D. GÖLER, *Die neue europäische Verfassungsdebatte : Entwicklungsstand und Optionen für den Konvent*, Bonn, Europa Union, 2002, 139 p.

C. DU GRANRUT, *Une constitution pour l'Europe*, Paris, LGDJ, coll. « Systèmes », 2004, 174 p.

Chr. JOERGES, *The Law in the process of constitutionalizing Europe*, Florence, European University Institute, 2002, 45 p.

A. LAMASSOURE, *Histoire secrète de la Convention européenne*, Fondation Robert Schuman, Paris, Albin Michel, 2004, 526 p.

P. MAGNETTE (éd.), *La Constitution de l'Europe*, Bruxelles, Éd. de l'Université, 2e éd., 2002, 215 p.

A. MATTERA RICIGLIANO (dir.), *Pénélope : projet de Constitution de l'Union européenne*, Paris, Clément Juglar, 2003, 339 p.

H. W. MAULL et R. KIRT (dir.), *Eine Verfassung für Europa : Trierer Verfassungsentwurf für die Europäische Union*, Münster, Lit, 2003, 132 p.

M. MELIN et G. SCHÄDER, *EU : s konstitution : maktfördelningen mellan den europeiska unionen, medlemsstaterna ochmedborgarna*, Stockholm, Norstedts Juridik, 2001, 194 p.

Y. MÉNY, *Tra utopia e realità : una Costituzione per l'Europa*, Firenze, Passigli, 2000, 189 p.

M. OREJA AGUIRRE, J. M. Beneyto Pérez et J. Paul Gutiérrez (dir.), *El Futuro de la Union Europea : union politica y coordinacion economica*, Madrid, Dykinson, 2002, 322 p.

S. PAJNO, *L'Integrazione comunitaria del parametro di costituzionalità*, Torino, Giappichelli, 2001, 296 p.

D. PASQUINUCCI, *I Progetti di Costituzione europea : dall'assemblea « ad hoc » alla dichiarazione di Laeken*, Milano, Unicopli, 2003, 238 p.

I. PERNICE, *Fondements du droit constitutionnel européen*, Paris, Pedone, coll. « Cours et travaux », 2004, 93 p.

A. PETERS, *Elemente einer Theorie der Verfassung Europas*, Berlin, Duncker & Humblot, 2001, 889 p.

A. M. PETRONI (dir.), *Modeli giuridici ed economici per la Costituzione europea*, Bologna, Il Mulino, 2002, 321 p.

Chr. PHILIP, *La Constitution européenne*, Paris, PUF, coll. « Que sais-je ? », 2004, 128 p.

Chr. PHILIP et P. SOLDATOS (dir.), *La Convention sur l'avenir de l'Europe. Essai d'évaluation du projet de traité établissant une Constitution pour l'Europe*, Bruxelles, Bruylant, 2004, 236 p.

A. Pizzorusso, *Il Patrimonio costituzionale europeo*, Bologna, Il Mulino, 2002, 191 p.

É. De Poncins, *Vers une constitution européenne. Textes et commentaires*, 10/18 Poche, Paris, 2003, 528 p.

J.-L. Sauron, *La Constitution européenne expliquée*, Paris, Gualino, 2004, 320 p.

D. H. Scheuing (dir.), *Europäische Verfassungsordnung*, Baden-Baden, Nomos, 2003, 195 p.

J. Schwarze (éd.), *La Naissance d'un ordre constitutionnel européen*, Baden-Baden, Nomos, 2001, 572 p.

E. Scoditti et G. Palombella, *La Costituzione senza popolo : Unione europea e nazioni*, Bari, Dedalo, 2001, 239 p.

L. Serena Rossi (dir.), *Il Progetto di Trattato-Costituzione. Verso una nuova architettura dell'Unione europea*, Milano, Giuffrè, 2004, 293 p.

P. G. B. Smith, *Constitution building in the European Union : the process of treaty reforms*, The Hague, Kluwer, 2002, 285 p.

H. Timmermann (dir.), *Eine Verfassung für die Europäische Union : Beiträge zu einer grundsätzlichen und aktuellen Diskussion*, Oplade, Leske, 2001, 410 p.

J. Touscoz, *La Constitution de l'Union européenne*, Bruxelles, Bruylant, 2002, 186 p.

D. N. Triantafyllou, *Le Projet constitutionnel de la Convention européenne. Présentation critique de ses choix-clé*, Bruxelles-Athènes, Bruylant-Sakkoulas, 2003, 142 p.

D. Tsatsos, *Die Europäische Unionsgrundordnung : Beiträge zum institutionellen Verständnis der Europäischen Union im Hinblick auf einen zukünftigen europäischen Verfassungsvertrag*, Baden-Baden, Nomos, 2002, 201 p.

A. Verhoeven, *The European Union in search of a democratic and constitutional theory*, The Hague, Kluwer, 2002, 403 p.

J. H. H. Weiler, *The Constitution of Europe*, Cambridge, Cambridge University Press, 1999, 364 p.

J. ZILLER (dir.), *L'Européanisation des droits constitutionnels à la lumière de la Constitution pour l'Europe*, Paris, L'Harmattan, 2003, 336 p.
J. ZILLER, *La Nouvelle Constitution européenne*, Paris, La Découverte, 2003, 120 p.
J. ZILLER, *La nuova Costituzione europea*, Bologne, Il Mulino, 2e éd., 2004, 202 p.

Table des matières

FONDATION ROBERT SCHUMAN
L'EUROPE EN ACTIONS

La Fondation Robert Schuman

Créée en 1991, reconnue d'utilité publique, la Fondation Robert Schuman développe des études sur l'Union européenne et ses politiques et en promeut le contenu dans les nouvelles démocraties. Elle est devenue une référence en matière d'information européenne en France, en Europe et à l'étranger.

Centre de recherches français de référence sur l'Europe et ses politiques, la Fondation provoque, enrichit et stimule le débat européen par la richesse, la qualité et le nombre de ses publications (15 ouvrages, 70 000 exemplaires publiés et diffusés chaque année). Son indépendance lui permet de traiter les sujets d'actualité européenne de manière approfondie et objective. Ses études et analyses apportent aux décideurs des arguments et des éléments de réflexion.

Vecteur d'informations permanent, elle met à la disposition des chercheurs et du public toutes les informations utiles à une bonne connaissance des questions communautaires. Son site Internet propose des documents électroniques uniques, notamment une lettre hebdomadaire diffusée à près de 100 000 abonnés et un Observatoire des élections. Des brochures d'information pédagogique sont diffusées en grand nombre à l'occasion de chaque grand événement européen.

www.robert-schuman.org

www.constitution-europeenne.info

29, boulevard Raspail – 75007 Paris
Tél. : +33 (0)1 53 63 83 00 – Fax : +33 (0)1 53 63 83 01
info@robert-schuman.org

Rond Point Schuman 6 – B.1040 Bruxelles
Tél. : + 32 (0)2 234 78 26 — Fax : + 32 (0)2 234 77 72
bruxelles@robert-schuman.org

COLLECTION « PLURIEL »

ACTUEL

ABOU ZAHAD Mariam,
ROY Olivier,
Réseaux islamiques

ADLER Alexandre,
J'ai vu finir le monde ancien
Au fil des jours cruels

ATTIAS Jean-Claude,
BENBASSA Esther
Les Juifs ont-ils un avenir ?

BACHMANN Christian,
LE GUENNEC Nicole
Violences urbaines

BARBER Benjamin R.
Djihad versus McWorld
L'Empire de la peur

BEN-AMI Shlomo
Quel avenir pour Israël ?

BURGORGUE-LARSEN Laurence
LEVADE Anne
PICOD Fabrice
La Constitution européenne expliquée au citoyen

BRZEZINSKI Zbigniew
Le Grand Échiquier

BURGEL Guy
La Ville aujourd'hui

COHEN Daniel
La Mondialisation et ses ennemis

COLLECTIF
Le Piège de la parité

DAVIDENKOFF Emmanuel
Peut-on encore changer l'école?

FAUROUX Roger,
SPITZ Bernard
Notre État

GLUCKSMANN André
De Gaulle, où es-tu ?
Ouest contre Ouest

GRESH Alain
Israël-Palestine

GRESH Alain,
VIDAL Dominique
Les Cents Clés du Proche-Orient

KAGAN Robert
La Puissance et la Faiblesse

LAÏDI Zaki
Un monde privé de sens

LE BONNEC Yves,
SAULOY Mylène
À qui profite la cocaïne ?

MINCES Juliette
Le Coran et les femmes

PROLONGEAU Hubert
Sans domicile fixe

RAMBACH Anne,
RAMBACH Marine
Les Intellos précaires

RENAUT Alain
La Libération des enfants

ROY Olivier
Généalogie de l'islamisme

RUFIN Jean-Christophe
La Dictature libérale

SALAS Denis
Le Tiers Pouvoir

SMITH Stephen
Négrologie
Oufkir, un destin marocain

STRAUSS-KAHN Dominique
La Flamme et la Cendre

TISSERON Serge
L'Intimité surexposée

TRAORÉ Aminata
Le Viol de l'imaginaire

URFALINO Philippe
L'Invention de la politique culturelle

VIROLE Benoît
L'Enchantement Harry Potter

WARSCHAWSKI Michel
Sur la frontière

Sociologie, anthropologie

ARNALDEZ Roger
L'Homme selon le Coran
AUGÉ Marc
Un ethnologue dans le métro
AZNAR Guy
Emploi : la grande mutation
BADIE Bertrand,
BIRNBAUM Pierre
Sociologie de l'État
BAUMAN Zygmunt
Le Coût humain de la mondialisation
BEAUD Stéphane,
PIALOUX Michel
Violences urbaines, violence sociale
BIRNBAUM Pierre
La Fin du politique
Le Peuple et les gros
BOUDON Raymond
La Logique du social
L'Inégalité des chances
BOUSTANY Antoine
Drogues de paix, drogues de guerre
BROMBERGER Christian
Passions ordinaires
CALVET Louis-Jean
Histoire de l'écriture
La Guerre des langues et les politiques linguistiques
DAVID Paulo
Enfants sans enfance
DUPUY Jean-Pierre
Libéralisme et justice sociale
EHRENBERG Alain
Le Culte de la performance
L'Individu incertain
ELLUL Jacques
Le Bluff technologique
FONDATION DES ÉTUDES DE DÉFENSE
Les Manipulations de l'image et du son
GUÉNIF-SOUILAMAS Nacira
Des beurettes
JEANNENEY Jean-Noël
L'Écho du siècle. Encyclopédie historique de la radio et de la télévision en France
LE BRAS Hervé
Marianne et les lapins
LERIDON Henri
Les Enfants du désir
MENSION-RIGAU Éric
Aristocrates et grands bourgeois
POIRIER Lucien
Le Chantier stratégique
PONT-HUMBERT Catherine
Dictionnaire des symboles, des rites et des croyances
RAUCH André
Crise de l'identité masculine, 1789-1914
Vacances en France de 1830 à nos jours
ROSANVALLON Pierre
La Question syndicale
SULLEROT Évelyne
La Crise de la famille
VICTOR Paul-Émile,
VICTOR Jean-Christophe
Planète antarctique
TIERNEY Patrick
Au nom de la civilisation
ZEGHIDOUR Slimane
Le Voile et la bannière

PHILOSOPHIE

ARON Raymond
Essai sur les libertés
L'Opium des intellectuels
AXELOS Kostas
Métamorphoses
BLAIS Marie-Claude,
GAUCHET Marcel,
OTTAVI Dominique
Pour une philosophie de l'éducation
BOUVERESSE Jacques
Le Philosophe et le réel
BURKE Edmund
Réflexions sur la Révolution en France
CHÂTELET François
Histoire de la philosophie
t. 1 : *La Philosophie païenne (du VIe siècle av. J. –C. au IIIe siècle après J. –C.)*
t. 2 : *La Philosophie médiévale (du Ier au XVe siècle)*
t. 3 : *La Philosophie du monde nouveau (XVIe et XVIIe siècle)*
t. 4 : *Les Lumières (XVIIIe siècle)*
t. 5 : *La Philosophie et l'histoire (de 1780 à 1880)*
t. 6 : *La Philosophie du monde scientifique et industriel (de 1860 à 1940)*
t. 7 : *La Philosophie des sciences sociales (de 1860 à nos jours)*
t. 8 : *Le XXe siècle*
CONSTANT Benjamin
Principes de politique
COURTINE-DENAMY Sylvie
Hannah Arendt
DETIENNE Marcel
Dionysos à ciel ouvert
GIRARD René
La Violence et le sacré
Mensonge romantique et vérité romanesque
GLUCKSMANN André
Le Bien et le Mal
HABERMAS Jürgen
Après Marx
HABIB Claude
Le Consentement amoureux
JANKÉLÉVITCH Sophie,
OGILVIE Bertrand
L'Amitié
JOUVENEL (de) Bertrand
Du pouvoir
LA ROCHEFOUCAULD
Maximes, réflexions, lettres
LÖWITH Karl
Nietzsche
MANENT Pierre
Histoire intellectuelle du libéralisme
MONGIN Olivier
Face au scepticisme
NIETZSCHE Friedrich
Aurore
Humain, trop humain
Le Gai Savoir
Par-delà le bien et le mal
ORY Pascal
Nouvelle Histoire des idées politiques
QUINET Edgar
L'Enseignement du peuple, suivi de La Révolution religieuse au XIXe siècle
RIALS Stéphane
La Déclaration des droits de l'homme et du citoyen
RICHIR Marc
La Naissance des dieux
RICŒUR Paul
La Critique et la conviction
ROUSSEAU Jean-Jacques
Du contrat social
RUYER Raymond
La Gnose de Princeton
SCHOLEM Gershom
Walter Benjamin, Histoire d'une amitié
SERRES Michel
Les Cinq Sens
Le Parasite
Rome
SIRINELLI Jean-François
Sartre et Aron, deux intellectuels dans le siècle
SLOTERDIJK Peter
Bulles, Sphère I
L'Heure du crime et le temps de l'œuvre d'art, suivi de *Essai d'intoxication volontaire*
Ni le soleil ni la mort
SUN TZU
L'Art de la guerre
TODOROV Tzvetan
Les Morales de l'histoire

Imprimé en Espagne, par LIBERDUPLEX (Barcelone)
HACHETTE LITTÉRATURES – 31 rue de Fleurus – 75006 Paris

Collection n° 25 – Édition 01
Dépôt légal : 56396-03/05
ISBN : 2.01.27 9246.4